中央民族大学"985工程"
中国当代民族问题战略研究哲学社会科学创新基地

草根非政府组织扶助
弱势群体功能探究

CASE STUDIES ON SOCIAL FUNCTIONS OF
NON-GOVERNMENTAL ORGANIZATIONS TO ASSIST VULNERABLE GROUPS

杜倩萍 著

社会科学文献出版社
SOCIAL SCIENCES ACADEMIC PRESS (CHINA)

内容提要

自 20 世纪 90 年代末以来，关于非政府组织和弱势群体的问题，一直是相关学术界的热门话题，出版了不少论著，网络上的点击率也日益增长。但以往的研究，大多是宏观上的论述，真正深入非政府组织，特别是草根非政府组织及其公益服务对象内部进行参与式调查的实证性成果并不多。本书以北京市瓷娃娃罕见病关爱中心（原瓷娃娃关怀协会）及成骨不全症患者（瓷娃娃）为主要案例，从人类学、社会学等角度，采取文献研究、实地调查、比较分析等方法，以理想及实际文化模式为主线，运用社会结构分层、公民社会、参与式发展等相关理论，结合国情实例，借鉴国内外成功经验，对草根非政府组织扶助弱势群体之功能的各个方面进行深入探讨，力求有所突破和创新。

第一，本书将草根非政府组织的社会功能放在当代中国社会结构变迁、社会分层加剧、弱势群体大量存在、经济体制改革、政府职能转变、非政府组织不断涌现的大背景中进行考察。从而论述了目前中国的客观形势要求建立更多草根非政府组织，以激发集体智慧及社会力量扶助弱势群体，避免群体性过激行动的发生，以保证社会稳定和可持续发展。

第二，本书从历史学角度，追溯了我国古代民间社团产生和发展的思想、组织渊源，以及近代化社会转型时期对明、清社会组织形态的影响；论述了新中国成立以来，非政府组织的发展历程、特点及相关理论。

第三，本书以北京市瓷娃娃罕见病关爱中心（原瓷娃娃关怀协会）、壹基金等济困救助型非政府组织实施的扶助弱势群体之各项目为例，深入探讨了自下而上或草根非政府组织在扶助弱势群体中的功能、优势和不足之处。

第四，本书针对草根非政府组织发挥功能时面临的外部制度困境和自身制约因素，提出对策性建议：从政府层面上创造促进草根非政府组织良性发展的社会环境，其中包括完善管理体制，从控制型管理转向培育服务型管理；健全政策法规，进一步改善非政府组织发展的制度环境；资源引导，建立政府与非政府组织之间平等合作关系；与美国税收政策作比较，论证了提升税收优惠政策，对慈善事业的重要性。对非政府组织而言，要加强自身建设，完善内部运行机制，其中包括拓宽获取资金渠道，力保可持续发展，提倡参与式发展，建立与政府、企业、扶助对象、志愿者的互动合作模式；提升专业化能力，广泛吸纳人才；自律与他律相结合，建立多元立体监管体系；构建志愿服务新机制，发挥公益活动生力军作用。最后，本书以英国《框架协议》及"时间银行"等为例，提出要重视从小培养志愿风尚，强化鼓励褒奖制度，使公益事业进一步发扬光大。在结语中，本书还运用文化模式的整合理念，勾勒了政府、非政府组织、社区、企业等共同整合各方资源，扶助弱势群体的框架图，以期更好地发挥草根非政府组织的功能，使社会公益事业能够更健康、迅速地发展。

有一点需要特别说明的是，中国草根非政府组织的属性、类型、功能各异，组织结构形式千差万别。如果详细分类论述和总结，恐怕是洋洋洒洒数十万字的专著也难以说清楚。笔者在书中，主要探究的是社会认同度较高，以服务弱势群体及人文关怀为己任的医疗救助型草根非政府组织。与其他专注于政治、经济、宗教、环保等问题的非政府组织相比，这类组织有其自己的特性功能和社会定位，即助残扶贫，鼓励参与式发展，呼吁社会爱心及政府重视，完善社会保障制度，建立平等、尊重的社会环境，以提高罕见病群体学习、医疗、就业等方面的权益和生活质量。书名以草根非政府组织统称之，并非有意以偏概全，只是为简单明了而已。

关键词：社会结构　弱势群体　草根非政府组织　社会功能　文化模式参与式发展

Abstract

In this study, my focuses are the issues of NGOs (Non-governmental Organizations) and vulnerable groups in the present China. Since 90th of last century, Chinese academia has paid great attention to the current situation of vulnerable groups in China, and how NGOs affect the lives of those people.

I intended to examine relationships among social bodies, such as governments, NGOs, and related groups, which enabled me to understand power dynamics. Also, I tried to analyze how changes of social structures affected the people lives, and how NGOs performed their social functions by aiding those disabled people. For these purposes, I took Osteogenesis Imperfecta (OI) patients and their support group, China-dolls Care and Support Association as examples, and observed and studied the "participants".

My book did not borrow theoretical concepts from one particular framework or school of thought such as political economy or symbolic anthropology; instead, I believe that I must widely incorporate a variety of concepts and strategies from numerous disciplines, such as culture patterns, participant development, and social structuralism etc. , in order to holistically examine the topic.

Much of my research is based on a complex fusion of historical investigations, sociological explorations, and ethnographic analyses since it is important to incorporate a number of different methodologies when discussing the multiple features of a socio-political phenomenon. I also accessed Internet websites from domestic and abroad resources since both have databases on all kinds of discussion of social structures and political economy. Moreover I contacted local newspapers and they were able to provide me with articles and other forms of information on such matters. By incorporating multiple forms of research from numerous academic disciplines, I was able to formulate my own multi-disciplinary analysis that enabled me to draw broad yet detail theories and arguments on topics of social structures and functions.

It is important to examine the history of Chinese NGOs in relation to theories. Furthermore, I reviewed the origins, structures and developing processes of Chinese NGOs , from Ming dynasty to the Qing dynasty, and from 1949 to the present day.

Although I draw a great deal of my research from historical and anthropological materials , I obtained much of my primary data form my ethnographic experiences in the "field". OI patients and their supporting group , China-dolls Care and Support Association, were my main observing objects. By participating in their events and activities I was able to conduct formal and informal interviews with a number of individuals in order to inquire about their life experiences. My role as a volunteer of this association enabled me to create a close space between myself and my "subjects" in turn allowing us to formulate open-ended discussions based on mutual and respectful communication.

In conclusion, based on the case-study research, I drew a picture, which showed how government and other bodies including NGOs in the society cooperated to help vulnerable groups in China in ideal patterns of culture, as the end of my dissertation.

Key words: Culture Patterns, Social Structures , Social Functions, Participant Development, Grassroots NGOs, Vulnerable Groups

目 录

绪　论

一　选题缘由、意义及研究方法

（一）选题缘由

选择草根非政府组织和弱势群体作为自己的研究方向，具有个人与社会的原因，即偶然性和必然性。偶然性在于，这个研究方向与笔者的生活经历息息相关。笔者曾在加拿大学习和生活多年，在此期间，为了熟悉当地文化并提高语言水平，经常利用业余时间参加当地一些非政府组织的公益活动。逐渐地，这种参与性活动已经成为自己生活的一部分。组织这些活动的非政府团体往往不是什么大型的、全国性的民间社团，而是由一些普通人建立和发展的中小型机构、社区组织，例如社区教堂、移民服务中心等。笔者耳闻目睹了许多"小组织"改变"大社会"的案例。这些草根机构为普通民众提供的服务和支持，不仅为各级政府减轻了负担，且对于整个加拿大社会的和谐稳定都起到重要的作用。而那些带着自己孩子做公益的志愿者及他们的家庭，也为加拿大的社会塑造了一种"帮助别人就是帮助自己""被需要是最幸福的"良好社会氛围。

2007年夏回国后，笔者先后成为壹基金和北京市瓷娃娃罕见病关爱中心（原瓷娃娃关怀协会）的志愿者。其中瓷娃娃关怀协会是为成骨不全症患者（又称"瓷娃娃"）提供帮助和服务的草根非政府组织。[①] 它的创建、发展、人员组成和活动方式无一不显示其草根性。作为志愿者，笔者曾多次参加协会举办的各种慈善募捐服务活动，包括义卖、编织、宣传、调查、翻译以及慈善拍卖会等，因而对协会的运作模式和状况有了一定的了解，与协会的专职人员和其他志愿者也建立了信任和友谊。笔者曾亲眼见到他们在开展活动、募集善款和帮助病人时所遭到的冷遇和困难，但同时也常常感动于很多普通人在这些活动中迸发出的热情和爱心，因此，产生了把瓷娃娃关怀协会以及它所代表的草根非政府组织作为自己研究方向的意愿。

必然性在于，在当代中国社会结构剧变，弱势群体大量存在的情况下，进行关于非政府组织，特别是草根非政府组织的探讨，对深入了解中国社会变革和今后的发展趋势，具有不可忽视的现实意义及理论价值，因此，引起社会科学工作者普遍关注也是必然的。

自改革开放以来，各种各样的民间社团在我国雨后春笋般地涌现出来，据估计有250万~300万个[②]。经民政部正式登记在册的社会团体、民办非企业

---

① 2008年5月正式成立，2009年8月在民政部中国社会福利教育基金会名下，成立瓷娃娃罕见病关爱基金。2011年3月底改称"北京市瓷娃娃罕见病关爱中心"，并以"民办非企业单位"名义在民政部注册。在本书中，大多沿用当时调查时所用的名称——"瓷娃娃关怀协会"。
② 王鹏：《论非政府组织在构建和谐社会中的作用》，云南大学硕士学位论文，2008；王名：《中国NGO的发展现状及其政策分析》，《公共管理评论》2007年第6卷。

单位及基金会，至 2009 年达 43 万余个。① 这也是新时期以来，我国社会转型过程中出现的新现象。一方面社会经济从计划经济向市场经济过渡，另一方面由"大政府小社会"向"小政府大社会"转变。政府的职能由过去的"全能型政府"向"有限责任型政府"过渡。这就需要非政府组织来帮助解决一些国计民生问题，协调各方面关系，促进社会和谐发展。目前非政府组织在中国发展迅速，但其种类各异、规模不同、层次差别很大、关注方向千差万别。既有虽挂"非政府组织"之名，但实质上拥有强大政府背景支撑的"中国红十字会""中国残疾人联合会"等，也有由"社会精英"人士所倡导的"明星"非政府组织，如"壹基金"（李连杰创办）、"嫣然天使基金"（王菲、李亚鹏夫妇创办）等。而"瓷娃娃关怀协会"则是众多知名度不高、财政支持薄弱的草根非政府组织当中的一个。这些草根非政府组织以及它们所帮助的弱势群体作为社会的"有机成分"，在当代中国社会结构中如何定位、发展，尤其是，怎样整合政府、非政府组织及企业等社会资源，充分发挥草根非政府在扶助弱势群体中的积极作用，使其能以"参与式发展"方式公平地参与到社会生活中去，这是时代赋予我们的职责，也是笔者选择该课题的客观原因。

（二）选题意义

关于非政府组织和弱势群体的问题，自 20 世纪 90 年代末以来，一直是相关学术界的热门话题，出版了不少论著，网络上的点击率也日益增长。但以往的研究，大多是宏观上的论述，真正深入非政府组织及其公益服务对象内部进行参与式调查的实证性成果并不多。因此，本书以瓷娃娃关怀协会及成骨不全

---

① 中国民间组织网：《民政事业发展统计报告》。

症患者为主要案例，用人类学、社会学的理论和方法作为调查及分析的工具，采取文献研究、实地调查、比较分析等宏观和微观相结合之方法，以理想及实际文化模式为主线，运用社会结构分层、公民社会、参与式发展等相关理论，结合国情实例，借鉴国内外成功经验，对草根非政府组织扶助弱势群体之功能的各个方面进行深入探讨。从研究方法和研究角度上看，可谓为创新之举，有其现实意义和理论学术价值。

第一，本书将草根非政府组织的社会功能放在当代中国社会结构变迁、社会分层加剧、弱势群体大量存在、经济体制改革、政府职能转变、非政府组织不断涌现的大背景中进行考察。同时，以成骨不全症患者及其他被关怀对象为例，描述了弱势群体的处境和需求，以此进一步指出：在市场机制、分配不均、城乡差别、贫富悬殊、社会保险及医疗卫生制度不到位的情况下，弱势群体在物质和精神方面都处于劣势。因而，在现有政府和社会框架下，显得很无助，迫切需要社会各界的爱心人士大声疾呼，引起政府的重视，采取措施，提高社会保障。同时，应鼓励建立更多草根非政府组织，以此激发集体智慧及社会力量，来扶助弱势群体，避免或减小群体性过激行为的发生，以保证社会稳定和可持续发展，故具有重要现实意义。

第二，本书从历史学角度，追溯了我国古代民间社团产生和发展的思想、组织渊源，以及近代化社会转型时期（一般指明后期至清初期向近代转化时期）社会组织形态的变迁；论述了新中国成立以来，非政府组织的发展历程、特点、社会功能及相关理论。本书以瓷娃娃关怀协会实施的扶助成骨不全症患者群体之各项目为例，深入探讨了草根非政府组织在扶助弱势群体中的优势和不足之处。最后，本书针对非政府组织在发挥功能时面临的外部制度困境和自身制约因素，提出对策性建议：从政府层面上创造促进草根非政府组织良性发展的社会环境，其中包括完善管理体制，从控制型管理转向培育服务型管理；健全政策法规，进一步改善非政府组织发展的制度环境；资源引导，建立政府与非政府组织之间互动合作关系；与美国税收政策作比较，论证了提升税收优惠政策和对慈善事业的重要性。对非政府组织而言，要加强自身建设，完善内部运行机制，其中包括拓宽获取资金渠道，力保可持续发展，提倡参与式发展，建立与政府、企业、扶助对象及志愿者的互动合作模式；提升专业化能力，广泛吸纳人才；自律与他律相结合，建立多元立体监管体系；构建志愿服务新机制，发挥公益活动生力军的作用。同时，以英国《框架协议》及"时间银行"等为例，提出要重视从小培养志愿风尚，强化鼓励褒奖制度，使公益事业进一步发扬光大。在结语中，本书还运用文化模式的整合理念，勾勒了政府、非政府组织、社区、企业等共同整合各方资源，扶助弱势群体的框架图。

（三）研究方法

本书的研究方法主要为文献研究、实地调查、比较分析等。自 2008 年以来，瓷娃娃关怀协会对许多瓷娃娃家庭的经济、社会及个人信息进行了采集，并根据其中 100 多个家庭的数据进行了总结。另外，笔者使用深度访谈的形式，采访了 10 余个案例（其中包括蒙古族、汉族、回族等家庭），整理个案访谈记录及做出分析。书中所发布的数据和例证，也有一些来源于笔者参加瓷娃娃关怀协会志愿者活动时交谈的记录，瓷娃娃关怀协会工作人员、志愿者及瓷娃娃病友在各处的讲演报告，各种慈善大会或拍卖大会上的发言，以及发表在其内部刊物《瓷娃娃》上的文章。不管何种形式，都代表了成骨不全症患者群体和瓷娃娃关怀协会所有成员真实的经历和想法。可透过他们质朴的语言、感人的故事，了解以他们为代表的弱势群体和草根非政府组织成员真实的生活面貌和奋发向上的精神。田野调查后期，笔者对所收集的信息案例进行分析：定量统计调查与定性研究相结合，实地考察和文献搜集相结合，历史研究和现状调查相结合。以便使本书能理论联系实际，更具有创新性和说服力。①

二 相关理论综述

笔者拟以人类学的理想与实际文化模式为主线，运用社会结构分层、公民社会、参与式发展、疾病对人生进程的影响等相关理论，结合国情实例，对当代中国社会结构、弱势群体、非政府组织功能及志愿者等命题进行研究和讨论，从而对本书宗旨加以阐述。

（一）人类学文化模式理论

文化模式论，是美国人类学家博厄斯（Franz Boas，德裔犹太人，1858～1942）的学生在其"文化相对论"的基础上，吸收了其他学科的知识，而逐渐形成的新的学派。由于他们借鉴的主要是在德国、奥地利流行的格式塔（Gestalt）心理学、弗洛伊德（Sigmund Freud）心理分析学，故通常被称为"心理学派"。格式塔心理学认为整体大于部分之和，因此不能通过研究部分来认识整体，只能通过自上而下地分析其内部成分的功能对整体性质予以把握。由此理念出发，文化模式论认为一种文化是一套内部要素相互关联的价值母体，是一套理解和组织人们活动的方式。这个价值母体能够选择、驯化和整合外来的文化特质，而整合的形式就是该文化的模式或形貌，故又称为"文化形貌论"。

---

① 杨圣敏主编《中国民族志》，中央民族大学出版社，2003，第1～14页；宋蜀华、白振声主编《民族学理论与方法》，中央民族大学出版社，1998，第201～208，274～281页。

　　将文化模式论用于解释人与文化的关系就形成了文化与人格的理论。人格（Personality）本是一个心理学概念，一般是指个人的内部气质、冲动、倾向、喜好与本性。作为人类学研究人性与文化的术语，人格是指个体在濡化与社会化及在适应周围环境的过程中表现出的个性特征之总称。进而则被认为是由一系列的核心价值观，连续而持久的自我与身心组成。人类学家在进行文化与人格的研究时，主张人的人格与其所处的文化环境有关，并主要关注文化的传承。他们所使用的一个基本概念就是"濡化"（Enculturation），即个人或群体接受和延续社会文化规范、行为准则、价值观念等文化传统的过程。① 换言之，即表示在特定文化中个体或群体继承和延续传统的过程。正如美国人类学家米德（Margaret Mead，1901 - 1978）所说："濡化是指整体上领会某种文化特性特点的过程。"他们认为个人是通过对文化的学习、适应来掌握应付环境的手段的，因此，文化对个人的个性、认识和行为有着决定性作用。而从群体角度看，濡化是不同族群、不同社会赖以存在和延续的方式和手段，同时也是族群认同的标志之一。人们通过世代相继的语言、服饰、饮食、习惯、人格、信仰、共同祖先和社会经历等，拥有一种族群认同感，以区别于其他族群。②

　　《文化模式》一书，是美国人类学家本尼迪克特（Benedict，Ruth Fulton，1887 - 1948）于1934年所发表的理论著作。③ 在这本书中，她主要分析了三种文化模式：日神型（即阿波罗型，性格特征为安稳、遵守秩序、理性、固守传统）；酒神型（即狄奥尼斯型，性格特征为充满激情、爱好幻想、易冲

---

① Hertzkovits，M. J. Hertzkovits.，1948，Man and His Work，New York：Appleton-Century-Crofts.

② 迈克尔·C. 霍华德（Michael C. Howard）：《文化人类学》，李茂兴、蓝美华译，台北，弘智文化事业有限公司，1997；夏建中：《文化人类学理论学派》，中国人民大学出版社，1997；庄孔韶主编《人类学概论》，中国人民大学出版社，2006，第49、51页。

③ 本尼迪克特，原本学习文学，32岁才开始做人类学研究。在博厄斯退休后，她曾于1936～1939年代理系主任一职。1946年，被推举为美国人类学学会会长。

动、富有进攻性）；妄想狂型（典型特征为忌妒心强、彼此猜疑、不信任、干事无法无天、背信弃义，每个人都与其他人为敌，经常互相偷盗、欺骗，甚至杀人）。但由于受导师博厄斯"文化相对论"的影响，她并不认为所有文化都可以归结为这三种文化模式，而是强调世界各种文化存在着极其多样的模式。她反复强调应该把握人类各种文化所具有的不同价值体系的多样性。每一种文化内部具有多样化的同时，也都具有使得每种文化具有一定模式或具有区别于其他文化特点的主旋律，即所谓民族精神。①

本尼迪克特关于"越轨"和"异常"的讨论，最能体现其受"文化相对论"影响之深。她认为，个人本身的性格与其生长的社会之文化性格正巧吻合的人是十分幸运的，而生长在酒神型文化中的具有日神型性格（或情况相反）的人，往往被视为该文化的"越轨者"或"异常者"。她坚信对正常或异常的判定是由文化性质所决定。

本尼迪克特关于文化与行为的关系之研究，主要关注的是人们能否绝对地划分正常行为与异常行为之间的界限。其基本命题是：对于任何文化来说，如何定义正常行为和非正常行为都是由文化决定的。所谓有道德的行为，就是那些符合一定善恶标准、与社会正常运作相符合的行为，而所谓异常行为就是一系列不为文化价值观念、规范所认可的行为。②

本书试图运用理想文化模式与实际文化模式的差异和整合为主要理论依据，来探讨当代中国社会结构下，草根非政府组织与弱势群体及政府的关系，

---

① 心理学派文化观认为，文化是人们习得行为的总体形貌。文化，是一个社会所共有的价值观念、行为规范，每人必须遵循这个文化的规范才能生活于社会中，也就是说，因为在同一社会中，文化会使其大多数成员趋近采用一种个性，故可能会形成"群体个性"和"民族性格"或"民族精神"。这种区域的文化与人格研究，又发展为"国民性"研究。

② 〔美〕露丝·本尼迪克特：《文化模式》（1934），王炜等译，社会科学文献出版社，2009。她在1946年出版的《菊与刀》（商务印书馆，1990）一书中，运用文化与人格理论进行关于"日本国民性"的研究。

从而彰显其社会功能和发展中存在的问题，并提出对策性建议，以促进我国公益事业的健康发展。所谓理想文化模式是理想的、官方的、主流的观点与社会构想；而实际文化模式为现实的、民间的、有很多漏洞与不合理性的社会制度与结构。目前，中国弱势群体与草根非政府组织在社会环境中所面临的窘境，正体现了实际的社会环境与学者及政府所设想的"理想文化模式"间存在着巨大差异。众多的社会问题不能仅仅依靠政府，通过所谓"规范"的渠道去解决，政府也无力全权承担这样的责任。笔者从理论上阐明非政府组织，特别是草根非政府组织存在的必然性和必要性，并将通过案例研究，深入了解实际文化模式如何为适应社会而产生并发展自身的特性，从而逐渐成为促进社会稳定和发展的一支不可忽视的力量。

此外，不同的实际文化模式之间也存在巨大的差异。如果把各种非政府组织比作各类"文化模式"的分支，通过研究可发现，非政府组织的层次性、地域性特点更为明显。另外，同一文化模式分支里的成员，不仅有性别、年龄、社会地位、受教育程度等方面的差异，还有居住地域的差异。这些差异必然会导致不同成员对自己文化模式的取向表现出差异性。文化模式是千差万别的，每种文化模式都有独一无二的结构，因而具有独特的价值观念。[①] 笔者在书稿中将比较中外非政府组织、一般非政府组织与草根非政府组织，以及不同的草根非政府组织之间的共性和特性，从而深刻展示当代中国复杂的社会结构和草根非政府组织的社会功能。

（二）参与式发展理论

本书运用参与式发展理论，对草根非政府组织未来的发展模式进行探讨。

---

① 〔美〕露丝·本尼迪克特：《文化模式》（1934），王炜等译，社会科学文献出版社，2009。

参与式发展理论是 20 世纪 70 年代（尤其是 90 年代）以来出现的关于发展的新思维，其核心是强调发展的参与性，以此使研究者的研究项目本身更切合实际，更具有真正发展效应。

"参与式发展"理论的核心是"赋权"（Empowerment），即对参与和决策发展援助活动全过程的权力进行再分配，简言之，就是增加弱势群体在发展活动中的发言权和决策权，强调发展的参与性，强调对弱势群体的关注和赋权，并将参与性作为项目评估的一个重要指标。"参与式发展"在实施中的关键环节，是由知识群体（精英阶层）做出项目评估。知识群体的田野与理论工作，既要贯彻强势群体的要求，也要充分反映弱势群体的呼声，在二者中起到桥梁和纽带的作用。"参与式发展"为发展援助活动的各参与方提供了一个场所和机会，使各方得以在"平等磋商"的基础上，就发展干预的各个方面和各个环节达成妥协与共识。这些都与传统的、自上而下的发展方式形成了鲜明的对照。传统的发展方式多将重点定位于经济领域，而"参与式发展"则将重点定位于"人"。它强调的是对人（特别是社会弱势群体）的尊重，对基本人权的保障以及人的全面发展。[①] 同时，赋权给弱势群体的过程，也是弱势群体对自身的知识和能力的自尊、自信和重建过程，这对构建非政府组织的发展能力和增加社会资本，是至关重要的。

参与式发展理论，在本书所涉及的案例研究中，包含五层关系，即政府与非政府组织的关系，企业与非政府组织的关系，非政府组织与所服务对象的关系，非政府组织内部专职人员与志愿者的关系，志愿者与社会的关系。笔者运用参与式发展理论对非政府组织，尤其是草根非政府组织的社会功能和特点进行分析，指出在中国社会变革时期和全球化的大背景下，非政府组织的应运而生和迅速

---

① 周大鸣、秦红增：《人类学视野中的文化冲突及其消解方式》，《民族研究》2002 年第 4 期。

发展是对市场"失灵"、政府"缺失"的有益补充。其在缓和社会各种矛盾，解决一些国计民生问题，促进社会和谐发展，推进社会稳定，扭转社会舆论和风气，壮大志愿者队伍等方面都起到了重要作用。本书还从追求人道主义价值和社会平等价值的角度出发，针对草根非政府组织在功能发挥中面临的问题，提出了对策性意见，以期使弱势群体也能过上有尊严的幸福生活。

（三）罕见病及慢性病对人生进程的影响

本书以英国社会学家迈克尔·伯里（Michael Bury）的《作为人生进程破坏的慢性病》（*Chronic Illness as Biographical Disruption*）[①] 理论为核心，以成骨不全症患者为主要案例，描述了各种不幸及困难对不同弱势群体及其人生进程的破坏性影响，以及弱势群体面对灾难的不同适应方式。本书从生命进程、生活事件和人类状况的角度对该概念进行反思，即在研究弱势群体时，必须把个体的人生背景与社会结构及非政府组织功能联系起来，从而进一步说明政府和草根非政府组织的援助及支持，对以成骨不全症为代表的弱势群体的人生进程、命运改变的重要性，凸显草根非政府组织在扶助弱势群体方面的功能和影响。

三　文献回顾

鉴于本书的核心是探讨中国当代社会结构下草根非政府组织在扶助弱势群体尤其是助残扶贫方面的功能，所以笔者在此主要对有关非政府组织的研究成

---

① 郇建立：《慢性病与人生进程的破坏——评迈克尔·伯里的一个核心概念》，《社会学研究》2009 年第 5 期。

果作一简单归纳。目前研究非政府组织的中外专家及其论著很多,仅从笔者掌握的资料上看,学术界关于非政府组织的研究,主要是从以下五个方面展开的。

(一) 非政府组织的定义、分类、功能及特性

这部分论著主要对非政府组织的定义、分类、功能和特性等方面进行理论上的探讨。例如,美国学者莱斯特·萨拉蒙在《第三域的兴起》(1998) 一书中提出非政府组织的特征包括:某种程度的制度化、是民间团体而不是官方机构、组织不以获取利益为优先;组织不受外部控制的管理权、体现一定的志愿性;组织主要服务于公共利益,等等。① 而其他有关这方面的论著还包括:詹姆斯·盖拉特的《21世纪非营利组织管理》(2003),王建芹的《非政府组织的理论阐释——兼论我国现行非政府组织法律的冲突与选择》(2005),吴忠泽等的《发达国家非政府组织管理制度》(2001),王名主编的《中国非营利评论》(第2卷,2008),王名、刘培峰等的《民间组织通论》(2004) 等。

(二) 非政府组织的发展与管理

这部分研究和论著主要从非政府组织产生的背景、发展的历史和现状、组织结构和功能、面临的问题等方面对非政府组织进行分析和研究。其中,较具影响力的著述有:苏力等的《规制与发展》(1999),保罗·莱特的《持续创新——打造自发创新的政府和非营利组织》(2004),丁元竹主编的《问责性、绩效与治理——中国非政府公共部门治理状况研究》(2005),毕监武的《社团革命——中国社团发展的经济学分析》(2003),吴忠泽等的《发达国家非

---

① 李亚平、于海编选《第三域的兴起》,复旦大学出版社,1998,第33页。

政府组织管理制度》（2001），赵黎青的《非政府组织与可持续发展》（1998）和《非政府组织：组织创新和制度创新》（1999），陈柏昌编著的《非营利机构管理》（2000），顾建键等的《非政府组织的发展与管理——中国和加拿大比较研究》（2009）等。

（三）非政府组织个案研究

有些学者通过田野访谈及其他手段收集有关非政府组织本身或从事活动的典型案例，并总结共性，研究特性，为非政府组织的理论发展提供了实证。例如，日本学者川口清史在《非营利组织与合作社》（1994）一书中，以日本农业合作社为例，阐述了非政府组织的非营利性及公益性。其他典型的案例类著述还有王名等撰写的非政府组织案例研究专集《中国 NGO 研究——以个案为中心》（2000、2001），孙立平的《动员与参与——第三部门募捐机制个案研究》（1999），郭于华等的《事业共同体——第三部门激励机制个案研究》（1999），俞可平的《中国农村民间组织与治理——以福建省漳浦县长桥镇东升村为例》（2000），康晓光等的《NGO 扶贫行为研究》（2001），邓国胜的《公益项目评估——以"幸福工程"为案例》（2003）等。

（四）非政府组织与政府关系

有些论文和著作，主要是探讨非政府组织与政府的关系，以及这些组织对政府，甚至对全球范围内政治体制的影响。例如，王名等在《中国社团改革——从政府选择到社会选择》（2001）一书中强调我国应建立社团发展的动力机制，社团管理体制应实现从政府选择到社会选择的转变。其他著作还包括朱利·菲舍尔（Julie Fisher）的《非政府组织与第三世界的政治发展》（*NGOs and the Political Development of the Third World*），任进的《政府组织与非政府组织——法律实证和比较分析的视角》（2003），吴锦良的《政府改革与第三部门的发展》（2001），詹姆斯·罗西瑙的《没有政府的治理——世界政治中的秩序与变革》（2001）等。

（五）非政府组织与公民社会的关系

这部分的研究和著作，主要是探讨非政府组织对所谓"公民社会"的影响力，以及两种实体在碰撞与交融中的互相促进和互相影响。主要论著有俞可平等的《中国公民社会的兴起与治理的变迁》（2002），赵黎青的《非政府组织与可持续发展》（1998），范丽珠主编的《全球化下的社会变迁与非政府组织（NGO）》（2003），何增科主编的《公民社会与第三部门》（2000），王杰、张海滨、张志洲主编的《全球治理中的国际非政府组织》（2004），莱斯特·萨拉蒙等的《全球公民社会——非营利部门视界》（2002），黄晓勇主编的《中国民间组织报告》（2008、2009）等。

至于人类学和社会学有关方面的研究成果，笔者在第一、三章中将分别有所提及，此不赘述。

虽然学术界出版了不少相关著作，但笔者感到有关非政府组织的实证研究仍尚显薄弱。在非政府组织性质的探讨中，缺少深入组织内部的实证调研，对组织结构及运行机制的观察也不常见。因此本书希望通过对瓷娃娃关怀协会与成骨不全症患者这一个案的阐释，探讨非政府组织的真正本质及社会功能。

四 核心概念界定

由于笔者所研究群体的特殊性，有许多的概念应被界定，例如成骨不全症、弱势群体、瓷娃娃关怀协会、草根非政府组织等。其中，许多概念的定义尚存不少争议，并且正以其学术意义及社会影响引起大家的关注。为了使本书的思路更加清晰，在此，主要对书中涉及的一些核心概念进行大致的界定，具体解释、定位、争论将在后面的章节中展开。

（一）非政府组织

在人类社会的发展过程中，民间出现了各种结社组织，其中既有能促进社会发展进步的社团组织，也有对社会带来破坏性影响的组织（如黑社会、某些邪教团体等）。它们产生的原因可以从社会学、人类学、政治学、经济学角度得到解释。本书中的非政府组织，特指那些对于社会经济发展与人类文明的进步，具有促进作用和积极意义的社团群体。从发达国家到发展中国家，民众曾经或正在创建各种社团、基金会和其他类似组织，开展人道服务，促进基层社会经济发展，防止环境退化，保障公民权利，追求国家先前未曾实现的或无暇照管的种种目标。[①]

非政府组织（Non-governmental Organization，NGO），是指国家政府系统和市场企业系统以外的一个以社会成员的自发组织、自我管理和自我服务为主的系统，是以公益或者互益为主旨、不以营利为目的、其自身大多具有合法的免税资格且能为相关捐赠者提供减免税收的合法地位的组织。[②] 而非政府组织，在不同国家和地区，甚至在同一国家内，还有其他不同称谓，如第三部门（the Third Sector）、非营利组织（Non-profit Organization，NPO）、独立部门（Independent Sector）、慈善部门（Charitable Sector）、志愿者部门（Voluntary

---

① 马庆钰主编《非政府组织管理教程》，中共中央党校出版社，2005，第 1 ~ 5 页；邓国胜：《非营利组织评估》，社会科学文献出版社，2001，第 3 页。
② 文军、王世军：《非营利组织与中国社会发展》，贵州人民出版社，2004，第 2 ~ 4 页；詹姆斯·盖拉特：《21 世纪非营利组织管理》，邓国胜译，中国人民大学出版社，2003，第 2 ~ 3 页；马庆钰主编《非政府组织管理教程》，中共中央党校出版社，2005，第 2 页。

Organization，VO）、免税部门（Tax-exempt Sector）、公民社会组织（Civil Society Organization，CSO）、民间组织等。它们实际上都是指被称做"第一部门"的政府系统和被称做"第二部门"的企业系统之外的那块制度空间，即"第三部门"。需要指出的是，从世界范围内这类组织的实际情况上看，在"志愿者部门"工作的未必都是志愿者，"非营利组织"又常常有某些营利性活动，"非政府部门"内也存在一些与政府关系密切的政府助手，"慈善部门"也不只是与慈善福利事务有关。① 对我国而言，在法律体系框架内非政府组织的基本类型有三种：一是法定非政府组织（包括各种社会团体、基金会、民办非企业单位等）；二是草根非政府组织，包括在工商管理部门登记（或挂靠在法定社会团体、基金会名下）的非政府组织及无法人地位的非政府组织（例如单位下属组织、社区公益组织、农村经济合作组织）；三是未定型非政府组织（转型中的事业单位、业主委员会、网上社团、村委会、居委会等）。

（二）草根非政府组织

所谓草根非政府组织（Grassroots NGOs），一般指从社会基层自发地产生并且实行真正自治的非政府组织。它们中大多不具有被现行法规正式认可的"非政府组织"之法律地位，但是在相当程度上已具备非政府组织的核心特征，即非政府性、非营利性、自治性和志愿性等。这类组织大多属于民间自发组建，因各种原因不能在民政部门登记注册，或无法人资格的组织，又被称为"转登记或未登记组织"。草根非政府组织有多种表现形态，其中较为普遍的有两种形式：一种是无法人地位，属于社会团体或事业单位下设的二级机构、

① 陈晓春：《市场经济与非营利组织研究》，湖南人民出版社，2001，第5页；马庆钰主编《非政府组织管理教程》，中共中央党校出版社，2005，第31～35页。

社区公益组织、农村基层的互益性、公益性组织等；另一种是在工商管理部门登记注册，并因此获得企业法人资格的组织。这些形形色色的草根非政府组织尽管在接受捐赠、开展活动等许多方面不受现行法规政策的保护，但因此反而成为该类组织的特性之代表，以反贫困、反歧视、保护妇女儿童权益、扶助弱势群体等为主要目的及奋斗目标。他们扎根于人民的日常生活当中，与普通民众的切身利益紧密相连，因而具有内在活力。从数量上看，虽然缺乏严格的统计资料，但根据各方数据和资料推算其实际数量和影响应当大大超过法定非政府组织。①

不同类型的草根非政府组织，负有不同的主要社会功能。例如，以保护环境为要务的"自然之友""环境之友""绿色家园"；为女性提供公益服务的"北京红枫妇女心理咨询服务中心"；为残障者提供法律援助服务的"北京亦能亦行残障研究所"；为农民工等流动人口服务的"协作者文化传播中心"；以扶贫助残、医疗救助为主的各种罕见病关爱协会；致力于视障人士帮扶工作的"北京红丹丹文化教育中心"；为服刑人员子女提供关怀服务的"太阳村"；支持公民社会领域中志愿服务可持续发展的"北京惠泽人咨询服务中心"；为社区老残等群体服务的"昌平天通苑志愿者协会"；为北京少数民族聚居区妇女服务的牛街"妇女之家"，等等。

这里，有一点需要特别说明的是，在中国，草根非政府组织的属性、类型、功能各异，组织结构形式千差万别。如果详细分类论述和总结，恐怕是洋洋洒洒数十万字的专著也难以说清楚的。笔者在本书中，主要探究的是社会认同度较高，以服务弱势群体及人文关怀为己任的医疗救助型草根非政府组织，这类组织与其他专注于政治、经济、宗教、环保等问题的非政府组织相比，有其自己的特性功能和社会定位，即助残扶贫，鼓励参与式发展，呼吁社会爱心

---

① 熊小叶：《社会资本与草根非政府组织筹资》，《经营管理者》2010 年第 5 期。

及政府重视，完善社会保障制度，建立平等、尊重的社会环境，以提高罕见病群体学习、医疗、就业等方面的权益和生活质量。书名虽以草根非政府组织统称之，但却并非有意以偏概全，只是为简单明了而已。

（三）弱势群体

弱势群体，也叫社会脆弱群体、社会弱者群体，英文为 Social Vulnerable Groups。它主要是一个用来分析现代社会经济利益和社会权力分配不公平，社会结构不协调、不合理的概念。在社会学、政治学、社会政策研究等领域中，它是一个核心概念。社会弱势群体主要有城市贫民、穷苦农民、失业者、残疾人、妇女儿童、老年人（不同社会层次的妇女、儿童、老年人境遇大不相同，这里主要指处于低层的那部分人）等。这些社会弱势群体是存在于每一个社会和每一个国家中的边缘人。①

（四）成骨不全症及瓷娃娃关怀协会

成骨不全症（Osteogenesis Imperfecta，OI）是以骨脆弱和骨畸形为临床特征的常染色体显性遗传的结缔组织病，又称脆骨症、原发性骨脆症等。民间将该疾病患者称为玻璃娃娃、玻璃人、瓷娃娃。成骨不全症患者因长期频繁骨折，造成骨畸形，身材矮小，行动障碍，为残障群体。其中有相当部分脆骨病患者由于儿童时期无法接受正常教育，导致成年后就业途径少，很多瓷娃娃长期在家待业。目前，大部分成骨不全症患者的家庭生活极其困苦，社会公众和政府普遍缺乏对该疾病的了解，政府相关部门还没有出台针对该群体的医疗等

---

① 赵黎青：《非政府组织与可持续发展》，经济科学出版社，1998，第 80~84 页；马庆钰主编《非政府组织管理教程》，中共中央党校出版社，2005，第 1~5 页。

保障政策。

瓷娃娃关怀协会成立于 2008 年 5 月，由成骨不全症（脆骨病）患者自发成立，2008 年 11 月在北京正式注册。瓷娃娃，寓意成骨不全患者犹如瓷器做的娃娃一样可爱而又易碎，符合患者的外貌和容易骨折的特征，同时英文"China-dolls"又赋予了"中国"和"瓷器"的双重含义，象征成骨不全患者是中国公民的一部分。该协会是由成骨不全症患者王奕鸥、黄如方发起，天津医院任秀智医生大力协助，其他病友及家属、志愿者积极参与的一个从事公益性、非营利性社会工作的非政府组织。协会的口号是"还好，我们的爱不脆弱！"（Love is still strong）。该协会在北京、河北、天津、山东等地设有分会或爱心之家，其他地区的分会正在筹备中。①

五　本书架构及创新之处

（一）基本思路与框架

本书以理想文化模式和实际文化模式为主线，运用社会结构、参与式发展等相关理论，结合田野调查资料，形成了本书的基本思路及框架，即社会主义国度，应是"各尽所能，按劳分配"的平等公正的和谐社会，但在市场经济、分配不公等社会背景下，贫富分化，阶层剧变，弱势群体大量存在；弱势群体需要扶助，草根非政府组织应运而生（以成骨不全症患者及瓷娃娃关怀协会为例）；弱势群体身处逆境，往往贫病交加，却不乏勇敢面对人生、自强不息

---

① 有关成骨不全症和瓷娃娃关怀协会的描述，主要依据个人观察体验及《瓷娃娃关怀协会内部报告》《成骨不全症指南》《首届瓷娃娃全国病人大会》等相关报告综合而成。

之动人事迹；非政府组织在我国得到很大发展，但也遇到种种障碍；对弱势群体的扶助，本应以政府为主体，并且也应是扶助资源的最大提供者，但由于"政府失灵"，使非政府组织有进一步发挥功能的空间；政府与非政府组织应是平等互动合作及制衡的关系，但由于长期以来"官本位"思想作祟，一方面随着体制改革过程中其功能的转变，需要非政府组织一起提供公共产品，另一方面又恐非政府组织坐大，不好管理，故设置准入门槛，使其难符"合法律性"；① 非政府组织本应是社会价值的捍卫者、公共服务的提供者、社会救助的生力军，但其本身又往往存在"志愿失灵"。因此，只有将两种文化模式进行整合，厘清多边关系，完善各种规章制度及立法，建立激励和监督机制，才能进一步发挥非政府组织的社会功能，使我国公益事业更趋健康发展。

（二）具体章节安排

绪论主要介绍选题缘由、意义及研究方法，相关理论及研究综述，核心概念的界定，架构及创新之处。

第一章以理想文化模式与实际文化模式的差异理论，探讨了当代中国社会结构变迁下的弱势群体，内容包括中外关于社会结构分层的主要理论；中国社会结构的不合理将导致的后果；弱势群体的界定及特征；弱势群体的分类及社会定位；弱势群体的话语权探讨。

第二章从脆弱又坚强的性格的两个方面，展示了中国弱势群体的一个实例——成骨不全症患者，主要包括人类学视野下的成骨不全症患者群体；罕见

---

① "合法律性"，为汉文"合法性"含义之一，意指一种行为或者一个事物的存在符合法律的规定，接近英文词 legality。主要表明一个（组、类）实在法规范符合其上位法或宪法的规定。对非政府组织来讲，难符"合法律性"，就是由于各种原因未能正式注册或不符合规范。

病及慢性病对人生进程的破坏和缓解因素；政府在对弱势群体救助中的主导作用及非政府组织参与社会救助的必要性。

第三章追溯历史，放眼当今，以文化模式的共性与个性及濡化概念为指导，主要介绍非政府组织在我国的发展及相关基本理论，包括我国历史上民间社团之渊源及发展；新中国非政府组织的发展和特点；非政府组织兴起及功能发挥的理论基础；非政府组织一般特性及基本分类。

第四章从参与及互动的角度，以瓷娃娃关怀协会为例，分析草根非政府组织在扶助弱势群体中的社会功能。主要内容为非政府组织的一般功能；瓷娃娃关怀协会的组织结构及开展之项目；从瓷娃娃关怀协会看草根非政府组织在扶助弱势群体中的特点等。

第五章通过反思，分析理想文化模式与实际文化模式的矛盾冲突及整合，探讨了草根非政府组织发挥功能时面临的困境及解决思路，如非政府组织面临的外部制度困境；非政府组织发展中的自身制约因素；从政府层面上创造促进草根非政府组织良性发展的社会环境；加强非政府组织自身建设，完善内部运行机制；构建志愿服务新机制，充分发挥公益活动生力军作用等。

在结语中，运用文化模式的整合理念，勾勒了政府、非政府组织、社区、企业等共同整合各方资源，扶助弱势群体的框架图，以期充分发挥草根非政府组织的社会功能，使社会公益事业能更健康、迅速地发展。

（三）本书的创新之处

本书的创新之处主要有以下两个方面。

第一，通过参与式调查，积累了大量有关瓷娃娃病友及瓷娃娃关怀协会的第一手资料。然后在对资料数据进行整理统计、综合分析的基础上，结合有关文献，运用人类学、社会学等相关理论，详细地描述了成骨不全症患者的身体状况、经济收入、受教育、就业、家庭婚姻状况、心理状态及需求等。同时，利用亲身经历、个别访谈、平面及网上相关材料，对瓷娃娃关怀协会的组织结构、各种项目的实施情况及志愿者公益服务等进行梳理分析，以此全面展现了协会在扶助瓷娃娃等罕见病群体中的功能及协会全职工作人员和志愿者自身的心路历程。

第二，运用人类学参与式发展理论，绘制了"参与式发展主体之间关系模式图"，具体地展现了非政府组织与政府、企业、公益服务对象及志愿者之间"赋权""分权"的互动合作关系。同时还运用文化模式整合理念，绘制了"理想文化模式下扶助弱势群体框架图"，以展示非政府组织、政府、社区、企业等各主体共同构筑扶助弱势群体的运作框架及各主体的社会功能。

第一章 | 理想与现实：当代中国社会结构 变迁下的弱势群体

"功能"与"结构"是相对应的。社会是一个各部分之间相互联系、依赖的有机整体，彼此间根据不同需求，执行不同的社会功能（包括能力、功效和作用）。而要了解非政府组织在扶助弱势群体中的社会功能，必须对当代种种的社会结构有清晰的认识。同时，无论是个人、群体，抑或组织，都离不开国家和社会这个背景。也就是说只有把研究对象放于其所在的国家和社会之生态、人文环境中去，才可能更有现实意义。研究中国的弱势群体和草根非政府组织也必须将其放在当代中国社会结构中去理解，摸清他们在社会结构中所处的位置，探索是什么因素导致这样的结果，有何特点，等等。从而，研讨如何改善其处境，以使他们在中国社会经济大发展的历史洪流中与整个社会一同向前行进。本章试图以理想与实际两种文化模式之差异及社会结构变迁理论为基础，对为什么在社会主义制度下，还有大量弱势群体的存在及其特征、社会定位等问题加以阐述。

第一节　中外关于社会结构分层的主要理论

一　社会结构变迁与社会分层加剧

自 1978 年改革开放以来，中国社会从传统型社会向现代型社会转变，即从封闭半封闭式的农村农业社会向开放式的城镇工业化社会转型。① 随着这种社会的转型，当代中国社会结构也发生了深刻变化，社会结构的变迁是社会转型的核心。② 社会结构是指"社会各要素或各部分相互之间的一种比较稳定的关系模式或互动模式"③。更精确地说，社会结构是由"不同社会位置（人们就分布在它们上面）所组成的多维空间"④。社会结构诸要素主要包括社会经济结构、社会阶级结构、社会职业结构、社会组织结构等，分别反映的是社会经济要素、社会群体要素、社会职业要素、社会组织要素的一种比较稳定的关系模式。在社会结构中，最为核心的问题是人们因为经济收入、经济地位、财产多寡不同而形成的一种社会结构。这种社会结构也被称为社会分层结构，或称作社会分层（Social Stratification）现象。⑤

在人类学视野下，大多数学者认为，所有复杂社会都是分层的，即社会在某些人群或某些类别的人群之间做出区分，使之在相互之间存在相对的层级。

---

① 郑杭生：《改革开放三十年：社会发展理论和社会转型理论》，《中国社会科学》2009 年第 2 期。
② 孙立平：《中国社会结构的变迁及其分析模式的转换》，《南京社会科学》2009 年第 5 期。
③ 李强：《当代中国社会分层：测量与分析》，北京师范大学出版社，2010，第 1 页。
④ 何清涟：《当前中国社会结构演变的总体性分析》，《书屋》2000 年第 3 期；〔美〕彼特·布劳：《不平等和异质性》，王春光、谢圣赞译，中国社会科学出版社，1991。
⑤ 李强：《当代中国社会分层：测量与分析》，北京师范大学出版社，2010，第 1~2 页。

因此，所有人类社会都存在分层现象，只是形态和程度不同而已。许多社会因财富、名望以及权势等的差异，而存在社会分层现象，并形成不同程度的社会不平等。至于社会分层的标准，通常包括体质外表、年龄、性别、族属、职业、家庭背景、意识形态、经济或政治角色等。在人类学界最流行的是韦伯提出的分层标准。韦伯描述了财富、权力、声望三种基本指标，作为衡量社会不平等的维度，此三者既互相关联，也可以独自运作。[①]

在当前中国，原来的"两个阶级，一个阶层"（工人阶级、农民阶级和知识分子阶层），"大一统一元化社会"的社会结构分化了，新出现了一些阶层，如非公有制经济人士和自由职业者等构成的新的社会阶层。各个社会阶层之间的政治、经济关系也发生了变化，整个社会阶层结构呈多元化发展，社会分化和社会流动机制也发生了变化。

伴随着经济的迅速发展，社会问题也大量发生。而社会结构、社会分层与当今众多的社会矛盾和社会问题有着密切的关系。在社会转型的过渡期，容易造成制度的缺位，进而带来诸多的不稳定因素和社会问题，如收入分配不公引发的贫富差距扩大；经济基础不牢带来的就业压力加大；过分追求经济发展导致环境恶化；保障制度不全使得弱势群体的社会生存环境恶劣，等等。要想了解中国社会中的弱势群体或非政府组织，就必须对当代中国社会结构变迁及社会阶层变化有正确的认识，以便使国家和社会管理部门据此形成新的社会理论核心和社会经济政策，协调国家和社会各阶层的关系，促进整个社会的团结和安定。[②]

---

① Ferraro, Gary and Andreatta, Susan, Cultural Anthropology: An Applied Perspective, 2009, Wadsworth Publishing Co Inc, pp. 278 – 279.

② 黄焕汉：《中国社会转型及其价值冲突之化解》，《求索》2010 年第 9 期；陆学艺：《当代中国社会阶层的分化与流动》，《江苏社会科学》2003 年第 4 期。

二 有关社会分层的功能主义理论和冲突理论

目前，国际上社会结构分层理论主要受功能主义理论（Functional Theory）和冲突理论（Conflict Theory）影响。[①] 功能主义理论认为不平等的社会分层是维持社会正常运转所需要的。为了社会的不断发展，有些职位非常重要，需要有受过专业教育的、有技能和才干的人去做，而这些人应该获得比一般人更多的回报。给予超越一般人的酬劳和奖赏就是对这些所谓"精英阶层"的鼓励。因此，有差异社会分层是必要的，可以激励最好的人才去从事最关键的社会工作。[②] 这其实又是一种对理想文化模式的向往。分层功能主义理论虽致力于具有不同才能的人，从事与之相适应的工作，并获得与之相适应的报酬，但是却忽略了对弱势群体的关注。在当今的中国，家庭背景和社会关系等成为影响竞争的一个关键因素，而弱势群体通常没有平等的机会来竞争；反之，甚至因为某些政策的不当，而导致更多的人成为弱势群体。功能主义理论强调社会分层的合理性，要求维护现状，不要轻易去改变社会现有结构，因此受到上层和既得利益群体的拥护。

而冲突理论认为所有社会都有变迁和冲突的自然倾向。存在分层是因为上层利用自身掌握的丰富资源和绝对权利维护其特权地位，剥削底层人民。社会分层源于冲突，且产生于冲突，分层社会本身就是不同利益竞争的场所。冲突理论认为，社会冲突是推进社会发展的"加速器"，将创造更加美好平等的社会。冲突理论鼓励政府和人民采取行动，释放底层人民的行动潜力，促进各阶层的社会流动。但冲突理论过于强调社会分层的负面影响，而忽略了激烈冲突

---

① 庄孔韶主编《人类学概论》，中国人民大学出版社，2006，第321~323页。
② Ferraro, Gary and Andreatta, Susan. 2009, Cultural Anthropology: An Applied Perspective, Wadsworth Publishing Co In, p. 279.

对社会各个阶层群体可能造成的冲击和伤害。总之，功能主义理论强调社会分层体系的整合性质，冲突理论则聚焦冲突与变迁，二者具有不同的研究视角，各有利弊。

三 国内学者关于当代中国社会结构分层的论述

研究中国社会分层的学者，如陆学艺、孙立平、李强、李培林、李路路、王南湜、何清涟等，多少都受到功能主义理论和冲突理论的综合影响，但侧重点又各有不同。陆学艺等的"社会分层论"、李路路的"结构论"、李强等的"碎片论"，虽承认社会分层的不平等性，但更强调社会分层对稳定社会的作用，呼吁通过改变社会各阶层的比例，来追求"不平等中的合理社会"。例如，陆学艺教授指出当我国中产阶级崛起壮大，并逐渐成为社会主流时，社会结构并没有被彻底改变，但社会将更加和谐公平；而孙立平的"断裂社会论"基于中国严峻的社会现状，强调了社会结构分层的不平等导致的社会冲突以及社会弱势群体所处的不利地位。

为了对中国社会结构分层的主要理论有一个系统的了解，笔者拟从社会学、政治学、经济学、人类学等不同角度，对中国学者的理论作一简单介绍。

（一）断裂社会论

孙立平教授等提出的"断裂社会论"①，主要阐述了 20 世纪 90 年代中期以来中国社会分化导致了一种社会现象，即整个社会分裂为相互隔绝、差异鲜明的两个部分：上层社会和底层社会（或称强势群体和弱势群体）。经济财富以及其他各类资源越来越多地集中在强势群体的手中，而弱势群

---

① 孙立平：《断裂——20 世纪 90 年代以来的中国社会》，社会科学文献出版社，2003，第 59～67 页。

体得到的利益却越来越少，以至于他们与所谓强势集团的社会经济差距越拉越大，从而形成与上层社会相隔绝的底层社会。根据孙教授的观点，中国社会经济分化的趋势将使整个社会日益成为一个两极分化的社会，少数人处于社会的顶层，控制着社会上的绝大多数资源，大多数人处于社会底层分享很少的资源，而处于社会中间层的人数则很少，这种社会易于发生社会冲突。

孙教授进一步指出，断裂社会与人们在一般意义上理解的多元社会不同，表面上断裂社会有很强的多元性，但是这两种社会却有本质的不同。在多元社会中，虽然社会结构分化明显、各种社会力量及价值观并存，但社会的各阶层基本上处于同一个时代的发展水平，社会的各个部分能够形成一个整体社会。但在断裂社会中，社会的不同阶层似乎处于不同时代的发展水平上，整个社会是分裂的。这种新型的断裂社会有以下几个特点：第一，经济增长和社会发展出现断裂，经济的增长在很大程度上已经不能导致社会状况的自然改善。第二，形成了一种奇怪的经济增长逻辑，即经济有一个较为快速的增长，但社会中的大部分人不能从中受益；但如果经济没有一个较为快速的增长，社会中的大部分人却会从经济停滞中受害。第三，社会力量的定型，即已经开始形成新的社会力量以及构成新的组合关系，并强有力地影响着改革方向和实际的进程。第四，改革逻辑的四点改变，包括改革更多地具有利益博弈的内涵；改革的动力由初期的自上而下推行、收益大而付很少代价，变为多元化的社会力量开始影响改革的进程；出现了扭曲改革措施及效果的机制，一些旨在促进社会公平的改革措施，往往在实践中收到不公平的社会效果，甚至会被极端化为一种腐败的手段；社会力量的不均衡与不平等机制的形成，特别表现在强势群体（既包括民间的经济力量，也包括一些重要的垄断部门）与弱势群体之间的力量对比上，无论是在对公共政策的影响上还是在利用社会机会的能力上都存在极大的差距，并开始成为加剧目前社会不平等的一个重要机制。①

虽然，有些学者认为孙教授的分层法太简单、太极端，把社会分为了上层社会和下层社会（或称强势群体和弱势群体），这样容易扩大社会鸿沟，强化社会矛盾，引起社会动荡。但根据笔者的观察，中国社会目前恰恰出现了这样的征兆，因而应该引起政府决策部门的高度重视。这从改革开放以来群体性事件逐年增加，也足以说明。自 1993 年开始，全国公安机关第一次专门建立了群体性事件的统计制度，据统计，1993 年发生 0.87 万起，1996 年发生 1.2 万起，2006 年发生 9.4 万起，目前每年已超过 10 万起。②

（二）社会分层论

社会学家陆学艺教授的分层法较为细致，他以职业分类为基础，以对组织资源、经济资源、文化资源占有状况为标准，把中国社会中 7 亿多的各类就业人群分成十个阶层。新社会阶层分化逐渐取代过去以政治身份、户口身份和行政身份为依据的分化机制。现阶段中国社会已分化为由十个社会阶层组成的社会阶层结构。③

1. 国家与社会管理者阶层

此阶层是指在党政、事业和社会团体机关单位中行使实际行政职权的领导干部。在中国现阶段由计划经济体制向社会主义市场经济体制转变过程中，他们拥有组织资源优势，社会经济综合地位比较高。这个阶层在大中城市中较

---

① 孙立平：《断裂——20 世纪 90 年代以来的中国社会》，社会科学文献出版社，2003，第 10~14 页；李强：《当代中国社会分层：测量与分析》，北京师范大学出版社，2010，第 270~289 页。

② 徐小江：《群体性事件的结构因素分析》，《中国人民公安大学学报》（社会科学版）2008 年第 2 期。

③ 陆学艺关于各阶层所占比例，在不同文章中所说不尽相同。例如：《当代中国社会结构》（主编，社会科学文献出版社，2010），《中国社会阶级阶层结构变迁 60 年》[《北京工业大学学报》（社会科学版）2010 年第 3 期]，《当代中国社会阶层的分化与流动》（《江苏社会科学》2003 年第 4 期），《当代中国社会十大阶层分析》（《学习与实践》2002 年第 3 期）。

多，占 1%~5%，而县以下较少，约占 0.5%。这个阶层在社会结构中约占 2.1%。

2. 经理人员阶层

此阶层指在大中型企业中非业主身份的中高层管理人员。这个阶层是在 20 世纪 90 年代以后新产生的。而改革开放以前，公有制大中型企业也有经理人员，但他们是由政府指派任命，同党政机关干部的政治经济待遇是一样的，常常可以互换，他们也是国家干部。经济体制改革以后，政企分开，干部专业化，经理人员阶层逐渐形成。现在经理人员阶层由四部分人组成：国有大中型企业的中高层管理人员、城乡集体所有制大中型企业的中高层管理人员、三资企业的中高层管理人员、大中型私营企业的中高层管理人员。这个阶层在社会结构中约占 1.5%，但在各地区分布极不平衡。

3. 私营企业主阶层

此阶层是指拥有私人资本和固定资产，并雇用职工进行经营以获取利润的人员。按现行政策，是指拥有雇工在 4 人及以上的企业主称私营企业主，他们是改革开放以后产生的一个阶层。各地经济发展水平不同，特别是市场化程度不同，因此这个阶层在各地分布很不平衡，但总的发展趋势很快。这个阶层在社会结构中占 0.6%~1.8%，地区差异较大。

4. 专业技术人员阶层

此阶层指在国家机关、事业单位和各种经济成分的企业中从事专业性工作和科学技术、人文社会科学工作的人员。他们大多经过中高等专业知识和专门职业技术的培训，具有适应现代化经济社会事业发展的专业知识和专门技术，拥有文化资源的优势。他们是现代社会中的中间社会阶层的主干群体，既是先进生产力的代表者之一，也是先进文化的代表者之一。他们是维护社会稳定和社会进步的重要力量。这个阶层在社会结构中约占 5.1%，多数分布在经济文化发达的大中城市。

5. 办事人员阶层

此阶层指协助党政机关、企事业单位的领导处理日常行政事务的专职工作人员，主要是党政机关中的中低层公务员，各种所有制企事业单位中的基层管理人员和非专业性办事人员。这一阶层是社会阶层流动链中的一个重要的环节，是国家与社会管理者、经理人员、专业技术人员的后备军，是工人、农民通过这个阶层实现上升流动的一个台阶。这个阶层在社会阶层结构中所占比重约为4.8%（一说为7.2%）。在城市中占10%～15%，而在城乡合一的县（市）中占2%～6%。

6. 个体工商户阶层

此阶层指拥有少量私人资本，从事小规模生产、流通、服务业等经营活动，并以此为生的人。他们自己参加劳动和经营，有些还有专业的技术和手艺，带些徒弟，雇请少量帮工（不超过4人，一说为7人）。他们被称为小业主、小雇主、个体工商户，现阶段这个阶层在整个社会阶层结构中占4.2%以上。

7. 商业服务人员阶层

此阶层指在商业、服务行业中从事非专业性的体力和非体力劳动的工作人员。包括一些传统商业、餐饮业等服务业，绝大多数员工的社会经济地位与产业工人较为类似。但在一些大或特大城市中，一些新兴的服务业，如金融、保险、科技、教育、旅游、通信、传播、客货运、娱乐、房地产、期货、证券、社区服务等正在蓬勃发展，这也预示着这个阶层未来会有一个较大的发展。现阶段这个阶层在社会阶层结构中的比重约为12%，但城乡差异极大。

8. 产业工人阶层

此阶层指在第二产业（工业、建筑业等）中从事直接和辅助性生产的体力、半体力劳动的人员。产业工人阶层是近代以来中国经济社会发展，特别是社会化大生产的产物，是推动先进生产力发展的基本力量。随着中国工业化、城市化、现代化事业的继续发展，产业工人的队伍必将继续扩大，其本身的政治技术、文化素质和经济社会的地位也将不断提高，从而为现代化事业作出更大贡献。而与此同时，大量的农民工涌进产业工人阶层，成为产业工人阶层的重要组成部分。目前产业工人阶层在整个社会阶层结构中占 22% ~ 24%，其中农民工约占产业工人的 30%。

9. 农业劳动者阶层

此阶层指承包集体所有耕地，主要从事农（林、牧、渔）业的生产经营，并以其为唯一或主要收入来源的劳动者，也就是常说的农民。20 世纪 80 年代后期，大批农民工进入城镇，成为国有企业、三资企业、私营企业、个体工商户、股份制企业的职工，成为商业服务业人员阶层和产业工人阶层的重要组成部分。由于户籍制度未改变，因此他们的职业虽然变了但身份却未变，成为中国特有的农民工群体。按国家统计局对城乡人口的统计，改革开放初期，农业就业人员还占就业总数的 69%，到 2001 年时，只占到 42.9%。现阶段主要从事农业劳动，并以农业为主要收入来源的农业劳动者阶层已经少于 40% 的比例。农民、农业劳动者阶层是中国现在最大的弱势群体（笔者认为这种笼统的提法，其准确性有待商榷）。

10. 城乡无业、失业、半失业阶层

此阶层指无固定职业的劳动年龄的人群。经济体制转轨、产业结构调整和国有企业改革使一大批工人和商业服务人员处于失业、半失业状态。就业机会不足，使许多新进入劳动力市场的青年长期待业。城市化大量征用农地，使大批农民无地可种，而他们在城镇又找不到合适的职业。另外，还有很多城乡居民因残障或长期卧病而不能就业，多数陷入贫困的泥潭。当然这类人群各地不同，发达的东部地区要少一些，中西部地区多一些，目前这个阶层在整个社会

阶层结构中的比重约占 3.1% （一说为 4.8%），且人数还在增加。他们是这几年媒体所称的弱势群体，是社会的底层。

从以上论述可以看出，社会阶层的位序取决于各个阶层所拥有的组织资源、经济资源和文化资源的数量及其综合实力。拥有资源越多、综合实力越强的阶层，其阶层位序就越高。在现阶段的中国社会，国家与社会管理者阶层、经理人员阶层、私营企业主阶层和专业技术人员阶层所拥有的三种资源最多，因此处于最高或较高的阶层位序；商业服务人员阶层、产业工人阶层、农业劳动者阶层所拥有的资源不多，因此处于阶层较低的位置；城乡无业、失业、半失业阶层则基本上不拥有这些资源，所以阶层最低。而弱势群体往往处于最低阶层。

陆学艺教授指出，当代中国社会结构有以下几个特征：第一，现阶段中国的社会阶层结构还处在不断地变动过程中。第二，中国现有的社会阶层结构还不合理，与社会主义现代化进程及其要求还不相适应。由于没有进行实时的社会体制改革，社会建设的投入也不足，使社会结构相对滞后，出现了经济和社会两大基本结构不契合、不匹配的状况。当代中国的经济结构已经达到工业化的中期水平，但是社会结构还处于工业化的初期水平。目前中国的社会结构还是一个中低社会阶层过大，上中社会阶层刚发育还没有壮大，而最上层和底层都较小的状态。第三，中产阶级正在崛起。据各种调查资料的推算，现在我国的中产阶层每年大约增加 800 万人，在社会阶层结构中的比例每年增加约 1 个百分点，预计到 2020 年占比将达到 35% ~ 40%。[①] 但中国当代社会结构中的首要问题并不是中产阶级的规模，而是中产阶级的政治影响力不大，未能赋予他们超越社会经济领域的社会作用。

---

① 陆学艺：《中国社会阶级阶层结构变迁 60 年》，《北京工业大学学报》（社会科学版）2010年第 3 期。

陆学艺教授的社会分层论是目前最为具体的中国社会结构的分层，非常直观，一目了然。虽然有些界定的准确性可以再讨论，但对实证研究已有很好的参考作用。在社会分层结构中，确定了弱势群体处于社会底层，但是通过个人努力和社会支持，弱势群体也可以实现向上的流动。社会分层和社会流动的现实意义就在于，通过分层和流动缓和社会矛盾，在兼顾效率与公平的同时，起到稳定社会的作用。①

（三）碎片论

碎片论是由李强教授提出的一种分析中国社会结构的观点。李教授认为现阶段中国社会分化及社会分层结构呈现碎片化的特征。社会分化如果是明显的两极分化，可能引发社会的激烈冲突，但如果社会的分化势力呈"碎片化"，人们的利益是多元的，反而不容易发生重大的利益冲突。李强教授总结中国社会分层中利益的"碎片化"特点：第一，阶层分化与身份群体交织在一起产生了多元利益群体。阶层结构定型化与传统的身份制交织在一起，其结果是，阶层与身份并存，在阶层内部会有很多身份群体。第二，户籍、地域的差异与阶层差异交织在一起，形成了多元化利益群体。由于体制的"碎片化"与阶层分化交织在一起，就形成了利益的"碎片化"。由于社会利益结构朝向多元化发展，使得社会的多重利益交织在一起，而不是壁垒森严的裂痕型的分化。从社会学角度看，阶层利益的"碎片化"、社会利益的"碎片化"，减少了社会震动，有利于社会稳定。这在一定程度上解释了，为什么一方面我国的贫富分化很严峻，但另一方面，却又没有产生巨大的社会不稳定。② 笔者对李教授的观点些许不赞同的地方在于，目前中国远远不是

---

① 钱再见：《失业弱势群体及其社会支持研究》，南京师范大学出版社，2006，第29～33页。
② 李强：《转型时期的中国社会分层结构》，黑龙江人民出版社，2002，第103～119页；《当代中国社会分层：测量与分析》，北京师范大学出版社，2010，第264～273页。

"碎片利益多元化"的社会。国内有些社会矛盾已相当突出，之所以没有大的冲突，一是政府重视政策调整，二是与中国老百姓的性格特点有很大的关系。就像俄罗斯总统普京说的那样，中国改革开放取得重大成就的一个主要原因，在于中国国民一贯坚韧的民族性。由于历史上承受了太多的苦难，中国国民对艰难困苦和不公平待遇有异常的承受力和忍耐性，这在其他国家是难以想象的。

（四）结构论

李路路教授最先提出了"结构化"的概念。所谓结构化是指人们之间的社会经济差异被持续化和稳定化，从而导致阶级阶层结构的出现，它特别强调的是经济地位的差异扩散到社会生活的各个领域，即阶级阶层地位影响了人们的流动机会、生活方式、社会态度和行为取向。李教授建构了一个五个阶层的分析框架，即权利优势阶层、一般管理人员/办事人员阶层、专业技术人员阶层、工人/农民阶层和自雇用者阶层。其中，权利优势阶层包括单位负责人和中高层管理人员，其特征是对他人和资源拥有支配能力，而一般管理人员和专业技术人员则拥有相对的工作自主性。① 李教授指出，同阶层由于占有资源的不同，导致获得利益亦不相同。而他更强调由于阶层差异的结构化，导致了阶层利益获取的结构化。那些占有优势地位的群体，通过不同的资本交换、社会网络和人力资本的优势，使得他们的优势地位在经济体制的变革中得到保持或延续。

有些学者进而指出目前中国社会阶层流动呈封闭趋势。② 虽不像以前"身份制"那样僵硬，但这种封闭机制却更为牢固且难以逾越。其形成主要途径有五个方面：一是教育导致阶层分化；二是就业竞争的关系化；三是财富积累

---

① 李路路、边燕杰主编《制度转型与社会分层》，中国人民大学出版社，2008，第1~15页。
② 赵卫华：《中国社会阶层流动新趋势》，《人民论坛》2011年第30期。

方式从劳动致富到财富致富；四是难以转变的发展方式：GDP 与相对贫困化的双重增长；五是高风险时代的到来：财富向上转移，风险向下积累，主要由弱势群体来承担社会风险。笔者认为，目前出现的所谓"官二代""富二代"群体以及"公务员内定招聘"等事件都是最好的例证，也就是说财富的继承、社会地位的承袭传递，这个过程已经开始了。同时，最近几年，还出现另外一个词"穷二代"，这表明贫困的继承和传递也日益呈现。如今社会已经提出了一个很现实的问题，如何打破"结构化"，形成一个相对畅通的社会流动渠道，用以抵消贫富差距过大的负面影响。"绝望比贫穷更可怕"，应建立一个有效的流动机制。①

（五）标准参数化论

何清涟等学者②根据美国学者彼特·布劳的"结构变迁理论"③，提出以"标准参数化"来划分中国的社会结构，也就是说社会结构可以由一定的结构参数来加以定量描述。结构参数就是人们的属性，主要有两个参数标准：一是类别参数，如性别、宗教、种族、职业等，它从水平方向对社会位置进行区分；二是等级参数，如收入、财富、教育、权利等，它从垂直方向对社会位置进行区分。这两类参数可以相互交叉或相互合并，从而使社会结构的类型更加复杂多样。依据这两个参数标准，可以把中国社会分成精英层（包括政治精英、经济精英、知识精英）、中下层、边缘化集团；并认为资源分配不平等，是利益集团形成的基本原因，而两极分化易形成高风险社会。

---

① 孙立平：《绝望比贫穷更可怕》，《中国报道》2009 年第 3 期。
② 何清涟：《当前中国社会结构演变的总体性分析》，《书屋》2000 年第 3 期。
③ 〔美〕彼特·布劳：《不平等和异质性》，王春光、谢圣赞译，中国社会科学出版社，1991。这一理论认为，"社会结构的组成是指由个人所组成的不同群体或阶层在社会中所占据的位置，以及它们之间表现出来的交往关系"。更准确地说，"社会结构被定义为由不同社会位置（人们就分布在它们上面）所组成的多维空间"。

第二节　中国社会结构的不合理将导致的客观后果

尽管诸学者理论中的某些观点与论述有所不同甚至相互对立，但总的来说都认为当今中国的社会结构颇不合理，与经济发展水平不相适应。陆学艺教授认为中国社会结构比中国的经济发展落后15年。随着社会资源越来越集中在少数人手中，多数人提升社会地位的机会日益匮乏。不同社会阶层之间的流动遭到阻碍。社会选拔变成一个决定性因素，因为只有富裕阶层才具备提升社会地位所必需的关系，人数众多的弱势群体的利益则往往被长期忽视，而这会为中国社会的未来发展埋下潜在的危机。

一　漠视中国社会结构不合理的普遍价值观

现今，中国改革开放所取得的辉煌成就，虽然给整个国家带来了巨大的进步，但不得不指出，改革的成果并没有惠及所有老百姓，部分弱势群体或社会底层仍处于"被遗忘的角落"，其利益似乎"被牺牲"了。这就引出了一个争议性极大的问题，在社会发展的进程中"少数人"的利益是否应该被"合理"的牺牲。在我们从小接受的教育理念里，为了国家和集体的利益，个人的利益是可以被牺牲的；为了大多数人的利益，少数人的利益是可以被牺牲的；换言之，为了主流社会的利益，边缘群体的利益是可以被牺牲的。有时，弱势群体并不一定属于大多数，比如在笔者所涉及的成骨不全症患者，或者血友病患者，或者其他残疾人，他们在与中国总人口数的比较当中，人数总量是很少的。不少人常抱有这样的观点：国家这么大，问题这么多，那些重要的、有关国家核心利益的事情都没有解决，干嘛去纠缠这些"小事情"呢？对于决策者而言，这些可能只是可以放缓解决的"小问题"，不会影响到国家的生死存亡。但对于这些弱势群体而言，他们遇到的艰难不仅是关系到日常生活，更牵涉能否生存下去。评价一个国家的政府或政治制度的优劣，不能仅仅只看其是否保障了所谓主流人群的利益，而更应该看到，在维护主流人群利益的同时，是否兼顾了弱小的或"少数人"的利益，不能人为地把主流社会的利益与弱势群体、少数群体的利益对立起来，更不能对侵害弱势群体利益的行为麻木不仁或熟视无睹，甚而心安理得乃至雪上加霜。

二 社会结构不合理的负面效应

刘祖云等学者指出，社会结构的不合理将导致社会发展的不平衡，而社会发展不平衡将对社会产生多重负面效应。第一，社会发展不平衡影响社会稳定。市场经济是竞争经济，能促进经济增长，提高老百姓的生活水平。但市场经济同时也会导致地区间、行业间、单位间及个人间收入差距的扩大，而收入差距过分悬殊会影响社会稳定。同时，教育、医疗、收入分配和住房改革进展缓慢是减少不平等现象的巨大障碍，也是导致提升社会地位机会匮乏和贫富差距加大的关键因素。由于中国社会自古就有"不患贫而患不均"的思想，人们对社会差距的扩大比较敏感，由此会造成"仇富"的心理和行为。当高收入群体的奢侈消费与低收入群体的贫困生活形成强烈反差时，社会不满情绪蔓延，越轨行为会因此大量出现，从而严重威胁公共安全和社会稳定，影响和谐社会的建设。

第二，社会发展不平衡将阻碍经济发展。人际间的收入差距制约了人们消费需求的扩大，进而影响到消费需求对经济增长的促进作用。尤其对于低收入人群来说，他们有消费欲望，但受到有限收入的限制，实际消费支出很少。此外，他们还不得不将一部分收入进行储蓄，以用于孩子的教育及将来的养老、医疗等。对于广大中层收入群体而言，因为比上不足比下有余，使他们对收入预期不高，对消费需求也不高，从而使得中等收入群体的储蓄偏高而消费支出较少。目前我国的经济发展模式正在从"外销型"向"内需型"转变，如果不能解决好老百姓的后顾之忧，扩大国内消费需求是非常不易的。

第三，社会发展不平衡会导致错误价值观的形成。我国社会正处于转型时期，传统的价值体系因此受到很大冲击，有的价值观被摒弃，有的价值观被怀疑，而适应社会主义市场经济体制的新的现代价值观体系尚未建立，正处于逐步形成阶段。这个时期的社会收入分配状况对于人们形成什么样的价值观影响很大。当收入差距的出现不是因为人们的能力或贡献不同所致，而是因为人们的机会不同甚至是手段不同（如采用非法手段）所致时，收入差距的存在必然会在一定程度上破坏人们遵从规范意识，由此诱导更多的人为追求现实利益置法律于不顾，铤而走险。为获取金钱不择手段的价值观将对整个社会甚至我们的后代产生不可估量的破坏性影响。[1]

三　弱势群体的大量存在，使社会公正性受到质疑

当代中国社会结构的不合理，往往导致各阶层处于一种焦躁的、没有安全感的社会氛围中，而这又以社会结构分层中处于下层的弱势群体最为显著，在这种环境下，他们只能无助茫然地挣扎求存。弱势群体在任何社会都是存在的，现在之所以引人注目是因为在中国社会几十年来巨大的经济发展中，并没有给这些群体带来更多的好处，绝对贫困现象依然突出。而且，在经济迅速发展的同时，他们中很多人的相对生活状况在下降。在过去的几年时间里，这个弱势群体的数

---

[1]　刘祖云主编《社会转型解读》，武汉大学出版社，2005，第101~104页。

量不仅不是在减少，反而是在上升。① 精英阶层占据大量资源，对公共政策、社会舆论、政策执行以及行政管理的影响巨大，弱势群体（或被称为社会底层）利益被普遍忽视。长期以来，在中国社会中，整体社会结构是金字塔形状的，下层、基层群体的比例和数量是十分巨大的。如果不重视这些群体，忽视这些群体的利益，必然带来严重问题，② 社会公正性也将受到质疑。

第三节　弱势群体的界定及特征

一　"弱势群体"概念的提出及界定

如何构建一个公平公正的社会结构，是当今社会热烈讨论的话题。而在一个公平公正的社会里，维护弱势群体的利益是基本前提。在欧美等发达的资本主义国家，最早与"弱势群体"有关的文字记录，是英国 1601 年颁布的《伊丽莎白济贫法》。此法案规定了三种救助对象，即有劳动能力的贫民、无劳动能力的贫民、无依靠的孤儿。这为英国政府提供了进行公共救济事业的应用方式，体现了政府有责任救助弱势群体的社会价值观。③ 而在我国，2002 年，"弱势群体"作为一个学术概念，首次进入国务院的《政府工作报告》。

弱势群体，也叫社会脆弱群体或社会弱者群体，英文译法是 Vulnerable

---

① 孙立平：《断裂——20 世纪 90 年代以来的中国社会》，社会科学文献出版社，2003，第 59～73 页。
② 李强：《当代中国社会分层：测量与分析》，北京师范大学出版社，2010，第 8 页。
③ 魏继华：《我国弱势群体法律保障制度的构建》，《河南社会科学》2007 年第 5 期；张森、黄晓维：《非政府组织在救助弱势群体中的作用》，《辽宁教育行政学院学报》2010 年第 1 期。

Group，意思是"易受伤害的""脆弱的"，是指"由于其自身因素所导致社会生存能力低弱的人群"，例如残疾人、孤寡老人、未成年人（尤其是孤儿），在中国还包括城市中以下岗失业者为主体的贫困阶层，以及贫苦农民、进城农民工等。① 学者何耀明总结为是那些"被忽视、被贬视、被遗忘、被漠视、处境边缘化"② 的群体。吴南海也表达了类似的看法："弱势群体就是基本权利受到很大程度伤害，进而在社会资源的分配过程中处于不利地位，无法与其他人群进行正常的社会竞争，不得不退出主流社会，日益被边缘化的底层社会群体。"③ 在以往探讨社会结构的问题时，并没有专门提出"弱势群体"这个字眼，直到 2002 年 3 月朱镕基总理在当年的《政府工作报告》中提到了"必须对弱势群体给予特殊的就业援助"。总之，所谓弱势群体，是由于个人生理、社会及生态等原因，而导致在经济、政治、社会乃至心理等方面处于劣势，需要社会提供支持的社会群体。

"弱势群体"的出现，从学术意义上来看，突破了阶级话语的垄断，从一般意义上概括了一个新出现的社会群体范畴，并用"弱势"来表明这个群体社会地位之劣势，而不是笼统的"人民"的概念，或者"当家作主"的工人和农民的阶级范畴。在实践意义上，则意味着在从国家治理和社会稳定的战略高度，在对一个社会群体的存在及其可能产生严重后果的关注下，对近些年来社会分化状况一定程度的接受和正视。④

---

① 钱再见：《失业弱势群体及其社会支持研究》，南京师范大学出版社，2006，第 13 ~ 15 页；毕向阳、范盱阳：《弱势群体：话语生产及社会建构》，《北京电子科技学院学报》2004 年第 3 期。

② 何耀明：《全纳职业教育与穷人经济学：转化弱势农民的新话语》，《益阳职业技术学院学报》2007 年第 3 期。

③ 吴南海：《论当代中国弱势群体的本质特征》，《中国集体经济》2008 年第 24 期。

④ 毕向阳、范盱阳：《弱势群体：话语生产及社会建构》，《北京电子科技学院学报》2004 年第 3 期。

二 对"弱势群体"理解的误区

自从"弱势群体"这个词出现以后，人们对"弱势群体"的定义往往会有一些误区和滥用。比如，用财富的多少来解释强势弱势，把弱势和中低收入人群画上等号。从现实的意义上看，好像有其合理性，因为大多数中国的贫困人群确是属于弱势群体，但是如果仅仅从这个定义来理解弱势群体，给予弱势群体的仅仅是同情和怜悯，认为帮助弱势群体就是增加弱势群体的财富，而忽略了对弱势群体的基本权利的伸张，不仅可能起不到有效的作用，还可能产生种种以保护弱势群体为借口，损害弱势群体基本权利的事情。[①]

有一位张姓的瓷娃娃病友曾这样描述他的经历：

> 我被本地的一些媒体采访过。我的表现无遗（疑）让他们失望了。我不介绍他们想听的坚强性格，不讲述他们感兴趣的煽情往事，更没有鼓舞人心的励志话语，我只是强调自己面对困难的平静态度，反反复复，无非如此。于是，他们百般提示，我也只好识相地加以配合。最后做出的节目，可想而知地落入了俗套。当然，对于这些记者的辛勤报道，作为受益者，我理应表示感谢。但内心还是有很多无奈的。纵观国内的许多类似的节目，也无不如此，媒体一涉及我们残疾人，就把身残志坚作为一个永恒的主题，这样做本来无可厚非，但有时刻意地去雕饰出一个"榜样"来，能有穿透人心的感染力吗？更何况，当这些媒体大谈特谈这些"榜样"有多么多么残疾的时候，又可顾及残疾人的想法？……当然，很多时候我

---

① 钱再见：《失业弱势群体及其社会支持研究》，南京师范大学出版社，2006，第13~15页；吴南海：《论当代中国弱势群体的本质特征》，《中国集体经济》2008年第24期；《收入差距加大致国民"弱势心理"蔓延》，《人民日报》2010年11月11日。

们必须需要大家的帮助，虽然无奈，却也只好欣然接受。更多的时候，我希望大家能对我们"一视同仁"。

对弱势群体的另一个误区是，把强弱的相对性泛化：在社会结构中，有强必有弱。只要一个群体比另外一些群体相对较弱，那么这个群体就是弱势群体。这导致了所谓"国民弱势心里蔓延"① 现象，甚至许多"精英阶层"也自称弱势群体。据一项问卷调查显示，认为自己是"弱势群体"的党政干部受访者达 45.1%；公司白领受访者达 57.8%；知识分子（主要为高校、科研院所、文化机构职员）受访者达 55.4%；而网络调查显示，认为自己是"弱势群体"的则高达七成。面对这种党政干部、知识分子及公司白领等"精英阶层"自认弱势群体的现象，大部分人觉得矫情。但也有学者指出，一个和谐的社会需要一个稳定的预期，刚性的制度、公正公平程序的缺乏是当下中国不安全感产生的源泉。而社会不公正、不公平等现象的普遍存在，使每个人都深受其害，"弱势"心态自然蔓延。② 当然，尽管我们可以理解发生这些现象的原因，但却不能纵容这些提法的泛滥。如果这种消极的国民心态不能得到抑制，相反却长期发酵的话，不仅会误导整个社会，影响整个民族的精神健康，危及全社会的稳定和长治久安，而且，更会导致真正需要被帮助的弱势群体受到忽视。所以为了解"弱势群体"的实质，必须对弱势群体的特征进行归纳。

三　弱势群体的特征

弱势群体的特征一般是由自身生理、经历、家庭背景、社会环境及文化等因素构成的。能否正确认识当代中国弱势群体的本质特征，是有效地解决

---

① 《收入差距加大致国民"弱势心理"蔓延》，《人民日报》2010 年 11 月 11 日。
② 《调查称近五成受访党政干部认为自己是"弱势群体"》，《西安晚报》2010 年 12 月 5 日。

弱势群体的社会保护和社会支持问题的关键。只有这样，才能使得关注弱势群体不只是停留在道德层面上。孙立平、吴南海、钱再见等学者①都曾对中国弱势群体的特征体现进行过论述，笔者拟在前人研究的基础上进行如下总结。

（一）生活贫困化

用通俗的话来讲，就是物质生活处于贫困状态。社会弱势群体通常都是经济上的低收入者，其经济收入低于社会人均收入水平，甚至徘徊于贫困线边缘。即使对有工作者来说，也存在就业不稳定，工作条件恶劣，缺乏社会保障等问题。造成这种情况的原因是多方面的，既有自身原因，也有社会原因，如在市场竞争中失败、失业下岗、身体残疾、年老退休等，都会成为经济上的低收入者。经济上的低收入性决定了弱势群体在社会生活中的贫困性。在其消费结构中，绝大部分或全部收入用于购买食品，日常生活中使用廉价商品，穿破旧衣服，没有文化、娱乐消费，并有失学等后果。生活上的贫困性是弱势群体的典型特征。

（二）政治地位边缘化

这主要表现在他们追求和维护自己权益的能力方面。强势群体在公共政策的制定过程中具有重要的影响力，他们可以通过自己的影响力和游说活动，使得公共政策的制定有利于自己的利益需求，或者至少不影响自己的既得利益。而弱势群体由于掌握的资源很少，较少参与社会政治活动，难以影响公共政策的制定。他们的声音也很难在社会中发表出来，有时只能依靠政府和媒体等为

---

① 孙立平：《断裂——20 世纪 90 年代以来的中国社会》，社会科学文献出版社，2003，第59~73 页；钱再见：《失业弱势群体及其社会支持研究》，南京师范大学出版社，2006，第21~24 页；朱力：《脆弱群体与社会支持》，《江苏社会科学》1995 年第 6 期；吴南海：《论当代中国弱势群体的本质特征》，《中国集体经济》2008 年第 24 期。

他们说话，他们自身很难具备有效地表达和追求自己利益的手段。现在虽然情况有了一些改善，弱势群体中的某些人已经敢于站出来，表达自己的意见，发出自己的声音，但问题是有多少人能倾听，以及能听见多少。

（三）社会排斥

所谓"社会排斥"，原来是针对大民族完全或者部分排斥少数民族的种族歧视和偏见，这种偏见和歧视建立在一个社会有意达成的政策基础上。[①] 而在当前的社会语境中，社会排斥是指某些个人、家庭或社群缺乏机会参与一些社会普遍认同的社会活动，被边缘化或隔离的系统性过程。这个过程具有多维的特点，并表现为被排斥者在经济、政治、社会、文化及心理诸方面的长期匮乏。[②] 在当代中国社会结构中，普遍存在的现象是弱势群体的生存困境受到忽视，甚至是制度性排斥。例如当面对残疾人弱势群体时，主流社会往往将身体的异样与负面特征联结起来，于是被标示的另类身体往往会承载社会所赋予的负面评价，身体缺陷者在别人看来便具有某种社会不期望或不名誉的特征、状况，从而被贴上贬低性、侮辱性的标签，像不健康、不吉利、危险等。这是一个群体将人性的低劣强加给另一个群体的过程，反映了不同社会群体之间一种单向命名的权力关系。因此，在当今的中国会发生一系列事件，如深圳航空公司在逼迫两名残疾人签订"生死状"后才允许他们上飞机、辽宁某影院拒绝坐轮椅的残疾人入内看电影、南昌百盛购物中心门口将"禁止轮椅入内"的标识与"禁止宠物入内"的标识贴在一起的歧视性案例[③]、强行拆迁棚户区或

---

① 周林刚：《社会排斥理论与残疾人问题研究》，《青年研究》2003 年第 5 期。
② 石彤：《社会排斥：一个研究女性劣势群体的新理论视角和分析框架》，载王思斌主编《中国社会工作研究》（第一辑），社会科学文献出版社，2002。
③ 瓷娃娃关怀协会与"1 +1"文化交流中心在北京百盛商场门口进行名为"你说你的眼里没有我"的行为艺术沉默抗议，最后店方迫于舆论压力，使南昌百盛购物中心取下标识，并向消费者道歉。

老百姓居住房，以及近年来频繁发生的城管与摊贩的冲突等。这些冲突并没有在有效的城市管理下得到缓解，反而越演越烈。由于这种冲突涉及生计，因而冲突本身就会带有一种更为暴力的特征。

（四）心态边缘化、极端化

孙正平教授指出，一个社会当中，仅仅是贫富差距大一点还不要紧，最怕的就是穷人失去向上流动的希望，这是一种绝望的感觉。应当说这样一种趋势在我们当前的社会当中是存在的。[①] 弱势群体在社会分层体系中处于底层，由于缺少基本的社会交往的资源和条件，进而丧失了在社会发展中的基本话语权，使整个群体与社会形成断层。如今，弱势群体普遍被排斥在经济、政治和社会主流之外，且边缘化程度不断加强。由于弱势群体在经济上的低收入性和社会生活中的贫困性，使得他们在社会中的心理压力高于一般社会群体。有时他们会感到自己未引起社会重视，甚至被社会所抛弃，因而有时会产生向社会报复的念头，并可能表现出极端的行为。

第四节 弱势群体的分类及社会定位

一 弱势群体的分类

（一）三分法

朱力、钱再见、陈成文等学者把弱势群体分为三大类：生理性弱势群体、社会性弱势群体以及自然性社会弱势群体。生理性弱势群体带有明显的生理原因，主要包括残疾人、儿童和老年人等；社会性弱势群体的出现主要是由于社

---

① 孙立平：《绝望比贫困更可怕》，《中国报道》2009 年第 3 期。

会原因，如社会急剧转型导致的失业下岗人员及农民工等群体；而自然性社会弱势群体，主要包括生态脆弱地区的人口和自然灾害的灾民等。[①]

（二）两分法

郑杭生等学者将社会弱势群体分为初级弱势群体和次级弱势群体。初级弱势群体是指由于成员基本生活需要未能得到满足而形成的社会生活有困难者，包括以下几种人群：鳏、寡、孤、独、残疾人和其他因丧失、缺乏劳动能力而无生活来源者；遭受自然灾害难以维持基本生活需要的个人和家庭；无固定职业或事业而造成的生活低于基本标准的个人和家庭；由于其他原因造成生活水平低于基本标准的个人和家庭。次级弱势群体则是指在其基本物质需要得到满足的前提下，由于自身生理和心理上的病障或社会失调的影响造成其心理上的受挫感和剥夺感，从而难以适应社会，甚至形成越轨行为的社会成员之集合。[②]

（三）四分法

劳动和社会保障部社会保险研究所所长何平把弱势群体总结为四类人[③]：一是下岗职工，或已经出了再就业服务中心，但仍然没有找到工作的人。这部分人群中，女工多、年龄大、知识层次和再就业能力较低，他们没有稳定的收入来源。二是"体制外"的人，即那些从来没有在国有单位工作过，靠打零工、摆小摊养家糊口的人，以及残疾人和孤寡老人。三是进城农民工。他们没有享受到城里劳动者的同等待遇，劳动权益得不到保护，单位并没有按照《劳动法》为他们缴纳各种社会保险。他们有活干，但受歧视。年底结算时，

---

① 钱再见：《失业弱势群体及其社会支持研究》，南京师范大学出版社，2006，第13～21页。
② 郑杭生等：《转型中的中国社会和中国社会的转型》，首都师范大学出版社，1996，第367～368页；郑杭生主编《中国人民大学社会发展研究报告　2002——弱势群体与社会支持》，中国人民大学出版社，2003，第9页；钱再见：《失业弱势群体及其社会支持研究》，南京师范大学出版社，2006，第13～21页。
③ 何磊：《弱势群体：总理说的是哪些人》，《中国青年报》2002年3月7日。

往往不能如期拿到工资，企业拖欠工资的事例常见于报端。四是较早退休的"体制内"人员。这部分人主要是从集体企业退下来的，当初退休时工资水平低，所得仅够吃饭用。许多人原来的单位现在要么破产，要么奄奄一息，没有认真为他们缴纳医疗等社会保险。这部分人不能被生活保障覆盖，需要政府单独立项拿出钱来援助。

以上的三种分类方法虽然标准不同、归类名称各异，但都有道理，且互相补充，包含了几乎弱势群体的全部成员。

二 弱势群体的社会定位

在了解弱势群体的各种本质特征后，为更好地帮助弱势群体，还应给弱势群体一个准确的社会定位。就像上文中叙述的那样，社会往往会把弱势群体，尤其是残疾人弱势群体当作可怜的、给人添麻烦的人群。不论是政府还是主流社会面对弱势群体的问题时，往往只看到一项项庞大的开支，觉得弱势群体自身能力不足，社会贡献小，帮助他们的唯一方法就是在金钱上给予资助。从某种意义上来说，就是将他们独立于社会主流之外供养起来，而很少考虑过给予他们拥有与社会大众相同的机会。[①]

（一）平等是弱势群体对主流社会的基本需求

那么弱势群体对主流社会最基本的需求是什么呢？简单地说，是平等。它不仅包括平等相待，还有一层更深的含义是创造机会，使他们能平等地参与到社会生活中去。关于平等相待，很多去过欧美国家的人可能都有过这样的经历，在城市的大街上，经常能看到各种残疾人或坐着轮椅，或拄着拐杖，或拿着扫盲棍逛街，从旁边经过的人基本上不会给予特殊的关注。刚开始，似乎会

---

① 万芳：《对弱势群体的思考》，《瓷娃娃》2010 年第 8 期。

给人以人情冷漠的感觉，但后来才发现，这其实是对残疾人的尊重，把他们当做正常人一样对待。一个残疾人说过："迎面走过来的人，用一种好奇的眼光在打量着自己，这种眼神像一把刀，不断地提醒着：你是个残疾人。"当然，一般来说残疾人对这些现象也已司空见惯，并予以理解。笔者认识的瓷娃娃关怀协会全职工作人员、瓷娃娃病友魏女士曾这样描述她的一段经历：

> 我有一次参加活动，一个重庆大学生跑到我跟前要和我合影时说："你是真的瓷娃娃吗？以前只是听说过。"当人们在没有心理准备，突然看见我们时更多的是感到惊奇。这种惊奇通常并不代表任何恶意，只是想"咦？世界上怎么还会有这样的人啊？"……大多数时候，这种善意本身还包括了一种关切：多好的孩子呀，不能走，真可惜。但是由于瓷娃娃不常出门，所以不知道如何与别人进行交流，所以很敏感、很紧张。

魏女士进一步阐述了她的理念。

> 对于瓷娃娃本身，首先要拥有一颗与人平等的心灵。平等是基于人格和精神的平等，而非拥有多少资产、拥有什么样的躯体状态、拥有什么样的地位……记得我小时候，爷爷买来好吃的，总是按家里7口人平均分为7份，并不因为我是残疾孩子使我少一点，也并不因为我是一个残疾孩子额外疼爱我多一点。在爷爷的眼里，对我和兄弟姐妹的爱是平等的。爷爷也会像对待其他兄弟姐妹一样，给我指派我力所能及的活：择菜、整理自己的房间、刷锅洗碗等（千万不要把我想象成那种程度最轻的瓷娃娃，其实我从出生至今尚不能站立行走，以轮椅代步），哪怕在我做这些小小劳动中，家人为我拿器具盛、帮我打水洗碗的准备工作，比他们自己干是

费劲得多，爷爷他们也尽力给我干活的机会。在爷爷眼里，对我和兄弟姐妹的机会和责任也是平等的。在我幼小的心灵里，感受到我和别人是平等的，爷爷给我的爱和别的孩子是一样的；我能干活，我自豪，我也是家庭里的一员，我有能力来做和别人一样的事情。不自卑，也不带着残缺要求别人另眼相看。[总之，我们希望，] 平等地看待我们，给予我们平等的机会和责任。

由此可见，自我认同是社会个体具备社会行动能力的先决条件，特别是在人们的自我认同面临诸多困境的现代社会，保持良好的自我认同感是保持良好生活状态的基础。

（二）弱势群体是整个社会发展的有机组成部分

为了给包括瓷娃娃病人在内的残疾人群体，以至整个弱势群体平等的机会和责任，必须创造一个具有平等起点的社会氛围。要做到这一点，最关键的是给弱势群体这一整体，做一个最准确的社会定位。如果国家和政府仅视弱势群体是社会的沉重负担，没有用的包袱，对他们的救助是出于良心之选或社会主义制度的原则理念，那么这种救助就仅仅停留在非常肤浅的表面，例如满足于像恩人一样按时发给他们低保费，而对他们在参与社会生活、教育、接受培训、盼望就业等方面的愿望视而不见等，那么在经济上确实是一个只有投入没有产出的资源消耗过程。但是，若把弱势群体的存在视为整个社会发展中的有机组成部分，而政府的帮助措施不仅停留在保障他们的基本生活方面，还注重他们平等参与社会发展能力的培养，那么就会使他们由弱势群体逐渐成长为对社会发展有贡献的群体。这就是平等的社会氛围，在这种环境里，每个人或每个群体不会因为自身的弱点和政策的缺失，白白消耗了社会资源，而是所有人都能对这个社会有所回馈，这才应是我们真正追求的国家与个人发展双赢的社会模式。

第五节 弱势群体的话语权

郑杭生等学者认为，弱势群体规模还将进一步扩大，它的弱势程度将进一步加深。如果将城乡贫困人口、经济结构调整进程中出现的失业和下岗职工、残疾人、灾难中的求助者、农民工等各类处于弱势地位的人口统统加起来，我国弱势群体规模占全国总人口的 11% ~ 14%，即 1.507 亿 ~ 1.918 亿人。我国目前弱势群体达到这样的规模和比例，应该说是非常严重的。[①] 尽管弱势群体的利益诉求愿望日益加剧，但由于现实利益表达制度的缺陷以及弱势群体占有资源的匮乏性等原因，他们的利益诉求往往是无处表达、无效表达，成功率很低。在我国，能为弱势群体代言的主要是政府部门、学者群体、各种民间非政府组织以及新闻媒体等组织和人群。但目前这几方面的沟通渠道都不够顺畅。

一 政府部门与弱势群体沟通不畅的原因

由于弱势群体具有经济上的低收入性、生活质量上的低层次性、政治上的低影响力和心理上的高敏感性，因而决定了这一群体表达自身利益的机会非常缺乏，各级政府部门理应在代言弱势群体过程中发挥主导性的力量。朱力、杨炼、钱再见等学者指出了目前我国政府部门与弱势群体沟通不畅的几

---

① 郑杭生主编《中国人民大学社会发展研究报告 2002——弱势群体与社会支持》，中国人民大学出版社，2003，第 13、66 页；钱再见：《失业弱势群体及其社会支持研究》，南京师范大学出版社，2006，第 13～21 页；《专家称我国弱势群体呈现扩大趋势》，《人民日报》2010 年 11 月 25 日。关于我国弱势群体人数问题各说不一。《北京晚报》2011 年 6 月 25 日一篇报道的标题为《"中国和谐服务工程"服务 8.9 亿弱势群体》，即说我国弱势群体为 8.9 亿人，占 13.7 亿总人口的 65%，这未免有过泛之嫌。

点原因。

1. 制度安排不合理

我国目前实行的是全国人民代表大会制度，人民选出能代表自己利益的代表参与国事，表达意愿。但目前的各级人大代表中，真正属于弱势群体的代表只占其中一小部分，其代表人十分缺乏。例如虽然农民代表占有一定的比例，但大多也为农村干部、农业专家所占，很难真实反映农民群众的呼声，表达他们的利益。而残疾人群体代表更是凤毛麟角，下岗职工则基本没有代言人。政协的情况也是如此。相反，强势群体在人大代表、政协委员中所占比例较大，因而他们的利益表达就会更容易体现在地方立法中，至少可以保证自身利益不会受损。

2. 弱势群体与政府沟通的程序烦琐

在我国现行体制下，人民群众要表达自己的诉求，只能采取自下而上的方式，这种方式存在种种弊端。一方面，自下而上的单向利益表达形式，使弱势群体的利益诉求成本过高；另一方面，层层上报会使手续过于繁多，时间过长，因而使信息失真的可能性也就越大，不少合理要求和建议得不到及时有效地反映，问题得不到快速、高效地解决。

3. 与弱势群体相对口的政府部门，大多没有实权

例如，信访制度是最具有中国特色的利益表达制度，应该说它是弱势群体与政府沟通的最主要渠道之一，但从信访的实际运作来看，其很大程度上处于一种"制度失灵"状态。信访部门在国家机构设置中并非实权部门，对接收到的信访案件本身没有处理解决的能力，只是按"对口原则"将所反映的问题批转至各个相关部门处理。而这样做的结果，一方面，在案件的批转过程中存在失真问题，另一方面由于有时弱势群体所反映的问题涉及相关部门或各个地方政府的自身利益，因此经常出现推诿甚至置之不理的情况，使得问题得不到解决。有时反映的资料，甚至落到被反映者手中，引起打击报复。另外，官员尤其是地方官员的考核标准除经济发展外，社会稳定也是一个重要内容，而上访率又是其中一项重要指标，因此基层政府对上访人员往往采取压制态度，这也进一步阻碍了弱势群体利益的有效表达。

4. 缺乏政策和法律的支持和保障

我国目前现有利益表达渠道的制度规范多是一种原则性的规范，而没有对具体细节、责任安排等做出相应的细致规定，制度内容空洞，缺乏刚性，弹性较大。由于对利益表达主体缺乏明确、具体的指导和规范，人民群众往往不知道该如何进行利益表达，利益表达客体也借机含糊其辞、推诿责任，弱势群体的权益根本无法保障。此外，在法律方面也存有很大的漏洞。例如，行政诉讼制度旨在保障公民权利，但"行政诉讼法在受理范围上只能对具体行政行为进行合法性审查，而不能进行适当性审查，也不能对一些规范性文件进行司法审查。而一些行政机关损害人民群体利益的决策往往就是通过制定行政规章等规范性文件表现出来的，这些行政机关在出台涉及人民群众切身利益的政策时，不做深入的调查研究和科学论证，也没有考虑社会公众特别是社会弱势群体的承受能力，盲目出台一些政策、法令，而一朝现行法律规定，群众不能对其进行诉讼"①。行政诉讼的受理范围狭窄，成为阻碍弱势群体利益表达的一个原因。此外，弱势群体的利益表达即使进入司法程序，他们也支付不起昂贵的诉讼费用，而且由于处于弱势地位，他们还怕遭到对方的打击、报复，最后不得不放弃诉求。对经济、文化和法律意识等处

---

① 王晓东：《创新弱势群体利益诉求机制　预防和化解群体性事件》，《中共太原市委党校学报》2006 年第 3 期。

于不利局面的"弱势群体"实施法律援助，使他们能够平等地享受法律的保护，是政府的责任。目前我国法律援助机构及其人员均有限，远远不能满足社会的需要。①

二　新闻媒体的报道时有缺失

新闻媒体应该是代言弱势群体利益的又一主要力量。在一个社会中，传媒对平衡各方利益诉求发挥着重要的作用，在很大程度上左右着社会公众对弱势群体的认识，乃至影响公共政策的选择。但我国的新闻媒体在表达弱势群体利益方面存在很大弊端。一方面，媒体过多倾向于宣扬政绩，有的为了提高收视率或迎合大众趣味，播报大量娱乐花边新闻以赚取更多利润。另一方面，有的媒体过于追求新闻效应，甚至有筛选事实的现象。"往往只选择公共利益表达中有代表性的意见加以反馈，而且有可能出现少数人借公共渠道反馈带有极端个人主义的消极意见，扭曲公众真正的利益表达。"②

三　专家学者相关表达的局限性

学术界的专家学者也是被寄予希望，能为弱势群体代言的一群人。因为政府在制定相关的决策时，经常会向这些人咨询，听取其建议，以减少决策失误。而这类人一般都在大学或科研院所工作，有充足的学术资源、充足的调研时间、广泛的人脉，大多数学者有与民同苦之心，因此他们对弱势群体的代言

---

① 钱再见：《失业弱势群体及其社会支持研究》，南京师范大学出版社，2006，第21～24页；朱力：《脆弱群体与社会支持》，《江苏社会科学》1995年第6期；杨炼：《论非政府组织与社会弱势群体的利益表达》，《湖北社会科学》2008年第10期；杨炼：《和谐社会背景下社会弱势群体利益表达机制现状分析及路径选择》，《社科纵横》2008年第9期。
② 杨炼：《和谐社会背景下社会弱势群体利益表达机制现状分析及路径选择》，《社科纵横》2008年第9期。

是最重要的渠道之一。但近年来，我国学术界有一种所谓"精英化"的倾向。这表现在两个方面：一是在学术上对理论，特别是对西方理论研究理解得相当透彻，对中国国情的深入调研和田野调查则做得很少；二是部分专家学者把自己归类为精英阶层或强势群体，有时弱势群体反映的利益要求与他们自身的利益也有冲突，因此在某种特殊的情形下，他们可能会站在弱势群体的对立面。所以精英式的思维方式不利于了解、倾听下层人民的呼声和意愿，并且他们在分析、研究和调查中所认定的社会利益是否还是被代言群体的利益表达，值得怀疑。因而，他们的研究成果被输入到公共政策中所取得的效果也是很差的。

四　非政府组织的无奈

非政府组织作为独立或相对独立于政府的社会自治组织，本质上是一种利益表达、利益实现的工具。① 我国的各种民间非政府组织发展迅速，数量和质量都有很大提高，但我国社会团体的发育还很不健全，相关法规仍不完善，管理上还存在很多问题。根据现行的《社会团体登记管理条例》，一般情况下，每个社会团体必须挂靠一个行政单位。于是，行政权力便不同程度地渗透到社团中来，使得这些社团在不同程度上带有了一定的行政色彩，并且社团还会向组织内部成员灌输政府意志。当政府和群众之间发生利益纠纷时，这些非政府组织往往站在偏向政府的立场上。例如在城市，工会作为工人的组织，要维护和代表劳动者的利益，但中国的工会在人事、经费、编制和运行模式方面存在严重的行政化。它在当地政府的领导下工作，并按照"上级工会"的指导自上而下地开展工作，这就必然影响其对工人利益的代表性，工人利益表达在一定程度受到阻碍。

---

① 　杨炼：《论非政府组织与社会弱势群体的利益表达》，《湖北社会科学》2008 年第 10 期。

总之，我国现代意义上的非政府组织发展时间较短，而且其中不少在组织形式、管理体制和活动经费等多方面依赖于政府，带有一定的行政色彩，这就造成其利益表达能力不高，很难成为弱势群体利益表达的一个有效渠道。中国改革发展研究院院长迟福林总结道：必须建立利益诉求凝聚和表达的组织依托，即弱势群体利益的代言者。比如积极稳妥地发展民间组织，充分发挥社会团体、行业协会等机构的作用，形成在政府领导下的协商对话制度、利益表达和博弈制度。①

在当今中国社会结构下，弱势群体的基本权利不时受到很大程度的伤害，无法拥有基本的政治资源、经济资源和社会资源，因此无法进行基本的社会交往，往往使弱势群体的职业收入较低或者无职业。更重要的是，在社会劳动关系中，弱势群体不具备要价的权利。目前社会上下流动的渠道往往被堵塞，人们改变其地位的机会相应减少，因此贫富分化开始定性为社会结构。在这种情况下，仅靠调节贫富差距的政策是不够的，必须优化社会结构。另外，社会保障和关注是缓解贫富差距的重要手段，但要根本改变弱势群体的生存状态，仅仅有再分配是不够的，需要通过切实的措施，改善其在市场中的机遇和地位，否则其恶劣的生存状态将无法改变。在社会各种资源越来越集中到上层，贫富分化也越来越大的背景下，如何应对，是我们必须认真思考的问题。②

① 钱再见：《失业弱势群体及其社会支持研究》，南京师范大学出版社，2006，第21~24页；朱力：《脆弱群体与社会支持》，《江苏社会科学》1995年第6期；杨炼：《论非政府组织与社会弱势群体的利益表达》，《湖北社会科学》2008年第10期；杨炼：《和谐社会背景下社会弱势群体利益表达机制现状分析及路径选择》，《社科纵横》2008年第9期。
② 毕向阳、范昕阳：《弱势群体：话语生产及社会建构》，《北京电子科技学院学报》2004年第3期。

第二章 | 脆弱及坚强：成骨不全症患者
——一个特殊的弱势群体

在第一章中，笔者对当代中国社会结构下弱势群体的定义、特征、社会定位等做了基本的论述。现拟通过笔者作参与式田野调查时接触到的一个特殊弱势群体——成骨不全症患者（又称瓷娃娃病友）之生活状况的实例及部分调查统计数据，展示成骨不全症患者的喜怒哀乐、困境和诉求，以及身处逆境，勇对人生等真实生活的方方面面。并由此延伸，使大家对弱势群体的生存空间和现状有一个更为具体、感性的认识，进而显示整合社会各方资源，建立互动合作扶助体系的重要性。从某种意义上说，瓷娃娃是脆弱的，但又是坚强的。在调查访谈中，笔者常常为他们贫病交困的处境而感到忧心忡忡，同时又往往被他们自强不息的精神所感动。

第一节　人类学视野下的成骨不全症患者群体

一　中国的成骨不全症患者群体

成骨不全症（Osteogenesis Imperfecta，OI），又称脆骨病，为罕见病的一种，是以骨脆弱、骨畸形、蓝巩膜、牙齿发育不良、身材矮小等为临床特征的常染色体显性遗传性结缔组织病。其典型特征是骨质薄脆，即使受到很小的创伤或者没有创伤也会骨折。脆骨病变化很大，其症状由轻度到中度。除了骨折，脆骨病患者还有肌肉无力，关节松弛，骨骼畸形等症状：如个子矮小，脊柱侧凸及长骨弓形。听力丧失在成年人中也很常见，占比可达到约50%。另外还有肌腱、肌肉和关节问题及呼吸障碍。男女发病率相等。成骨不全症可分为先天型及迟发型两种。先天型指在母亲子宫内起病，其又可以再分为胎儿型及婴儿型。此类病人病情严重，大多会死亡，或产后短期内死亡，属于常染色体显性遗传。迟发型者病情较轻，又可分为儿童型及成人型。大多数病人可以长期存活，属于常染色体显性遗传，15%以上的病人有家族史。当父母一方携带成骨不全症的显性遗传基因时，其每一胎有50%的几率可患成骨不全症。据调查，山东有一个家族，出了18个"瓷娃娃"。本病无特殊根治性疗法。①目前，国际上通用的成骨不全症治疗方法主要用持续的手术来改善畸形的位置，持续的药物治疗来提高骨密度。专家认为，如果在很小的时候接受正确的药物和手术治疗，大部分"瓷娃娃"是可以站起来的。但由于我国目前尚未将罕见病

---

① 美国国立卫生研究所骨质疏松症及骨骼疾病全国资源中心、美国成骨不全症基金会编著《成骨不全症指南》（2007），瓷娃娃关怀协会志愿者翻译组翻译，2009，第1～3页。

列入医保体系，"瓷娃娃"等罕见病者"看病难、看病贵"的问题非常突出。

无论什么种族的人群中，都可能出现脆骨病患者，总发病率占世界总人口的 1/10000～1/15000，全球共有约 500 万名成骨不全症患者。至今，中国大陆未有完整的成骨不全症患者的统计数据。若根据发病率估计，目前中国大陆地区约有 10 万名脆骨病患者。根据瓷娃娃关怀协会在 2007 年 7 月至 2008 年 6 月的调查统计，全国各省、自治区、直辖市都有该病例的报告，其中河北省最多，占 14%，其次是辽宁，占 8.8%。在内蒙古、新疆、贵州、云南等少数民族聚居地区也有该病例的记载。①

成骨不全症患者，无论按何种分类法，都应属于弱势群体的行列。但由于相较于中国的总人口，他们的数量极少，至今没有一个国家级权威机构对这一人群进行统计，外界对他们基本上都不了解，这本身也反映了该群体的边缘性地位。直到瓷娃娃关怀协会成立后，为迎接 2009 年首届瓷娃娃全国病友大会的召开，在以王弈鸥、黄如方等为首的瓷娃娃关怀协会工作人员和广大志愿者的参与下，共花了十来个月的时间，通过网络、电话、面对面等方式的调查，对近 200 名瓷娃娃病友及其家庭进行了各方面的登记和社会生活状况资料的收集。此次调查共收集有效案例样本 113 份，其中成年人和学龄后（6 岁以上）的病友案例为 93 例，协会工作人员和志愿者主要对这 113 份资料档案进行了数据处理，并把它们编写成一本内部印刷材料《中国成骨不全症患者调查报告》。显然，113 份（其中 59 名男性和 54 名女性）数据资料是非常少的，也许远远不能概括全国成骨不全症患者各方面的指标，而且难免有偏颇之处，但考虑到实际情况，这毕竟是中国第一次对成骨不全症患者各方面状况进行的一

①　瓷娃娃关怀协会编《中国成骨不全症患者调查报告——成骨不全症患者生活状况》，2008，非正式出版物。

个较为全面的调查。在许多重要的社会学、民族学经典著作和文章中，一些学者也并没有使用大量的数据，而是通过对少量但很典型的样本进行分析研究得出了重要的结论。例如，英国社会学家迈克尔·伯里（Michael Bury）通过运用30个关节炎病人的访谈资料，撰写出了他的经典论文《作为人生进程破坏的慢性病》。据统计，这是《健康与疾病社会学》（*Sociology of Health and Illness*）杂志创刊以来被引用次数最多的一篇论文。因此，笔者相信对这113名病友案例的描述和分析是有一定理论和现实价值的。

二　部分中国成骨不全症患者生活状况的数据和实例

在这一部分，笔者将根据这次调查的数据，并与笔者在田野访谈中的案例结合在一起，以身体状况、经济状况、受教育状况及就业状况、婚姻状况、心理状况的顺序，对部分中国成骨不全症患者的生活状况进行总结和分析。在瓷娃娃关怀协会登记的成骨不全症病友，拥有城市户口的占大多数，而这却并不能真正代表患者的分布。根据成骨不全症的发病率，我国应有10万左右的患者，而我们目前所接触到的远小于这个数字。其余广大的患者群体，他们可能生活在信息闭塞的农村地区，无法与我们取得联系，更无法来到北京、天津、济南等地治疗；也可能由于很多医生对该病知之甚少，因而长期以来他们的病症被当做小儿麻痹等其他疾病予以治疗，他们根本不知道自己所患的是成骨不全症。过去，往往因为对此病缺乏认识，导致治疗走入误区。由于已取得联系的病友们很多生活在城镇，因而此次调查中所显示的经济收入数据，应高于成骨不全症群体的实际生活水平。

（一）身体状况

成骨不全症患者容易发生频繁骨折，为寻求稍微正常的生活方式，必须接受医学治疗，患者最常接受的两种治疗方式为中医接骨和西医手术。在113份案例中，40人（35.4%）接受过中医接骨治疗，35人（31%）接受过西医手术治疗，28 人（24.8%）未接受过任何治疗，另有 10 人（8.8%）未填写。
在 28 名未接受过任何治疗的病友中，当他们发生骨折时，只能等着自然愈
合，这就容易导致骨头畸形。提高骨密度和矫形手术是成骨病患者最想接受
的治疗，但医疗费用昂贵，且看病诊断难，常被误诊。调查显示，近年来，
约有 40% 的病友没有医疗花费，约有 17% 的病友医疗花费为 5000～10000
元。在我们的调查对象中，约有 76% 的患者没有社会医疗保险，而商业保险
又没有成骨不全症的险种，因此，治疗成骨不全症的高昂费用只能由个人及
家庭承担（见图2－1）。① 近年，有的低保家庭，虽然能得到"大病救助"，
但一年最多也只能报销 5000 元。

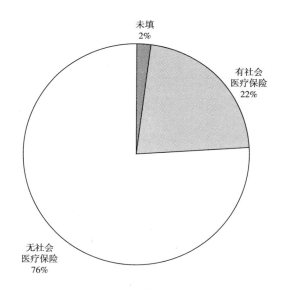

图 2－1　有无社会医疗保险比例

---

①　在此章中发布的大部分图表来源于瓷娃娃关怀协会编《中国成骨不全症患者调查报告——
　　成骨不全症患者生活状况》，2008，非正式出版物。

　　成骨不全症患者的身体状况直接影响了他们的行动能力和自理能力。在93 名成年人及学龄后病友中，平时可独立行走的为 22 人（23.7%），依靠辅助工具行走的为 33 人（35.5%），轮椅代步的为 27 人（29%），长期卧床的为 9 人（9.7%），未填的为 2 人（2.2%）。虽然有如此大的生理限制，但大部分成骨不全症患者，在经过治疗和自身的锻炼后可以自己料理自己的生活（见表 2 - 1）。此外，成骨病患者尽管行动不便，但大部分人还是尽量与外界接触，以保障身心方面的正常发展。在调查中，约有 30% 的被访患者天天外出，约 39% 的被访患者经常或偶尔外出，29% 的被访患者基本不外出，2% 的被访患者没有填写。对于成骨不全症患者家庭来说，减少骨折次数、患者能独立行走以及能生活自理，是患者本人及其家庭最希望治疗后能达到的效果。

表 2 - 1　生活自理状况表

自理项目	可以自理	部分自理	无法自理	未填
吃　　饭	82 人(88.2%)	2 人(2.2%)	6 人(6.5%)	3 人(3.2%)
上 厕 所	57 人(61.3%)	19 人(20.4%)	15 人(16.1%)	2 人(2.2%)
洗　　澡	51 人(54.8%)	21 人(22.6%)	19 人(20.4%)	2 人(2.2%)
穿　　衣	74 人(79.6%)	10 人(10.8%)	7 人(7.5%)	2 人(2.2%)
家中活动	59 人(63.4%)	19 人(20.4%)	13 人(14%)	2 人(2.2%)
外　　出	38 人(40.9%)	16 人(17.2%)	37 人(39.8)	2 人(2.2%)

　　总之，成骨不全症在相当程度上限制了患者的生活自理能力，他们大部分都需要照顾。被访患者中，大多数是由其父母照顾，占比达 64.5%，另外几种照顾方式是，患者可以自理、配偶照顾、兄弟姐妹及亲戚照顾，占比分别为18.3%、5.4% 和 3.2%。其中有三位病人无人照顾。这三位患者均为大龄患者。由于本身婚姻受到限制，没有子女赡养，父母年老体衰，这也从一个侧面反映了成骨不全症患者的赡养问题。许多家长提出，自己年龄越来越大，孩子长期单纯依赖父母照顾，一旦父母不在了，患者怎么办？而且，成骨不全症患

者，需要专业细心的看护，普通养老院并不适合，患者年老时的境遇令人担忧。

（二）经济状况

成骨不全症患者由于身体脆弱，不容易找到工作。成骨不全症的家庭经济收入，以父母的收入为主，尤其是父亲，政府提供和民间慈善机构的资助只占了一小部分。在成年人及学龄后的 93 个案例中（见图 2-2），家庭月收入少于 1000 元与 1000~2000 元的比例最高，分别为 28% 与 30.1%，2000~4000元，约为 18%，4000~6000 元的约为 8%，6000 元以上的仅占 8.6%，其余未填。从表面上看，收入数据似乎并不像想象的那么低。但仔细分析一下这些数据可以发现，这其中包括国家各级政府和民间慈善组织为他们提供的治病费用。成骨不全症患者的骨折是非常常见的现象，可以说伴随他们一生，为了对抗这些症状，他们要不停地吃药，很多人至少需要做一次矫正手术。而一位成骨不全症患者一个月的药费大约为 3000 元①，一次阶段性矫正手术的费用超过 1 万元。所以他们所谓的这些收入是包括骨折时各级地方政府和民间慈善组

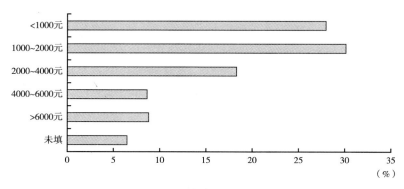

图 2-2 家庭月收入比例

---

① 预防、治疗、诊断瓷娃娃等罕见病的药品，因为产量少、适用范围小、成本高，在国际医疗界被称为"孤儿药"，目前仅有 1% 的罕见病找到了有效的治疗药物。

织为他们提供的补助费用或捐款的平均值。因此，实际上低收入成骨不全症患者家庭在月支出方面基本入不敷出，在调查中经常反映借款给孩子看病等情况。

在调查中，29%的家庭领取过政府的最低生活保障金或者其他补助，有67.7%的家庭表示没有领取过（见图2－3）。在领取过的家庭中，有近1/3的家庭领取的具体补助数额少于100元，78.5%的家庭领取的具体补助数额在300元以下，仅有1个家庭领取的具体补助数额在400元以上（见表2－2）。

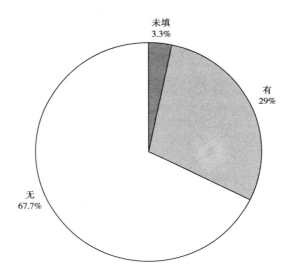

图2－3　领取补助金比例

表2－2　具体补助数额表

金额(元)	人数(人)	百分比(%)
<100	9	32.1
100~200	6	21.4
201~300	7	25
301~400	2	7.1
>400	1	3.6
未　填	3	10.7
合　计	28	100

由此可见，成骨不全患者的家庭多由于长期治病的压力，较为贫困。而社会保障涵盖到成骨不全患者的部分相当少，即使领到政府发放的生活补助，其数额也很小，难以维持日常开销。尤其是随着患者父母年龄增大，劳动能力逐渐丧失，家庭生计何以为继将是一个很严重的问题。

（三）受教育状况及就业状况

我国《义务教育法》第四条规定："国家、社会、学校和家庭依法保障适龄残疾少年儿童接受义务教育的权利。"《残疾人保障法》也规定："国家保障残疾人受教育的权利。国家对接受义务教育的残疾学生免收学费，并根据实际情况减免杂费。国家设立助学金，帮助贫困残疾学生就学。"但这些法律条文过于笼统，没有规定权利、义务和惩罚措施。虽然国家对于发展残疾人教育与职业培训日益重视，却难如人意。在此次瓷娃娃关怀协会的调查中，发现已成年但没有完成国家规定的义务教育的人数约占60%，他们中大多是中途辍学、失学的，其中28%的患者从未正式入学（见图2-4）。未入学和辍学的原因主要是自己身体状况不好不能去、没有人陪伴上下学，以及学校因身体原因拒绝接收或劝退。在中国，大部分学校没有完善的无障碍设施，为了上学，成骨不全症患者往往需要家人全程陪同，这样家中就减少了一个劳动力，因而使家庭经济状况更趋恶劣。

在访谈中，当笔者问道："孩子上学了吗？"听到的回答常常是"学校不收""老骨折，没法上学啊""在家自学"……瓷娃娃上学遇到的困难，主要有以下几种：一是很多学校以安全为由，不愿招收易骨折的瓷娃娃，即使勉强招收，也要签订所谓的"责任合同"（即在校骨折，校方不负担责任）；二是学校无专门的设备（例如无障碍通道、坐厕等），瓷娃娃坐轮椅行走及如厕等不方便；三是瓷娃娃上学往往需要家人的接送，经济困难家庭，无法全程陪同；四是由于身体原因，经常骨折，无法坚持学习，功课跟不上，而且不能参加各种体育

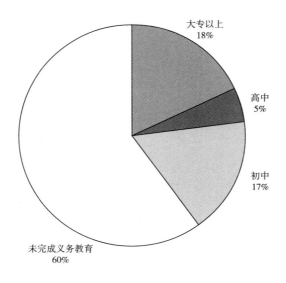

图 2-4 受教育程度分布

活动及动作大的游戏，感到孤寂，使得有些年龄小的患者失去学习兴趣，中途辍学。凡此种种，使一半以上的瓷娃娃未能完成九年制义务教育学习。

在就业情况方面，63 名未在校患者接受了调查，其中只有 23 人（36.5%）有工作，其余的人或因身体状况不好无法工作，或身体状况尚可但没有单位录用。企业拒绝录用的原因主要为身体条件不符，或文化水平不高，缺乏专业知识。在有工作的调查对象中，在个体经营和国营及集体企业就职的约各占了一半。成骨不全症患者的月收入都不高，70% 的患者月收入在 2000元以下，其中，月收入在 500~1000 元的患者占了 1/3。

但是，瓷娃娃群体中也涌现出不少克服各种阻碍，坚持学习，艰苦创业的生动例子。诸如河北病友瑞红是国家二级心理咨询师，她自学成才，获得大专文凭。在屡次求职遭拒绝后，她又开始了新一轮自学，并最终取得二级心理咨询师的证书，成立了自己的工作室。辽宁病友小惠，小时不断骨折，失去了上学的机会，她通过字典、报纸认字学习，收听广播，自学日语，并陆续在媒体上发表文章。经过夜以继日的苦读，1986 年她获得了外国文学函授毕业证书，找到了适合自己的工作。天津病友小 G 在硕士毕业前半年，"开始投简历，起初受到了严重打击，投出去的几十份简历石沉大海，去参加十几次面试无功而返。有几次顺利杀入笔试和第一次面试，却在最后和人力资源部门面谈时，坦白身体的情况后，被刷掉"。最终，身为计算机软件硕士的他，在毕业一个月后，才在一家软件公司找到做程序员的工作。经历 30 多次骨折，饱受生活磨难，30 多岁，身高只有 70 公分的亭亭，在瓷娃娃关怀协会的协助下，参加了中央电视台综合频道推出的大型活动——"梦想合唱团"，用其甜美的歌声和坚强的性格征服了观众。

（四）婚姻状况

不论是健全人还是非健全人都有追求家庭幸福的愿望和权利，但成骨不全症患者由于身体多有残疾，并且有沉重的医疗费负担，因而使得他们在寻找生活伴侣时比常人更为困难。此外，成骨不全症是一种遗传性疾病，遗传概率很高，为 50% 左右，而且目前在中国还无法广泛开展该疾病的孕检，成骨不全症患者生育时面临着极大的风险与心理压力。而病患家庭的父母，有不少由于孩子这种难以治愈的病痛，在心理和经济双重压力下导致婚姻破裂，只有母亲或父亲独自一人苦苦支撑。

调查中，被访患者中已婚者仅为 11 人，而平时与笔者接触较多的，瓷娃娃关怀协会中的患有成骨不全症的全职工作人员和志愿者（大约 20 人）均未结婚。成骨不全症患者阿涛描述的其对婚姻的看法令人动容：

> 会有人陪伴我度过将来的岁月吗？不会吧，我想是这样。一来严重的成骨不全症人大多单身，二来很难会有人喜欢我，三来即使有人喜欢我，我又怎么忍心让她陪我受罪……我的情况：身体不好，生活不便，形象难

看。这些还在其次，更重要的是我的骨折会伴我到永远。如果哪个女孩愿意和我在一起，那她将面对的，就和我的家人在过去 20 年里面对的一样：频繁的骨折，发生在我的身上。每一次骨折，我都要卧床好长的时间，这期间我的生活全靠她一人料理。繁重的家务，甚至经济来源都要靠她（我做男人的脸面呢！）……即使在我身体好的时候（比如现在），我就能像常人那样和她一起过上正常人的生活了吗？也不是。我永远要小心翼翼，小心每一步，一旦疏忽，可能就是灾难。很多地方我是不能随便去的，比如人多的地方。公园，影院，商店，对不起，那里人太多。换个地方好吗？换个地方？哪里？逛街？算了，人也不少呢。让她一个人去看电影？逛公园？购物？你能让人家一个人去那些地方玩吗？我想对于一个女孩来说，挽着老公的胳膊逛街该是必修的也是很幸福的课程吧？可是我能满足她的这个要求吗？可以，但是次数肯定不多，偶尔的可以。即使一起出去了，我畸形的身体会引来路人的注视，在一旁的她会作何感想？我早已习惯那些眼神，但我却不能忍受由此带给她的难堪——她和"怪物"站在一起。也许她很坚强，抵得住一次次的打击，但是，她过的日子是一个女孩原来所向往的幸福生活吗？不是！绝对不是！她，连平凡生活都得不到……她只有一个病弱的老公和如堕地狱的生活。再有一点很要命的，是关于我的后代。所有我的"与众不同"几乎都源于"成骨不全"——要命的遗传病。虽然它是常染色体显性遗传病，但是根据我家几代人的情况来看，遗传的可能性非常大，远不止 50%。如果我能有个爱人，我该如何考虑后代的问题？在知道自己有这样一种遗传病的情况下，还固执地要一个自己的孩子不仅是很不负责的，更是良心泯灭、人性泯灭，是对生命的亵渎……我绝对不能让我的后代再和我一样。这是炼狱的生活，无辜的孩子不该承受，我无辜的爱人也不应该承受。虽然现在新的试管婴儿技术已经可以在生命形成的早期鉴别出新生命是否携带某些遗传病，但其费用昂贵，况且似乎尚无针对成骨不全的鉴定。即使将来可以了，新的医疗技术可以保证我有一个健康的属于我和我的爱人的孩子，我却不能给孩子一个健康强壮的爸爸，不能做一个合格的父亲，不能陪我的儿子踢球、跑步、锻炼，不能以身作则地告诉我的孩子什么样的父亲才是家里的顶梁柱……如果他们出生了，我就欠下了他们一笔债。不要了吧，不要孩子吧，但又怎么对得起我那和我同甘共苦待我恩重如山的妻？她也是女人，哪个女人不想做个母亲，不想有自己的亲生骨肉？我却要她放弃！我怎么对得起她？怎么对得起？算了吧，与其承受那么多那么沉重的"债"，不如孑然一身。

阿涛的描述也许太悲观了，但他却反映了成骨不全症患者，乃至残疾人在婚姻和爱情上的真实处境及矛盾心理，顾虑重重，不敢爱，不能爱。值得高兴的是，这是阿涛三年前的心理发泄。现在经过他自身的顽强努力，已经找到了一份工作，成为一名电脑程序员。更令人高兴的是他找到了一份属于自己的爱情，现在很快乐地生活。当然，并不是所有的患者都有阿涛的毅力、实力和运气。因此，社会对于他们的婚恋现象还是应该给予关注，并提供力所能及的帮助。

（五）心理状况

身体的危机往往会伴随信念的危机，人体疾病从来就不是单纯的生理现象，当地的社会文化将会深刻地影响着人们对于疾病的理解和适应方式。

在小的时候，一些成骨不全症病儿，因为自己的健康原因，就非常自卑、内向，不愿与别的孩子多接触。但也有一部分成骨不全症病儿，尤其是在城市或经济条件较好的家庭里，由于自身之病的原因，往往受到家人的特殊对待。父母一般对于生出残疾的孩子非常内疚，出于补偿性心理，大多是对他们特别疼爱，特别迁就。另外，在孩子们的世界里毕竟没有那么多偏见，所以只要家长们没有意见，那么周围也会有一些同龄朋友。这时候的成骨不全症儿童往往被周围的一种温馨的气氛包围，有父母长辈朋友的呵护，虽然也能感觉到不同，但总的来说，心里与大多数孩子一样较为愉快、稳定。但这也造成了他们对真实的现实环境认识不清，甚至利用自己的病，来控制周围的人。例如，有一个来自河北的成骨不全症儿童，就显得比较霸气。因为生怕她被推倒骨折，父母就告诉邻居的孩子要让着她。如此一来，别的孩子不欺负她，她还主动去欺负别人，常常把别的孩子打哭。慢慢地脾气也暴躁起来，她说什么，谁都得依着她。这样的孩子长大进入社会，又将如何与人相处？！

也许以上的例子有些极端，但无论哪类成骨不全症患者在长大以后都要面临重新适应社会的考验。小时候周围温暖的氛围没有了，接触更多的是冷冰冰的，没有完善的社会保障和支持系统的社会。过去本来就不大的朋友圈子由于各种原因变得更小了，但建立起新的社会网络又非常艰难，他们周围的生活环境往往比小时候还差，他们不得不给自己重新进行社会定位，重新调整适应社会的心理状态。如果心理调整不好，可能会蜷缩在自己家庭的小圈子里，不敢甚至厌恶与社会接触，把自己的身体和心灵都封闭起来。

美国成骨不全症基金会（英文简称 OIF）首席执行官 Traoy Hart 女士，在接受访问时曾指出，美国的瓷娃娃群体遇到的最大挑战，一是孤独，希望找到和自己患有同样疾病、有相同生活遭遇的朋友交流生活经验和心情；二是生活在比较偏远或欠发达地区的患者，很难接触到了解成骨不全症的医生，缺乏相关的正确治疗信息。

前面提到的国家二级心理咨询师瑞红也谈到瓷娃娃更需要朋友，她说：

长期的封闭生活，致使孩子在肢体残废的同时，带来心灵上的障碍。

内心的想法，没有可以表达的对象，只好积压在心里，久而久之，丧失很好表达的能力。更重要的是，失去了与同龄人交流和学习的机会，心态也与同龄人明显不相符——内向、胆小、幼稚、自卑等，或者是在某方面显现出同龄人没有的犹豫和早熟……

再如，辽宁病友桐桐的母亲肖女士在给《瓷娃娃》期刊编辑的信中提到："孩子（11 岁）常年不能下楼，听到楼下有小朋友在玩，他就折了一只纸飞机，上面写上他想说的话，丢到楼下。我问他在干什么，他说：'我想让外面的人知道世界上还有我。'"从这里可以说明，瓷娃娃多么渴望与他人交流，拥有朋友，互相沟通，打开心灵的窗户，融入社会。

在这次调查中，约有一半的患者希望能得到周围人的平等对待。一半的成骨不全症患者表现得很自信，但是也有 40% 的患者常常感到自卑，起因是他人的歧视或者是自己内心的感受。对于成骨不全症患者来说，医疗、学习技能、就业是他们最希望得到社会帮助的三个方面，约分别占被调查者的54%、25% 和 23%（见图 2 - 5）。他们热切地盼望，社会保障体系和医疗保

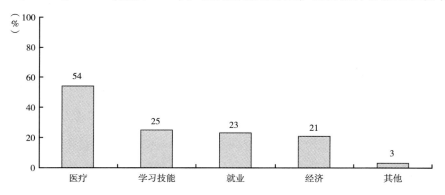

图 2 - 5　成骨不全症患者最希望得到的帮助事项

说明：有的被访问者选了两项，故总数超过了 100%。

险的阳光能普照到自己身上，并能在平等、和谐的社会环境中进行力所能及的学习和工作。

第二节　罕见病及慢性病对人生进程的破坏和缓解因素

一　一个疑问——罕见病的社会属性

在上一部分中，笔者通过自身参与式田野调查，描述了成骨不全症患者的现实生活状况，把他们作为弱势群体的一个特殊缩影，展示了中国弱势群体在当今中国社会结构中的地位和生存状况。但在调研和撰写书稿过程中，有的老师和同事曾善意地提醒笔者，成骨不全症患者虽然毫无疑问地归类于弱势群体的范围内，但对他们的探讨是否更应被放在一种医学框架内。将他们作为一个社会问题的例证是否有些边缘。在这里笔者欲占用一定的空间，试用"人生进程破坏"的观点，来分析并强调成骨不全症患者群体的社会属性。

英国社会学家迈克尔·伯里（Michael Bury），在其《作为人生进程破坏的慢性病》（*Chronic Illness as Biographical Disruption*）[①]一文中，以 30 名慢性病患者为例指出，就像战争可以破坏既定的社会结构一样，慢性病也可以破坏患者的人生进程，包括日常生活的结构以及作为其基础的知识形式。[②] 成骨不全症是一种罕见病，也是一种慢性病。与一般慢性病不同，成骨不全症患者大多是通过先天性遗传导致的，也就是说大部分是从出生就开始发病的。但他们

[①]　郇建立：《慢性病与人生进程的破坏——评迈克尔·伯里的一个核心概念》，《社会学研究》2009 年第 5 期。

[②]　Bury，Michael，1982，*Chronic Illness as Biographical Disruption*，Sociology of Health and Illness 4 （2），p. 169.

与其他慢性病患者一样，也要忍受长期的、不可治愈的病痛。因此，"人生进程破坏"的论点完全可以用来概括成骨不全症患者的案例。

伯里指出，慢性病不仅意味着病人要接受痛苦和苦难，甚至死亡，更重要的是慢性病破坏了病人通常使用的解释系统，从而使他们从根本上反思自己的人生进程和自我概念。这时，病人开始思考为什么我会得病。同时，慢性病通常会破坏病人的社会网络状况与资源动用的能力。在这方面，伯里的"人生进程破坏"不仅关注意义，还关注它发生的场景，包括个体及其家庭在面临困境时可以得到的各种资源。伯里最重要的贡献是把慢性病不仅看作是一个医学难题，更把其看作是一个重要的社会学难题。伯里指出，慢性病至少在两种意义上是社会现象。① 首先，慢性病的分布在不同的社会群体之间有很大的差异，从阶级、性别、族群或年龄的角度来说皆是如此。其次，慢性病不可避免地会影响社会关系和更广阔的社会。患病经历不仅影响了日常任务的执行和自我的表现，还影响了我们的人际关系和社会的运行。它涉及个人与社会的关系问题，或者说能动性与结构的整合问题、微观与宏观的连接问题。正是由于病痛的双重特征（个体性和社会性），它才处于社会学想象力的核心位置：它既是个人困扰，又是公众问题。② 基于此，在研究慢性病经历时，应更加关注社会结构和人类体验之间的关系，既要关注宏观的结构性因素对慢性病的影响，又要关注病人的主观能动性。与此同时，我们还要在社会变迁的历史进程中研究社会结构与患病经历之间的关系。就像伯里强调的那样，在社会变迁的大背景下研究健康和病痛。③

---

① Bury, Michael. , 1997, Health and Illness in A Changing Society. London and New York：Routledge，p. 1 - 2.

② 赖特·米尔斯：《社会学的想像力》，陈强、张永强译，2001，三联书店，第 1～5 页。

③ 郇建立：《慢性病与人生进程的破坏——评迈克尔·伯里的一个核心概念》，《社会学研究》2009 年第 5 期；Bury, Michael, 1997, Health and Illness in A Changing Society. London and New York：Routledge，p. 1 - 2.

二　缓解罕见病、慢性病对人生进程破坏的各种因素

以成骨不全症为代表的罕见病、慢性病具有明显的社会属性，而缓解罕见病、慢性病对人生进程的破坏需要社会的参与和帮助。就像前文所表述的那样，罕见病、慢性病问题不仅仅是医学问题，其实它们是个人与社会的关系问题，或者说是个人能动性与结构整合问题。因此缓解病痛及其社会影响的因素就包括个人意志和社会文化氛围。

（一）个人意志

罕见病、慢性病在客观上确实给患者的社会生活、家庭生活和个人生活带来了消极影响，包括活动受限、交流困难、焦虑和抑郁、各种社会利益、工作和失业等。而这些劣势对患者的人生进程是破坏还是强化则由个人意志决定。所谓个人意志包括自我认同的能力、承受社会压力的能力、提升自我适应社会的能力。其中，自我认同是社会个体具备社会行动能力的先决条件，特别是在人们的自我认同面临诸多困境的现代社会，保持良好的自我认同感是保持良好生活状态的基础。自我认同是对自身病痛所造成限制的认同，并且在多种限制的条件下，仍能积极激发自身潜力，从而在不利的条件下，努力创造社会价值的意志。

瓷娃娃病友海波在接受《人民日报》采访时说："心灵的健康和身体的健康同样重要。"显然，成骨不全症等罕见病患者在现有的医疗条件下很难做到真正的身体健康。我们可以做的是培养他们的健康心灵，具备一颗和别人平等的心，能承认差距，悦纳自己，能融入集体和众人交流，能拥有积极乐观的自信心。正因为如此，很多瓷娃娃病友在求学、求职的路上，把自己作为一个普通人，和别人一样追求着。例如，瓷娃娃病友高明创立了自己的红屋子海参品牌，积累了几百万元资产。本以轮椅代步的黑龙江病友樊纲成为瓷娃娃驾车出

行的第一人。罕见病患者郑卫宁成立了残友集团，通过社会企业、基金会扶贫助残，为社会作出自己的贡献。

　　在笔者做田野调查过程中所接触到的瓷娃娃关怀协会会长王奕鸥的例子就是这种个人意志的最好体现。出生于济南，身高只有一米多一点的王奕鸥也是个"瓷娃娃"。她一岁半的时候就有过骨折的经历，以后又多次骨折。十几岁时，山东的一个医生将她的病例寄到美国，这才确诊，原来她患的是罕见的成骨不全症，而这时的王奕鸥已经因为多次骨折导致小腿变形，无法正常行走。为了恢复正常人的生活，她做了矫正手术，经过长时间的康复锻炼，现在已经可以自己走路了。2005 年，通过自学，王奕鸥考上了北京交通大学，学习计算机技术。大学期间，她经常到北京协和医院治疗。在那里，她发现，原来同样的患者还有这么多，而且大家都以自己的方式坚强地生活着。为了让更多的成骨不全症病患者有个交流的平台，她创建了一个叫"玻璃之城"的网站，短短一个多月，网站注册量就达 100 多人。他们在网上讨论如何避免骨折，那种亲切感让王奕鸥觉得温暖。大学毕业后，王奕鸥在一家帮助弱势群体的法律援助机构工作。看着这么多需要帮助的人，让她想到了和自己一样遭遇的脆骨病患者。她决定为这个脆弱的群体做些事情。2008 年 5 月，她发起成立中国瓷娃娃关爱协会。协会成立几年来，已联系上全国 1600 多名"瓷娃娃"。他们通过热线、网站、QQ 群等形式，给病人群体提供医疗咨询、心理援助、接收处理求助信息等。协会为一些没有条件上网的家庭出版了《瓷娃娃》期刊，传播相关的医学知识和护理方法，刊登一些"瓷娃娃"坚强生活的励志故事，并开展各种医疗救助、关怀服务等项目。现在王奕鸥等创办的瓷娃娃关怀协会已经成为许多脆骨病患者及其家庭的精神支柱。

（二）社会文化氛围

　　身体的危机往往会伴随信念的危机，人体疾病从来就不是单纯的生理现象，当地的社会文化氛围将会深刻地影响着人们对于疾病的理解和适应方式。如果社会成员将身体的异样与负面特征联结起来，于是被标示的另类身体往往会承载社会所赋予的负面评价，身体缺陷者在社区成员看来便具有某种社会不期望或不名誉的特征、状况，从而被贴上贬低性、侮辱性的标签。这是一个群体将人性的低劣强加给另一个群体的过程，反映了两个社会群体之间一种单向命名的权力关系。反之，如果社会氛围是宽容的、互助的、理解的、开放的，患病群体所掌握的社会资源与联系网络较为宽泛，那么对患者人生进程的影响将是积极的、健康的。

伯里在另一篇探讨关节炎经历的论文中区分了慢性病的两类意义：实际后果和象征意义。首先，慢性病对个体及其家庭的实际后果是既导致了活动受限（残疾），又导致了社会劣势（残障）。这种后果包含了疾病带来的问题、后果和成本。其次，慢性病还给患者带来了某种象征意义。这意味着不同的疾病有不同的意蕴和形象，而这些差异不仅深深地影响了个体如何看待自己，还影响了他们如何看待他人对自己的评价。因此，在这个层面，我们要关注病情和残疾在特定文化内的象征意义。许多病人之所以很难接受成骨不全症，并不是仅仅因为这是一种令人痛苦的疾病，而是因为这种病意味着弱者和社会的负担。[①] 在访谈中，笔者常常发现有的病友很自卑，有的家长担心将来自己老了，他们会成为社会的包袱，生活陷入绝境。

正是基于这种意义，罕见病、慢性病的发作与发展不仅攻击了患者的身

① 郇建立：《慢性病与人生进程的破坏——评迈克尔·伯里的一个核心概念》，《社会学研究》2009 年第 5 期；Bury, Michael, 1997, *Health and Illness in A Changing Society*, London and New York：Routledge, pp. 1-2；Bury, Michael, 1988, *Meanings at risk the experience of arthritis*, in Robert Anderson & Michael Bury（eds.）, Living with Chronic Illness：The Experience of Patients and Their Families, London/Boston Unwin Hyman, p. 91；Bury, M., 1991, *The Sociology of Chronic Illness：A Review of Research and Prospects*, Sociology of Health and Illness 13（4）, p. 453.

体，还破坏了他们的社会生活；事件的意义不仅源于病情的变化，还源于他人的反应。所以，在研究罕见病、慢性病的影响时，我们应该同时关注疾病的实际后果和象征意义。人生进程破坏，这样的研究思路有助于理解社会结构和患病经历在特定文化背景下的互动进程。人生进程破坏，试图把罕见病、慢性病研究从描述性的互动范畴转向更广阔的结构和文化形式，找到普通人罕见病、慢性病经历与社会结构变迁的一个联系点，从而强调患病人群的社会属性以及社会结构变迁对普通人罕见病、慢性病经历的深刻影响。而这也能更深刻地理解社会救助及非政府组织的介入，对瓷娃娃病友人生进程的作用和意义。

第三节　政府在对弱势群体救助中的作用

一　弱势群体扩大趋势

目前我国是处于转型阶段的国家，由于收入分配制度、社会保障制度的缺陷、缺位，弱势群体的问题尤为突出，弱势群体规模占全国总人口的 11% ~ 14%。[1] 不管是经济的贫困，还是发展能力的贫困；无论是不断蔓延的"弱势感"，还是切实存在的贫困人群，弱势群体的产生，是我们在改革发展过程中必然要面对的一个问题，也是必须通过加快发展及政策调控才能逐步解决的问题。

中国正在经历着人类历史上最大规模的多重转型，既有经济体制转型，又

---

[1]　郑杭生主编《中国人民大学社会发展研究报告　2002——弱势群体与社会支持》，中国人民大学出版社，2003，第 13、66 页；钱再见：《失业弱势群体及其社会支持研究》，南京师范大学出版社，2006，第 13 ~ 21 页；《专家称我国弱势群体呈现扩大趋势》，《人民日报》2010 年 11 月 25 日。

有社会、政治的转型，也有改革开放转型。这些转型相互联系、相互交织、相互作用，构成了中国转型与发展的独特之处。但发展并不总是水平向前，发展过程中一定会存在着落差，落差越大，对经济发展、社会稳定的冲击就会越大。这些落差导致当前社会不仅出现经济权利的分化，而且也出现了各方面权利分化的趋势，有的人不仅在经济上处于弱势，而且在其他方面也处于弱势：表达意愿和诉求的渠道还不畅通，影响力、话语权较弱，甚至成为社会排斥、社会歧视的对象。郑杭生等学者认为，弱势群体正是在这样的社会分化过程中逐步积淀、形成，甚至有扩大化的趋势，从而使其弱势程度进一步加深。弱势群体扩大化是转型期的弊病之一，这不仅使单一群体的规模扩大，而且使弱势群体间的关联性相对扩大，使得弱势群体总体人口特征更加复杂化，如与农民工群体相应的是留守儿童群体、留守农村妇女及老年人群体、失地农民等。中国经济的转型与发展带来持续的经济增长，也令不公平问题日益凸显。因而，防止弱势群体扩大化、积弱化、复杂化的趋势，成为了当下和今后一个时期社会建设的重要任务。

二 政府在救助弱势群体过程中应发挥主导作用

弱势群体是权利缺失的一个群体，也是最应该被社会关注的一个群体。如何认识弱势群体，怎样去关怀和帮扶他们，是一个很值得探讨的话题。在本书中，笔者主要探讨非政府组织在救助弱势群体中的作用，但这并不是说，政府就可以袖手旁观，安然脱身了。无论非政府组织的作用有多大，政府仍然是救助弱势群体过程中的主导力量。钱再见等学者把政府对弱势群体救助的必要性归纳为以下五点：支持弱势群体是政府的基本行政责任，支持弱势群体是法治社会对政府的必然要求，支持弱势群体是政府德治的体现，支持弱势群体是公共政策公正原则的必然要求，支持弱势群体是政府维护社会稳定的现实需要。①因此，政府对弱势群体的救助，并不是恩赐，而是其社会职责所在。政府针对弱势群体的社会支持主要是通过政策设计、调整资源配置实现的。政府在救助和支持弱势群体中的作用是一个大的命题，在这里，仅简单列出三项笔者认为最关键的问题，即政府应当转变观念，重新强调社会分享原则，并从建立法律、法规、政策等方面入手。

　　救助弱势群体最有效的手段之一就是建立良好的社会保障制度，要做到这一点，政府必须首先改变自己的观念。很多中国官员有一种误解，认为社会保障是花钱的。他们认为搞社会保障要在经济非常繁荣、政府的财政收入良好的情况下才能实施，目前中国经济虽发展迅速，但总体来说还处于发展中国家的水平，因此完善社会保障制度还可以拖后一些。但孙立平等学者以美国 20 世纪 30 年代经济危机，罗斯福政府在当时非常恶劣的情况下仍然建设福利国家，搞社会保障为例，驳斥了这种说法。② 罗斯福政府认为，为社会底层建立一个最基本的保障，也就是说防止这个危机传递的链条从经济危机传递到社会危机。当时美国的社会矛盾很尖锐，政府要给社会底层一个最基本的保障。但更重要的是，政府通过建设福利国家解决内需问题。我们现在说中国内需不足，老百姓喜欢存钱，东方文化就是节俭等。但问题如果从相反的方面看，没有社会保障的时候，谁也不敢过分地花钱。不知将来谁给你养老，谁给你治病，谁敢乱花钱。当然，这个问题已引起政府的高度重视，2008 年温家宝总理在《政府工作报告》中提出："建立和完善覆盖城乡的社会保障体系，让人民生活无后顾之忧，直接关系到经济社会发展，是全面建设小康社会的一项重大任务。"党的十七大报告也提出了要加快完善我

---

① 钱再见：《失业弱势群体及其社会支持研究》，南京师范大学出版社，2006，第 341～354 页。
② 孙立平：《改革开放以来中国社会结构的变迁》，《中国浦东干部学院学报》2009 年第 1 期。

国社会保障体系："加快建立覆盖城乡居民的社会保障体系，保障人民基本生活。社会保障是社会安定的重要保证。要以社会保险、社会救助、社会福利为基础，以基本养老、基本医疗、最低生活保障制度为重点，以慈善事业、商业保险为补充，加快完善社会保障体系。"①

"共同分享"是社会主义中国发展的基本原则、基本思路，也是发展的主要目标。它有三个方面的含义②：首先是共同发展，即国家为所有人、所有地区提供共同的发展机会；其次是共同分享，就是要让所有人都可以分享改革开放和经济发展的成果；再次是共同富裕，要避免贫富差距过大，这也是我们改革开放的最终目标。由于历史的原因，在过去几十年里，"分享"原则被淡化甚至忽视。不论政府或社会都强调"让一部分人、一部分地区先富起来"，这就导致在部分地方，弱势群体的边缘化具有一定的"合理性"，因此他们被归类为"应该等待"的那一部分。好在中央已经意识到这个问题，在"十二五"规划中提出了"让普通人享受经济发展成果"的目标。科学发展观，亦是社会公平观和共同分享观。防止弱势群体停留在发展的边缘，让弱势群体享受平等的权利、机会和社会福利，需要在全社会树立公平观，要有计划地采纳适宜中国国情的帮扶与发展方案，使得他们能够分享改革发展的成果，这是公共服务型政府最重要的责任之一。改革开放以来，我国政府在社会弱势群体法律保护方面虽然做出了不少努力，先后公布了《妇女权益保障法》《未成年人保护法》《老年人权益保障法》《残疾人保障法》《城市居民最低生活保障条例》《城市生活无着的流浪乞讨人员救助管理办法》等法律法规，但与群众生活息息相关的医疗、就业、住房、教育等方面的政策则非常欠缺，即使已经出台的

---

① 温家宝：《政府工作报告》，2008年3月19日，新华网。
② 钱再见：《失业弱势群体及其社会支持研究》，南京师范大学出版社，2006，第13~21页；《专家称我国弱势群体呈现扩大趋势》，《人民日报》2010年11月25日。

法律法规要落到实处，仍有不少阻碍和困难，况且还有许多相关法律尚待制订及完善。

　　在中国建立较完善的社会保障体系，解决中国目前弱势群体的问题，需要从逐步完善法律保障和公共政策入手，其中包括社会保障、社会保险、住房政策、医疗保健、就业促进扶贫政策等，这些政策主要致力于满足弱势群体的基本生活要求，并进一步向满足其发展要求扩展。这些问题涉及中央和地方各级政府以及法律政策制定各个部门。为了不使讨论显得过于空洞，笔者在此还是以成骨不全症为代表的残疾人为例，来探寻明确的法律和具体的政策对改善他们的生活环境所起到的积极作用。在本次调研中，大多数成骨不全症患者感到在社会生活中遭受各种排斥，而无障碍设施的缺乏便是其中突出的表现。例如，不少学校、公园等公共场所都有台阶，轮椅无法进入；自来水龙头、公共卫生设备不适合于患者使用；楼梯扶手过高过粗，不利于患者抓握等。无障碍环境是残疾人参与社会生活的基本前提条件之一。残疾人要回归社会、参与社会，但社会却有意无意地在他们面前设置了许多让残疾人无法回避的环境障碍，残疾人只能被排斥在健全人的生活圈之外。

　　而国外的例子可以给我们一些启示。一些发达国家，非常注意为弱势群体营造一个相对宽松的社会生态系统。1992 年 1 月 26 日，美国政府颁布实施了《美国残疾人法案》（ADA）。这部法案涵盖了各种生活细节，例如，规定餐馆不可因残疾人可能打扰其他客人而拒绝其进入；超市货架的高度要使坐在轮椅上的顾客可自由取下货物，否则要调低货架高度或由商店雇员提供协助服务；银行不得只认可驾驶执照作为身份证明，因为盲人没有驾照，等等。这项法案对公共场所的规定尤为具体，大型公共服务机构门口有台阶的地方必须有轮椅通道，在进门的地方，如果不是自动感应式开门或专人开门，就必须安装残废人专用开门器，让坐在轮椅上的人一按墙上的按钮，门就可以自动打开；必须有可供残疾人使用的公共厕所,这些厕所要比一般卫生间更宽大且有扶手;公共汽车上必须设有残疾人专用座位,且车门口必须有供残废人上车用的升降梯等。如果违反这些规定遭到投诉,商家往往要赔上一大笔钱。不过,该法案在罗列了一大堆惩罚条款后,也规定因提供残疾人无障碍设施而导致成本增加,可以申请减税,最高年度减税额度是 1.5 万美元。在法律规定之外,很多部门还特别设置了一些照顾残疾人生活的措施。如大商店门口都备有电动购物车,供残疾人和老年人使用;纽约等地新建机场的候机楼里,饮水机加装了自动感应装置,人只要靠近它,喷嘴就自动喷出水来,以满足那些手脚不便的人使用。

关于驾车问题,北美各国也有特殊规定。在加拿大,残疾人考取驾照是很平常的事,除失明、弱智和高位截瘫等严重残疾者外,只要有医生证明,并通过考试就可以拥有驾照。当地汽车交通局向残疾人核发专门的汽车牌照,这种车牌的汽车,可以享受一些特权。在美国纽约、洛杉矶、旧金山等大城市,要想在繁华的闹市区找到一个停车位,是非常难的。但无论在哪里,残疾人专用停车位都非常方便。有条件的地方,还会在残疾人车位旁用斑马线划出一个上下车的区域,这样一个残疾人车位实际上相当于 1.5 个正常车位。在最方便的地方为残疾人预留车位是法律的规定,不管商家愿意与否都要执行。

时至今日,美国的残疾人团体还在不断努力呼吁,让自己的权利受到法律更明确的保护。可见,明确的法律、法规和政策不仅可以起到稳定社会秩序,保障残疾人等弱势群体的利益,还可以在潜意识中教育人民,规范他们的行为,提高全社会的道德风尚。①

---

① 《美国残疾人不怕出门》,《瓷娃娃》2010 年第 8 期(源自《环球时报》特约记者张海洋文)。

清华大学胡鞍钢教授等总结道，扶助弱势群体还需要从收入分配机制上加以保障，政府应当将收入再分配问题置于突出位置，对低收入阶层和弱势人群给予特别的关注；要赋予不同群体公平的就业机会和发展机会，在公共教育资源、医疗卫生资源的分配上要形成合理机制；要科学设计社会阶层流动机制，从户籍制度、社会保障、税收和财政收支体制、利益表达机制等方面确保弱势群体的权利，通过制度变革使国家最大限度地代表民意、凝聚民心、集中民智。

三　社会救助呼唤非政府组织的参与

弱势群体情况的复杂性及需求多样性，决定了社会支持和救助不可能由单一主体完成①，必须形成多主体合作的系统结构。就目前而言，社会支持主要分为四类：由政府和非政府组织主导的正式支持；以社区为主导的准正式支持；由个人网络提供的非正式社会支持；由社会工作专业人士和组织提供的技术性支持。②

政府通过社会政策的制定与实施，协调社会矛盾，解决社会问题。一个社会怎样选择自己的政策，选择怎么样的政策来干预社会生活，直接关系到该社会中社会矛盾的解决、社会结构的调整，从而也直接影响社会发展的方向。然而，由于国家财力的限制，对于弱势群体的保障仅仅依靠国家显然是不够的。在国家通过社会政策进行扶持的同时，还必须建立能够凝聚和表达利益诉求的组织，即弱势群体利益的代言者。此外，还必须大力发展社区服务，建立社会

---

① 社会支持一般是指来自个人之外的各种支持的总称，是与弱势群体存在相伴随的社会行为，通常分为正式支持和非正式支持两大类。作为一种理论范式，社会支持源于"社会病源学"，最早是和个体的生理、心理和社会适应能力联系在一起的。

② 林顺利、孟亚南：《国内弱势群体社会支持研究述评》，《甘肃社会科学》2010 年第 1 期。

互助网络，充分发挥社会团体、行业协会等机构的作用，形成在政府领导下的协商对话制度、利益表达和博弈制度，努力促进社会保障逐步将弱势群体纳入正规体系，保障弱势群体的利益，让其更好地与社会协调发展。总之，只有进一步明确社会支持或救助各主体的角色和功能定位，通过政策调整和结构性变革实现主体间协同与合作，整合社会资源，形成具有较强系统性的支持模式，并积极稳妥地发展非政府组织，发挥社会志愿者的支持作用，以及个人自强不息的努力，才能真正改变弱势群体的处境。

第三章 | 传承与发展：非政府组织在我国的
         发展及相关基本理论

人类学文化模式理论指出，濡化（Enculturation）是指个人或群体接
受和延续社会文化规范、行为准则、价值观念等文化传统的过程。
非政府组织在我国的发展，既受到历史上传统文化的影响，又吸收了国外相关
理论及实践经验，更结合中国国情，创造出具有中国特色的社会组织。

非政府组织，在西方又称"第三部门""非营利组织""公民社会组织"
"志愿者组织"等。在我国官方文件中或民间则习惯称其为"民间组织""民
间社团""社会组织"等。改革开放以来，其发展迅猛，种类日趋多样化，活
动领域愈益广泛，已成为政治、经济、社会发展中的一支重要力量，在扶助弱
势群体中发挥了很大作用。

第一节　我国历史上民间社团之渊源及发展

非政府组织之称呼，为我国广大民众所熟悉是 20 世纪 90 年代以后的事

了。但民间社团及民间公益活动较为完整的形态，早在春秋战国以后就已逐渐形成，而所需的各种要素，在先秦时代就植根孕育于历史悠久的华夏文明之中。从思想文化渊源角度来看，受到了原始信仰、民本思想及儒释道三教合流的影响。追溯其组织渊源又受到"社祀"及"歃血盟誓"等影响。因此，从先秦到清末，传统封建社会中始终存在许多民间慈善互助团体、工商团体、文化团体、政治团体、宗教团体等民间社团。在这方面，张佐良的《中国历史上的民间组织》（2008），王世刚主编的《中国社团史》（1994），欧阳恩良、潮起龙的《中国秘密社会　第4卷》（2002），何宗美的《明末清初文人结社研究》（2003）等很多论著，都从不同角度作了很好的阐释，笔者只是在此基础上做些论述。

一　民本思想、原始信仰及儒释道等构成民间社团的思想渊源

（一）民本思想

我国民本思想由来已久，早在商朝开国之时对民的重要性已有所认识，①从而采取了"饥者食之，寒者衣之，不资者振之"②的利民、保民之策。周文王力行仁政，采取"怀保小民，惠鲜鳏寡"，用"咸和万民"的惠民、保民之策③，得到民众拥护，国力日趋强盛。周朝建立后，统治者充分认识到夏、商之亡在于失民，因而一再以继承和发扬文王保民政策自励。周公摄政时，反复教导分封于卫的康叔要以文王为榜样，履行德政，明德慎罚，以德治民及保民。④此外，他也看到了民意的重要性，提出"人无于水监，当于民监"⑤的

---

① 王卫平：《论中国古代传统社会保障制度的初步形成》，《江海学刊》2002年第5期。
② 《管子·轻重甲》。
③ 《周书·无逸》。
④ 《尚书·梓材》。
⑤ 《尚书·酒诰》。

观点，以"保民"作为得民的手段，通过实行爱护民众的政策换取人民的拥护和支持。春秋战国时期是民本思想确立和发展的重要时期。各家各派都很重视对民的研究，强调民的作用和地位，诸如"国将兴，听于民；将亡，听于神"①，"君者，舟也；庶人者，水也，水则载舟，水则覆舟"② 等说法，无不体现了对民的作用之重视。这一时期的民本思想也更趋丰富和深刻。儒家提出"民贵君轻""节用爱民"的观点。法家也很重视民的作用，管仲凡事以民为念③，提出"政之所兴，在顺民心；政之所废，在逆民心"④，把国之兴亡系于民心向背。我国早期的民本思想，成了历代王朝统治者实行各种惠民政策的文化基础和思想渊源，对历代政府在处理与民间社团的关系时产生了重要的影响。⑤

（二）原始信仰

我国原始信仰内涵很丰富，是民间信仰的重要基础，并深刻地影响到后世的社会生活及儒佛道等。《礼记·表记》谓："殷人尊神，率民以事神，先鬼而后礼，先罚而后赏，尊而不亲，其民之敝。荡而不静，胜而无耻。"即反映出原始信仰在商代的重要地位和影响。商代形成了一套"官方宗教体系，即祖先崇拜和自然神灵崇拜"⑥。在中国古代，巫、祝、医、卜都是社会精神生活中不可缺少的职业，后世道教庙宇之中管理香火者称为"庙祝"，就是古代社会遗留下来的名称。而巫、祝、医、卜所从事的祈祷、降神、医

---

① 《左传·庄公三十二年》。
② 《荀子·王制》。
③ 《史记·管晏列传》。
④ 《管子·牧民》。
⑤ 周秋光、曾桂林：《中国慈善思想渊源探析》，《湖南师范大学社会科学学报》2007 年第 3 期。
⑥ 蒲慕州：《追寻一己之福：中国古代的信仰世界》，台北，允晨文化实业股份有限公司，1995，第 59 页。

病、占梦、祈雨、占星、望气、符咒、预言等巫术，也为后世道教所继承。此外，原始信仰的不少内容在民间被保留至今，仍具有不可忽视的影响力，成为一些社会组织加以改造和利用的精神工具。例如，原始先民们出于对鲜红血液的无知和神秘感，使他们赋予了血以"魔"的力量，进而产生了血崇拜，以鲜血为牺牲进行祭祀，认为血可以辟邪，并且具有"神判"的功能。也正是在这种血崇拜的心理基础上，中国古代出现了一种"歃血盟誓"的结社方式。①

（三）儒释道三教合流

儒家文化可谓我国 2000 多年来的文化主流。"仁"是儒家思想的核心。孔子以"爱人"来解释"仁"，提出了"仁者爱人"之说，并将其作为人的本性。这可视为原始古朴的人道主义观念和阐发。孔子还将"尚仁爱"的理论进一步系统化，大力倡导"仁"与"义"，为儒家慈善观的形成奠定了理论基础。后来，孟子又提出："恻隐之心，仁之端也；羞恶之心，义之端也；辞让之心，礼之端也；是非之心，智之端也。人之有是四端也，犹其有四体也。"②他所提倡的"仁"与"爱人"，就是由"亲亲"而推及"仁民"，即"君子之于物也，爱之而弗仁；于民也，仁之而弗亲。亲亲而仁民，仁民而爱物"③。从"亲亲"而向仁民的推衍，是恻隐之心的产生，也是善心慈爱的萌发。"老吾老以及人之老，幼吾幼以及人之幼"，正是要求人们以博大的胸怀、仁爱的心襟去实现由"仁民"至"爱物"的拓展。民间社会正是由这种仁爱慈善观衍生出尊老爱幼、孝慈为怀、济人危难、助人为乐等中华民族优秀的道德品质，进而促成了中国民众乐善好施风习的形成。

---

① 欧阳恩良、潮龙起：《中国秘密社会》第 4 卷，福建人民出版社，2002，第 25～27 页。
② 《孟子·公孙丑上》。
③ 《孟子·尽心上》。

　　除了儒家"仁"的思想成为中国慈善思想及民间互助组织最主要的理论渊源外，佛教、道教的发展及儒、佛、道三者合流，对民间社团的形成也产生不可小觑的影响。

　　一般认为，佛教是西汉末年由西域传入我国。佛教善恶观是以能否契合佛理为标准，凭染净来作为评判善恶的尺度。佛僧以十善十恶为准尺，明善辨恶并求改过积德，产生一种崇贤尚善的力量。在修善方面，佛法还有更高的要求，即"修三福""持五戒"。至于行善的方法，佛家则有"修福田""布施"之说。除布施外，佛教还强调佛徒应该与众生结缘，同舟共济，同甘共苦，逐渐指引他们修德行善，劝勉佛教众徒"诸恶莫做、众善奉行"，为芸芸众生逃离劫难渡向来世。慈善观是佛教教义的核心，也是佛教慈善渊源中最重要的内容。对于奉佛信众来说，欲成圣佛，即须胸怀慈善，以慈爱之心给予人幸福，以怜悯之心拔除人的痛苦。中国佛教实际上是一种劝导人们止恶从善、避恶趋善的伦理宗教。在佛教慈善观和世俗道义的影响下，佛门弟子以慈悲为首，以度人为念，愍念众生之苦，甘愿为十方人作桥，渡脱一切。这样，佛教也具有了博大的慈善伦理情怀。① 当然，这里是指一般佛理而言，至于封建统治者利用佛教作为统治工具，或恶僧所为，则当作别论。

　　道家以老庄为代表，是先秦诸子百家中的显学之一。东汉末年道教创立后遂成为中国土生土长的一种宗教。《老子》《庄子》等道家文化的典籍蕴涵了十分丰富的人文伦理思想。老子对"善""恶"有着独特看法。"天道无常，常与善人。"在老子看来"道"是天地万物之源，虽不可名状却可赏罚应时，

---

① 周秋光、曾桂林：《中国慈善思想渊源探析》，《湖南师范大学社会科学学报》2007 年第 3 期。

使善人得福恶人遭祸。由此他提出尘世间应遵循"道"的规律,人人向善,善待芸芸众生。这种观点经过进一步升华便成为了后人劝善去恶的慈善道德基础。庄子继承和发展了老子的思想。他认为,得道之法即做善事。只要做善事、顺应自然就"可以保身,可以全生,可以养亲,可以尽年"①,让善人修身颐养天年高寿善终,善恶自有报应。早期道教以《太平经》为经典,其内容体系较为纷杂,糅合了先秦儒、道、阴阳诸家思想,企图以神道设教的方式来宣扬善恶报应等思想观念。《太平经》反映出早期道众替天行道与隐恶扬善的济世观,以及"乐以养人""周穷救急"的慈善观。北宋末年辑录的《太上感应篇》是一部著名的道教劝善书,至南宋初年已广泛流传于社会。它以道司命神"太上君"规诫的方式宣扬善恶报应。

从儒释道兼容,至三教共弘,在我国历史上经历了漫长而曲折的阶段。南北朝末期就有人认为:"三教虽殊,劝善义一,涂迹诚异,理会则同。"唐代时,提出了"以佛治心,以道治身,以儒治世"三教并用的原则。② 唐统治者尊道、礼佛、崇儒兼容广蓄,三教并重共弘。至宋代以后,儒、佛、道三教形成合流趋势,尤其在道德伦理方面,佛、道两教走上了儒家化的道路。三教合一,宣扬以仁义为中心的王政思想,要求人们行善积德,从而构成了中国古代慈善事业的思想基础。

二 社祀、盟誓结拜等成为民间社团的组织渊源

(一)社祀

"社祀"是原始土地自然崇拜的一种形式。③ "社"最早源于人们对土地的

---

① 《庄子·养生主》。
② 《三教平心论》卷上。
③ 《史记·封禅书》称:"自禹兴而修社祀,……郊社所从来尚矣。"

自然崇拜，原指土地神，《礼记·祭法》记载："共工氏之霸九州也。其子曰后土，能平九州，故祀以为社。"后演变为祭神的活动、场所和基层组织。在以农业为主的中国古代，社祭是村社组织邑、里的重要公共活动，一般在每年春秋及岁末举行，祭后集体宴乐。先秦时期，里社将社员之名籍书于社簿，又称"书社"。据《礼记·祭法》及注疏所载："王为群姓立社，曰大社；王自为立社，曰王社；诸侯为百姓立社，曰国社；诸侯自立为社，曰侯社；大夫以下成群立社，曰置社。""大夫不得特立社，与民族居百家以上则共立一社，今时里社是也。"这些社都是官社。但"作为一种聚落形态，秦汉的乡里并非单纯是封建国家的基层行政组织，它实际上扮演了封建国家基层行政组织和民间社区的双重角色。"① "由于宗法土地关系的稳定性，乡里关系比较规整，当时因里而置社，社与里完全统一，一里之长既是社的首脑，即社祭的主持者，又是宗族的宗长。"② 后来随着人们的聚族而居，里、社合一局面被打破，乡里的社会结构开始发生较大变化，社与里之间渐趋分离，民间又出现了传统官方里社之外的私社。这种私社有别于原来25家为一社的规定，多由10家、5家不等自愿结合而成。对于日益发达的私社，官方允许里社、田社等合法私社的存在，但是禁止那些危害封建统治秩序的非法私社。③ "社"，逐渐成为一种按民意自由结合，以敬神为中心的自治机构。魏晋以后，"社"日益成为民间社团的重要组织形式。

（二）盟誓结拜

盟誓结拜源自"歃血盟誓"，这在先秦时就有所记载。所谓"歃血"，一

---

① 林甘泉：《秦汉帝国的民间社区和民间组织》，载《燕京学报》新八期，北京大学出版社，2000。

② 马新：《论两汉乡村社会中的里社》，《文史哲》1998年第5期。

③ 《汉书·五行志》。

说口含血或以指蘸血涂于口旁。又说："割耳为质，以血书约，并以血涂在口边，然后大声宣读誓词。"① 盟，原为古代诸侯于神前立誓约之称，后又指结拜弟兄或同盟、联盟、盟约、起誓等。《礼记·曲礼下》曰："牺牲曰盟。"孔颖达疏："盟者，杀牲歃血，誓于神也。盟之为法，先凿地为方坎，杀牲于坎上，割牲左耳，盛以珠盘，又取血盛以玉敦，用血为盟书，成，乃歃血而读书。"②《春秋正义》曰："凡盟礼杀牲歃血，告誓神明，若有背违，欲令神加殃咎，使如此牲也。"因此，至晚在西周，"歃血盟誓"已有了固定的形式，为古代订盟时表示信誓的一种仪式。早期上自天子、下至庶民，皆可采取"歃血盟誓"。秦汉后，由于封建专制集权统治秩序的确立，"歃血盟誓"的传统日益沉积于下层社会之中，并逐渐与民众反抗运动结合。特别是《水浒传》《三国演义》等通俗小说把"歃血盟誓"与江湖侠义连成一气之后，其影响扩大，以致结拜、盟誓更成为一种社会风俗。结拜异姓弟兄这种风俗，在我国由来已久，相传早在春秋战国时期就已存在。东汉时，"刘备、关羽、张飞三杰，是三者，结义桃园，约为兄弟，虽非以同年月日生，愿以同年月日死，为后世秘密结社之模式……宋徽宗时，有宋公明、卢俊义之徒，即《水浒传》故事，有百八徒会于梁山忠义堂：父天母地，兄弟星，姊妹月，啜血誓盟，其诸仪式，永为秘密结社之师法"③。清代很多秘密会党也承继了中国传统的异姓结拜弟兄习俗中"歃血盟誓"的组织形式。

三　近代化社会转型及明清社会组织形态的变迁

通观历史，影响我国民间社团发展的因素极为复杂。经济环境平衡或恶

---

① 〔荷〕施列格：《天地会研究》，薛澄清译，上海文艺出版社，1991，第33页。
② 《礼记·曲礼下》，孔颖达疏。
③ 东方杂志社编纂《世界之秘密结社》，商务印书馆，1925，第1页。

化、政治清明或腐败、正统观念强化或衰弱，都会影响其兴盛或衰落。尤其在社会转型时期，更是给民间社团的大量出现提供了良好时机。历史事实证明，每一种社会组织的产生，都有其利益根源。而在社会动荡、转型的时期，社会控制力的削弱、利益的分化、传统秩序的解体，都迫使人们进行新的选择、新的组合，都会使这个时期的社会组织形态呈现丰富多变的特色。16世纪中叶以后，中国历史逐渐进入了一个新的变革时期，这就是从传统社会向近代社会的转型，也逐渐开始并曲折地"从传统的、乡村的、农耕的社会向世俗的、城市的、工业的社会转型"①。对于民间社团而言，传统的社团组织开始自发地向近代民间组织转型。

中国早期近代化发展最快的两个时期：一是晚明，为早期近代化产生并迅速增长的时期；二是18世纪，为早期近代化的高峰时期。这两个时期也是中国民间社团大发展的时期。商业城镇的兴起和发展，为明代的中国比较稳定地制造了一个新的社会阶层，这就是市民阶层。而当商人势力壮大到一定程度后，商人的影响就绝不会仅仅局限于经济领域，他们对政治、学术、文化的影响，就会日益明显地显露出来。到清中叶以后，商人地位的提高与对政治文化影响的加剧，则成为一个引人注目的社会现实。

明清时期，社会利益的分化，经济生活的变迁，为民间社团产生和发展提供了重要的社会条件；社会观念的变迁，主流意识形态影响力的削弱，又为民间社团的产生和发展提供了重要的精神基础。社会经济转型的启动和发展，社会利益分化的加剧，为观念领域的变迁提供了重要的经济前提。随之而来，中国文化完成了一场意义深远的历史性变革，即从晚明时期起，逐渐形成了一个新的时代精神——市民精神。其根本主旨就是以追求个性自由为主要特征的人

---

① 〔日〕沟口雄三：《中国前近代思想的演变》，索介然、龚颖译，中华书局，1997，第7页。

文主义价值观。正是在这一精神的推动下，中国社会比较彻底地结束了宋明理学在知识界的独尊地位，社会观念出现了明显的多元化趋势。社会生活面貌，主要是生活方式发生了明显变革，从而为各种新的社会形态和思想观念的传播，创造了良好条件。①

中国传统社会的社会组织系统主要由三部分组成，一是政治性的，以公共权力为纽带的行政系统，儒家学说是这一组织形态的精神支柱，行政系统遍布城乡，对社会生活影响甚为深远；二是社会性的，以血缘亲情关系为主的宗族系统，乡村地区是其分布的重点，但在城市和移民集中的地区，其影响较弱；三是精神性的，以信仰为纽带的宗教组织，其分布比较分散，影响范围包括社会各个阶层。这三种社会组织形态，在相当程度上，从不同的角度，维系着中国传统社会。晚明时期，中国社会组织形态出现了比较明显的变革趋势，这主要体现在以下几个方面。

第一，传统社会组织形态受到不同程度的削弱。例如，在政治领域，朋党与党争的出现，显示出这一组织系统内部的严重分化，导致政治运作的混乱。再如，流民问题的严重、矿山的开采，以及城市化的出现，必然冲击传统的宗族组织和乡村社会秩序，进而在一些地区形成新的社会组织，使传统社会秩序遭到严重破坏。

第二，秘密结社组织的增加。明中叶以后，一大批秘密结社组织陆续出现，对当时的社会生活产生了不小的影响。反映出晚明社会的骚动和不安，人们已经不再安于传统社会的束缚，新的社会组织方式先后登上了历史舞台。

第三，市民组织的出现。明中叶以后，中国社会逐渐出现了一些新的社会

---

① 张佐良：《中国历史上的民间组织》，载黄晓勇主编《中国民间组织报告》（2008），社会科学文献出版社，2008。

组织形式，会馆是其典型代表。会馆最初不是工商业者的组织，而是官僚士人同乡聚会、互助的场所。史称："会馆之设于都中，古无有也，始嘉、隆间，盖都中流寓之土著，四方日至，不可以户编而数凡之也。用建会馆，士绅是至。"① 明中后期，工商业者会馆迅速兴起。像万历年间，在苏州即建有岭南会馆，天启年间建有东官会馆，均系商人会馆。而在北京，明代也出现了平遥颜料会馆、山友会馆等组织。清中叶，商业会馆更加兴盛，如洛阳的山陕会馆，成为当时晋、陕商人在洛阳叙乡谊、通商情、敬关爷聚会之所。

会馆属于民间自发的合法基层社会组织，它的出现可以说是明清社会结构性变迁的集中体现。晚明时期，文人结社也大大增加。据有的学者考证，"总数远超过三百家"②。自天启年间，又出现所谓文社，开始以讲求经典为主，时称应社。王应奎在《柳南随笔》中记载说："天启中，吴中诸名士结文社曰'应社'。"③ 当时士人结社众多，《复社纪略》云："是时江北匡社、中州端社、松江几社、莱阳邑社、浙东超社、浙西庄社、黄州质社与江南应社，各分坛坫。"④ 士人结社的出现，当然和晚明专制统治的削弱有关，但也从另一个侧面反映出传统社会组织形态的变化。⑤

清朝末期，中国社会在外来力量的压力下发生了显著的变化，辛亥革命的爆发又孕育了各种新兴的资产阶级团体。至20世纪二三十年代，中国民间社会活跃程度达到鼎盛，各种政治、经济、公益等的民间组织层出不穷。其中既有许多致力于社会革命、政治变革的政治组织，也有大量实业性、慈善性、公益性、文艺性、互助性的各类社会组织。1912～1921年，仅江苏一个省，

---

① 李家瑞编《北平风俗志·会馆》，载《北平风俗类征》，商务印书馆，1937。
② 何宗美：《明末清初文人结社研究》，南开大学出版社，2003，第17～22页。
③ （清）王应奎：《柳南随笔》卷三，第111～130页，国图复制册。
④ 眉史氏：《复社纪略》卷一。
⑤ 杨幼炯：《中国政党史》，上海书店，1984，第2页。

社会团体的数目就达到了 1403 个。① 民间社团在新中国成立前达到了相当大的规模。1932 年 10 月，国民党政府颁布了旨在从行政上加强对民间社团规范管理的《修正民众团体组织方案》，这也许是中国历史上第一个与民间组织有关的专门法规。②

综上所述，中国的民间社团，是在有中国特色的政治体制环境下，逐渐萌芽和发展的。从历史上看，作为人们自愿组合、实现共同目的之结社活动，可以追溯到先秦时期。③ 中国传统的社团生活以"社会"和"庙会"为主，以后演变出各种特定目的之风俗社团、协会，政治性的"会党"、社团，慈善互助性的"善堂""善会""合会""义庄"，商业及手工业行业的"会馆""行会""公所""商会"等。

总而言之，在中国历史上，民间社团是民间个体为了达到某种共同目标而依据一定规则自愿结合起来，并进行某种特定活动的互益或公益社会群体组织。具有原生性④、志愿性、渐进性、多样性、互助性等特点。民间社团的活动经费大多由内部成员承担。其与政府之关系中，政府起着关键性的主导作用，但两者之间也存在一定的互动性。明清以来的近代化社会转型催生了大批具有近代性质的民间社团。"温故而知新"，中国民间社团或非政府组织当今、未来的发展，也须通过认真总结历史经验，从传统文化中汲取营养，辅之以现代的先进组织管理理念，才能走出独具中国特色的发展之路。

---

① 陶鹤山：《市民群体与制度创新——对中国现代化主体的研究》，南京大学出版社，2001，第 75～88 页。
② 《修正民众团体组织方案》采用"列举法"，为包括农会、渔会、工会、商会等十多类民众团体下定义，并强调国民党对之的绝对领导。
③ 王世刚主编《中国社团史》，安徽人民出版社，1994，第 12 页。
④ 韩福国等：《新型产业工人与中国工会——"义乌工会社会化维权模式"研究》，上海人民出版社，2008，第 88 页。对原生性或原生态组织的解释是："基于人类最初建立的组织是为了生存的目的，用它来抵御自然界的危害和抗衡来自社会的竞争，以免自己处于不利的地位，以保护自己的利益或能够获得利益的认识。"这也就是说是从本土社会生活中自发产生的。

第二节 新中国非政府组织的发展

一 我国非政府组织兴起的国际背景

从国际视野来看，非政府组织最早产生于19世纪初，法国大革命推动了资产阶级民主制度在西方国家的确立，资产阶级所倡导的公民具有言论、结社的自由，这为各类非政府组织的产生提供了条件。19世纪中叶后，欧美一些国家出现了有国际影响、不谋求商业利益的社会群体，如从事人道主义活动的红十字会（International Committee of the Red Cross，成立于1875年，致力于全球性的慈善救助活动）、维护女权的妇女团体等。随着工业革命带来的世界范围内的生产力和生产关系的变革，经济发展获得了强大的驱动力。这种驱动力促使经济得到了迅速发展，从而使国与国之间的经济关系愈发紧密，国与国之间的联系和合作日益频繁。到了20世纪80～90年代，随着全球化进程的深入，以及科技发展及互联网的普遍使用，国际性的非政府组织开始大量出现并迅猛发展。尤其面临越来越严重的诸如环境污染、人口爆炸、毒品泛滥、艾滋病蔓延、海啸地震、金融危机等具有整体性的共同难题时，单一政府的控制和处理能力，却绝对或相对的减弱了。在这种情况下，以专门领域或问题为研究或处置对象的非政府组织，有了施展才能和影响的更大空间。[1] 当今，活跃在发展援助领域的代表性组织有乐施会（Oxfam）、国际行动援助（Action Aid）、英国救助儿童会（Save the Children）等。与官方发展援助和技术援助等为主要援助形式不同，非政府组织主要是通过提供慈善救援和人道主义紧急救援来实现的。

---

[1] 王逸舟：《全球政治和中国外交》，世界知识出版社，2003，第39页。

如中国四川地震、东南亚海啸、海地地震等灾害发生之后，非政府组织就向灾区提供了大量紧急人道主义救援，在一定程度上缓解了灾害对当地居民的影响。

二 新中国成立后非政府组织的发展历程

对我国非政府组织发展阶段的划分，在学界还没有形成统一的认识。胡伟等学者以现代历史为划分区间，将我国的非政府组织发展大致分为三个阶段：第一阶段从 20 世纪初到 1949 年；第二阶段为 1949～1978 年；第三阶段为 1978 年至今。① 邓国胜等学者将新中国成立后我国非政府组织的发展划分为四个阶段：第一个阶段是初始发展期（1949～1966）；第二阶段是停滞期（1966～1978）；第三阶段是恢复期（1978～1995）；第四阶段是发展期（1995 年至今）。② 黄晓勇等学者将我国非政府组织或民间组织分为四个阶段：第一阶段，民国期间（20 世纪初到 1949 年）；第二阶段，新中国成立到"文化大革命"前（1949～1966）；第三阶段，"文化大革命"时期（1966～1978）；第四阶段，改革开放后至今（1978 年至今）。③ 王名等学者则根据国家对非政府组织的管理及非政府组织自身发展，将改革开放后非政府组织的发展分为三个阶段：即恢复发展阶段（1978～1989），此阶段的标志是社团数量急速膨胀；整顿治理阶段（1989～1998）；法制规范阶段（1998 年至今）。④

刘俊等学者则认为，在改革开放前，实施计划经济体制的中国具有明显的

---

① 胡伟：《关于中国 NGO 作用的思考》，《当代世界》2005 年第 7 期。

② 邓国胜：《中国 NGO 问卷调查的视频分析》，http：//www.chinanpo.gov.cn/cn/web/showBullte‐tin.do？id＝157978&dictionid＝1835。

③ 黄晓勇主编：《中国民间组织报告》（2008），社会科学文献出版社，2008，第 67～68 页。

④ 王名教授在《中国 NGO 的发展现状及其政策分析》（《公共管理评论》2007 年第 6 卷）中认为改革开放后，中国 NGO 发展呈现三个高潮：在改革开放潮流下形成的第一次高潮（改革开放至 1989 年）；在市场经济潮涌下形成的第二次高潮（1992～1998）；在政府改革、"入世"、互联网、社会阶层与利益集团背景下，形成的第三次高潮（2000 年至今）。

"极强国家、极弱社会"的特征，使得纯非政府组织几乎没有自我生存与发展的空间和环境。据此，只有研究改革开放后的非政府组织才有现实意义。基于这种观点，故将改革开放后的非政府组织划分为以下五个阶段：第一阶段是萌发期（1978~1984），第二阶段是发展期（1984~1989），第三阶段是低潮期（1989~1993），第四阶段是膨胀期（1993~1998），第五阶段整合期（1998年至今）。①

笔者认为，新中国成立后，社会结构发生了巨大变化，虽然其中有曲折乃至停顿，但非政府组织在各个不同时期仍得到不同程度的发展，并经过三次大的演变阶段。

第一阶段，新中国成立至改革开放前的社会团体建设阶段。新中国成立以后，中国共产党对民间结社进行了彻底的清理和整顿，一部分政治倾向明显的民间社团，被确立为政党组织，如中国民主同盟、九三学社等，成为中国共产党领导下的民主党派；另外一大批带有封建色彩的组织和宗教性、反动性组织被取缔。继而按照1950年制定的《社会团体登记暂行办法》，建设起一批社会主义制度下的新型社会团体。如，1950年中国福利基金会改名为中国福利会，1952年成立了中国红十字会、中国国际贸易促进委员会，后又相继成立了中国文学艺术界联合会、中国作家协会、中国科学技术协会、中国人民对外友好协会等。

经清理整顿后，中国的社会团体在20世纪50年代到60年代中期出现了一个较为迅速的发展时期，据统计，至1965年，全国性社会团体由新中国成立初期的44个增长到近100个，地方性社会团体发展到6000多个。② 但其行政化色彩十分浓厚，可谓是政府机关的化身和代言人，"半官半民"或"亦官

① 刘俊：《中国非政府组织（NGO）现状分析》，《台声·新视角》2005年第1期。
② 谢海定：《中国民间组织的合法性困境》，《法学研究》2004年第2期。

亦民"，严格来说并非西方所指的民间组织或非政府组织。"文化大革命"期间传统的民间结社几乎处于停顿状态。

第二阶段，1978～1998 年，非政府组织勃兴与结构调整阶段。经过"文化大革命"的 10 年非制度化历程后，20 世纪 80 年代非政府组织出现了发展高潮。随着经济体制改革，国家行政权力从经济领域逐步退出，形成"小政府、大社会"的局面，为社会走向自我组织、自我管理的多元治理模式奠定了基础。至 1989 年，全国性社团增加到 1600 多个，是 1965 年的约 16 倍。地方社团增加到 20 万个，是 1965 年的 33 倍。1989 年国务院颁布了《社会团体登记管理条例》，并对社会团体进行复查登记、整顿清理。该条例的颁布对社会团体的成立设置了更加严格的限制条件和要求，使得在法律框架内的社会团体之数量增加趋于放缓。至 1998 年年底，全国性社团达 1800 多个，地方性社团达 16 万余个。1988～1997 年的 10 年，非政府组织的数量增长虽不是非常明显，但是在实际的发展和分布结构上却已有了调整。根据《基金会管理办法》（1988）和《外国商会管理暂行规定》（1989）的施行，一批基金会和商会在这一时期建立；在教育、科技、文化等各部门的体系下，医疗机构、科技、文化场所等实体性服务机构发展起来。20 世纪 90 年代中期，由于市场经济体制改革的推进，市场中自下而上地产生出社会自主团体，草根组织发展呈现出一个高潮。它们中有相当一部分团体由于受到登记管理条例的限制，并没有以"社会团体"的身份存在，而是以单位挂靠、工商登记等方式出现，但从功能作用上看，它们已经成为社会组织的一个部分。

第三阶段，1998 年至今，非政府组织的多元化和法制规范化发展阶段。这一阶段的非政府组织发展具有两个特点。一是制度化，1998 年，国务院发布实施新的《社会团体登记管理条例》，同时还出台了《民办非企业单位登记管理暂行条例》。条例中指出，民办非企业单位是指企业事业单位、社会团体和其他社会力量以及公民个人利用非国有资产举办的，从事非营利性服务活动的社会组织，有时也称"社会企业"。由此，开始将民办非政府组织的实体机构纳入非政府组织的统一登记范围。新条例明确界定了社会团体的概念：本条例所称社会团体是指中国公民自愿组成，为实现会员共同意愿，按照其章程开展活动的非营利性社会组织。显示了社会团体的组织性、自愿性、公益性、非营利性，基本上等同于西方学者所说的"非政府组织""志愿组织""非营利组织""第三部门"等的概念。到 2001 年年底，全国各级民政部门已在全国范围内对各种类型的民间办的非企业单位进行了统一的登记确认。此后至今，国家加大了对非政府组织的立法工作。2004 年国务院颁布了在内容上具有重大创新的《基金会管理条例》，使慈善事业步入新的轨道。二是多样化发展，社会团体的数量增加，民办的非政府组织获得法律地位的认可。各种草根非政府组织快速发展，社区自治组织发展壮大，各种新型社会组织不断呈现。据估计，这些组织的总体规模大约有 250 万～350 万个。① 表 3 - 1 显示了民政部在法律框架下，统计的历年非政府组织的数据。

总之，伴随经济体制改革、政府简政放权、企业转变经营机制、加入 WTO、互联网发展、社会分层加重、弱势群体急需救助等新形势，中国社会中越来越多的公民个人和群体自愿组织起来，兴办各种各样的 NGO。这些 NGO 不仅在数量、性质、类型、活动范围、服务对象、分布领域、举办主体和管理模式方面越来越多样化，而且其在中国社会经济生活和救助弱势群体中也发挥着越来越大的作用。

---

① 中国（海南）改革发展研究院编《民间组织发展与建设和谐社会》，中国经济出版社，2006；黄晓勇主编《中国民间组织报告》（2008），社会科学文献出版社，2008，第 6 页；王名：《中国 NGO 的发展现状及其政策分析》，《公共管理评论》2007 年第 6 卷。

表 3 - 1   中国非政府组织历年统计数据

单位：个

年份	总数	社会团体	民办非企业单位	基金会
1978				
⋮				
1987				
1988	4446	4446		
1989	4544	4544		
1990	10855	10855		
1991	82814	82814		
1992	154502	154502		
1993	167506	167506		
1994	174060	174060		
1995	180583	180583		
1996	184821	184821		
1997	181318	181318		
1998	165600	165600		
1999	142665	136764	5901	
2000	153322	130668	22654	
2001	210939	128805	82134	
2002	244509	133297	111212	
2003	266612	141137	124491	954
2004	289432	153359	135181	892
2005	319762	171150	147637	975
2006	354393	191946	151303	1144
2007	386916	211661	173915	1340
2008	413660	229681	182382	1597
2009	431069	238747	190479	1843

说明：2002 年以前的基金会含在社会团体内。

资料来源：中国民间组织网《民政事业发展统计报告》，http：//www.chinanpo.gov.cn/2201/48276/yjzlkindex.html。

　　我国非政府组织发展目前总体上呈现五个方面的特点。第一，非政府组织整体数量稳步增长，更加注重内涵式发展。社会动员能力及自身影响力得到显著增强，活动持续增多，志愿者队伍空前壮大。在汶川大地震、北京奥运会、上海世博会、广州亚运会等救援和志愿者服务中，非政府组织和广大志愿者的精彩亮相和独特作用，赢得了社会越来越多的关注和尊重。同时，借助互联网和大众媒体，非政府组织的倡导活动初见成效。第二，在整体稳步增长的同时，个别类型的非政府组织得到快速发展。农村专业经济协会和基层社区社会组织获得快速发展，基金会中非公募基金会异军突起，社会捐赠总额高速增长。第三，非政府组织发展变化受政策影响极为明显，农村专业经济协会、基层社区社会组织以及非公募基金会得到快速发展的一个共同原因，是获得了一个宽松、有利的发展环境，即得到了专项的政策支持和专门扶助。第四，有关非政府组织的话题逐步成为社会关注热点，相关研究力量明显加强，理论基础论述和实证调查也有所加强，这对于非政府组织的可持续发展是大有裨益的。第五，非政府组织发展地区分布仍不均衡。发展数量与人口数量和经济发展水平密切相关。[①] 人口密度大和经济发达地区，相对来讲发展得更快。

　　总体而言，与13.7亿人口相比，中国非政府组织还处于创始阶段，并不是很发达，活动范围有限、规模不大，收入来源较为单一，支出也不尽合理，财务制度不够健全。加之政策法律环境尚不十分有利，从单个组织到整体部门的发展程度看，都可说正处在创业时期。

三　非政府组织在我国快速发展之原因

　　在中国历史上，曾出现多种形式的非政府组织雏形，例如，乡村共济、邻

[①]　黄晓勇主编《中国民间组织报告》（2009～2010），社会科学文献出版社，2009，第1页；王名：《中国NGO的发展现状及其政策分析》，《公共管理评论》2007年第6卷。

里互助的各种"合会""义庄"，乐善好施、扶贫济困的"善会""善堂"，行商传技、缔约业市的各种"行会""商会""会馆"，崇尚风雅、交流同道的"讲学会""诗文社"，乡村社区内承担各种公益职能的"庙会""花会""联庄会"，等等。新中国成立初期，由于种种原因，曾出现断层，但源远流长的组织渊源仍为非政府组织的复兴打下了一定的基础。

第一，我国现正处于转型时期，经济、政治体制改革和政府职能转变及简化成为必然。市场经济快速发展使中国政府的职能逐步由过去的"全能型政府"向"有限责任型政府"过渡。社会逐渐形成政府—市场—社会的三分模式。近年来不少地方政府正尝试以"民主决策"和"市场机制"为内涵"实施政府职能转变"，一些地方政府也日益倾向建立一些非政府机构来解决部分国计民生问题。同时，在现行经济改革中，多种所有制的并存，使得农村、城市产生大量分散的多元化利益主体。这些利益主体为了改变自身在竞争中所处的不利地位，就需要建立自己的组织以维护自身利益，如生产者、行商者，建立行业协会、市场中介组织等。又如在政府主导下发展起来的消费者协会，在人们的日常生活中一直扮演着很重要的角色；自下而上的各种草根救助组织在帮助弱势群体中也日益显示其功能，等等。

第二，随着中国对外开放进入新阶段，中国已迅速地融入全球化的进程，全球化对非政府组织的发展有着现实的要求。因为，在全球化的过程中，按照国际惯例，越来越多的国际合作与交流将依赖于非政府组织的参与。尤其是中国加入WTO后，更需要强化中介服务的国际化、专业化的水平。无论是经济合作与交流，还是在人权、环境、发展等诸多领域，非政府组织已显示出了参与国际事务的协调和倡导等能力。如中国的有些民间商会、行业协会在一些反倾销案中正在发挥越来越多的作用。

第三，随着公民社会的发展，普通群众的民主意识、社会责任感和主人翁意识越来越强，他们逐渐产生了自发组织起来通过社会力量解决社会问题的愿望。如一些私人自愿性组织和慈善性机构参与扶贫活动越来越多，为贫困地区的扶贫开发提供了极大的帮助。并且，随着社会的进步，人类有了自己崭新的发展观，不仅要重视普通民众的发展，还要强调弱势群体的发展；既要重视这一代人的发展，还要强调子孙后代的发展；既要重视环境保护，还要重视人文教育，以保证可持续发展。况且，贫困、失业、流行病、环境污染、流动人口剧增、吸毒等全球性、地区性问题的解决，离不开各国各民族人民的共同努力。社会需要诸如慈善、环保等全球性、地区性、公益性的组织的发展，以弥补政府、市场管理的不足，发挥其不可替代的作用。

第四，促进非政府组织发展的内外因素不断增强。助推其发展的外部因素表现为，政策环境逐步放松，财政税收等政策扶持力度加大，通过购买服务促进了政府职能转移，并利用税收政策调控和管理非政府组织；运用资金补助、购买服务、项目委托、无偿或低价使用公共资产等多种方式，鼓励扶持非政府组织健康发展。在社区综合服务、社区矫正、养老服务、扶贫开发、艾滋病救助、环境保护等许多公共服务领域，都出现了政府采购的形式。越来越多的非政府组织以竞标或委托等方式参与到各种公共服务领域中，形成与各级政府之间合作互动的新模式。另外，支持非政府组织的公益孵化机构和资助资源也日益增多。①

非政府组织发展的内在因素主要表现为自身能动性日益提升，不仅以优异成绩为自己开拓了广阔空间，还提升了自身专业化能力，通过对筹资模式的探索，拓展了资金来源。非政府组织在推动政府与社会良性互动合作，促进公民

---

① 公益孵化机构，主要是为在孵的公益组织营造良好的创业环境，提供全面的综合配套服务，使其减少创业风险和降低创业成本，促成和扶植其成长发展并形成规模。

有序参与政治与发展进程、灾害救援、扶持弱势群体等方面都显示了其旺盛的生命力。上述这些因素都是助推其快速发展的催化剂。

第三节　非政府组织兴起的理论基础

以往学者在探讨非政府组织或民间组织形成和发展的理论时，往往只着重于介绍西方学者的理论，而忽视了我国传统文化人文思想对民间社团或非政府组织形成和发展的影响。笔者在本章第一节就追溯了我国历史上民间社团（非政府组织雏形）形成和发展的思想渊源、组织渊源及近代化社会转型对其的影响，指出原始信仰、儒释道三教合流，尤其是春秋战国时期民本思想的确立，是我国民间社团尤其是慈善救助事业发展的思想渊源。这也是为什么西方的非政府组织概念和理论，能在我国生根发芽、茁壮成长的内在因素。关于非政府组织的相关理论，中外学者曾进行深入探讨，如莱斯特·萨拉蒙的《第三域的兴起》（1998，又译为《非营利部门的崛起》），詹姆斯·盖拉特的《21世纪非营利组织管理》（2003），王名、刘培峰等的《民间组织通论》（2004），周大鸣、秦红增的《参与式社会评估》（2005），黄晓勇主编的《中国民间组织报告》（2008）等。下面笔者就从政治学、经济学、社会学及人类学的角度，对非政府组织兴起及其功能产生的理论基础作一简单论述。

一　经济学视角：政府失灵论、合约失灵论

（一）政府失灵理论（Government Failure Theory）

政府失灵理论是美国经济学家伯顿·韦斯布罗德（Burton Weisbrod）提出的。他认为，当代经济学较好地论证了私人市场的存在及其均衡模式，后来又发展了公共部门理论，对政府行为进行了系统的研究，可是却无法解释为什么

要由非营利部门来提供公共的、集体消费的物品？为何说非政府组织是公共物品与公共服务的提供组织？

韦斯布罗德还提出政府和市场双失灵理论，提出在政府—市场双重失灵的模式中，非政府组织作为一个"政府之外的公共物品提供者"而出现，以补充政府产出不足，提供私有产品的替代物。他同时还认为，消费者的偏好和需求是有差异的，由于政府和市场在提供公共物品方面的局限性，导致了对于非政府部门的功能需求，这是非政府部门存在的主要原因。非政府部门提供公共物品的数量取决于政府部门能够满足选民的多样需求的程度。在其他条件相同的情况下，对政府提供公共物品的需求越不满意，非政府部门的规模就越大。对于特定的政府输出，消费者需求的差异越大，非政府部门的输出就越大。如果其他条件相同，消费者需求的同质性越高，不满意的需求就越少，非政府部门的规模就越小。[①]

韦斯布罗德的理论开创了经济学解释非政府组织的先河。但由于他的理论采用的是剩余分析的策略，还存在诸多值得商榷的地方。例如，韦斯布罗德通过论证政府和市场在提供公共物品方面的局限性，从功能上证明了非政府组织存在的必要性，而没有对其为什么能够提供公共物品、它的组织特性是什么等重要问题作出分析。非政府组织自身的组织特点和运作方式在韦斯布罗德的理论中仍然是一个"黑箱"。

（二）合约失灵理论（Contract Failure Theory）

"合约失灵理论"，通常又称"市场失灵理论"，是由美国法律经济学家亨利·汉斯曼（Henry Hansmann）提出的。所谓"合约失灵"是指，由于消费者

---

① Weisbrod, Burton, 1974, *Toward a Theory of the Voluntary Non-profit sector in Three-sector Economy*, In E. Phelps. Eds., Altruism Morality and Economic Theory, New York：Russel Sage.

与生产者在产品和服务的质量上存在着明显的信息不对称，消费者无法准确判断厂商承诺提供的商品或服务，这就使得他们往往在起初不能达成最优的契约，即使契约达成，也很难实施契约，难以防止生产者坑害消费者的机会主义行为。

汉斯曼指出，在提供复杂的个人服务、服务的购买者和消费者分离、存在价格歧视和不完全贷款市场、提供公共物品等制度条件下，都会出现"合约失灵"现象。如果这类商品或服务由非营利性的非政府组织来提供，生产者的欺诈行为就会少得多。这是因为非政府组织受到了"非分配约束"，即不能把获得的净收入，分配给对该组织实施控制的个人，包括组织成员、管理人员、理事等。净收入必须得以保留，完全用于组织的进一步发展。①

在汉斯曼看来，"非分配约束"是非政府组织区别于营利性组织的最重要特征。这个特征使得非政府组织在提供信息不对称的商品和服务时，尽管有能力去提高价格或降低产品质量，而且不用担心消费者的报复，但他们仍然不会去损害消费者的利益。由于他们所获得的利润不能参与分配，这在很大程度上抑制了生产者实施机会主义行为的动机，从而维护了消费者的利益。非政府组织的"非分配约束"，实际上是在市场可能出现"合约失灵"时，对生产者机会主义行为的另一种有力的制度约束。汉斯曼提出的合约失灵理论想要解释的是，为什么有些物品要由非营利性和非政府性的民间组织来提供。他更多地关注非营利组织与营利性组织的区别，而没有对政府与非政府组织之间的关系作出专门论述。

二 政治学视角：第三方管理理论、依存理论

（一）第三方管理理论（The Third-party Government Theory）

第三方管理理论是由美国公共政策学者、非政府组织研究专家莱斯特·萨

---

① Hansmann, Henry, 1980（89）, *The Role of Nonprofit Enterprise*, Yale Law Journal, pp. 835 – 901.

拉蒙（L. M. Salamon）提出的。他认为，非营利部门研究中的市场失灵、政府失灵和合约失灵理论在对美国的社会现实进行解释时都存在着某种程度的局限性。因此，重新构建更具解释力的理论是非常必要的，于是就出现了第三方管理理论。

在萨拉蒙看来，福利国家理论对于美国来说是不适用的，因为这种理论没有区分作为"资金和指导的提供者"（a provider of fund and direction）的政府和"服务递送者"（a deliver of services）的政府这两种角色。与传统理论中描述的庞大的官僚体系不同，美国联邦政府主要是作为资金和指导提供者的角色出现的。在提供具体的社会服务的时候，联邦政府更多地依靠大量的第三方机构——州、市、县、大学、医院、行业协会以及非营利组织。联邦政府通过这些第三方机构来实施政府功能，于是出现了"第三方管理"模式。在这种治理体系中，政府与第三方机构分享在公共基金支出和公共权威运用上的处理权（discretion）。联邦政府在福利项目提供中更多的是充任管理的功能，而把相当程度的处理权留给了非政府部门。这种政府行动的方式反映了美国政治思想中，对于公共服务的社会需求与对政府机构的敌意之间的矛盾，而第三方管理模式的出现实际上是对这种矛盾的调和：一方面，政府在公共福利提供中的作用得到了增强，这主要表现在为公共福利服务提供更多的资金；另一方面，又避免了一个不符合美国治理传统的、庞大的政府官僚机构的出现。①

萨拉蒙采用了与韦斯布罗德截然不同的分析逻辑。韦斯布罗德更多的是把非政府组织看做政府失灵和市场失灵之后的替代性衍生物。而萨拉蒙则认为，非政府组织是先于政府（国家）出现的，非政府组织的根源可以上溯到几千

---

① Salamon，L. M.，*Rethinking Public Management*：*Third-party Government and the Changing Forms of Government Action*，Public Policy. 1981，29（3），pp. 255－275.

年以前。同时，萨拉蒙关注到了政府和非政府组织各自的组织特点和运行方式，以及它们的局限性，提出正是由于两者在资金来源、运行方式、组织成本等方面的优劣互补，才使得政府与非政府组织之间建立起了伙伴关系，也即"志愿失灵"说①。"志愿失灵"理论的核心是，非政府组织不是第二位于政府和市场的，不是它们的派生物，而是在"市场失灵"情形下公共需求的最基本反应方式，在许多领域，非政府组织不是滞后性的，它们实际上占据着领导性地位，并形成了与政府间的互动合作模式。②

（二）依存理论（Collaborative-partnership Theory）

依存理论是由罗伯特·伍思努（Robert Wuthnow）提出的。他认为，政府、市场、志愿部门（即非政府组织）相互依赖。在概念上，这三个部门之间的关系看起来比较清楚，但在实践中，政府、市场和志愿部门的关系正变得日益模糊。在政府与市场之间，由于政府和商业部门在科学技术方面的共同投资以及政府以管制、税收等方式介入市场，彼此之间的界限已经很难分清了。在政府和志愿部门之间，由于政府把一些福利项目承包给非政府的志愿组织，并为它们提供资金，政府与非政府部门之间的项目合作也模糊了彼此的界限。在很多情形下，复杂的组织计划把营利性活动与非营利性活动置于同样的管理体制下，非政府组织与市场的关系也很难分清了。不同社会中这三个部门重叠的程度是不一样的。③

在此基础上，吉德伦（Benjamin Gidron）、克莱默和萨拉蒙等人提出了政

---

① 萨拉蒙提出"志愿失灵"可分为四种类型：慈善筹款不足、慈善的特殊性、慈善的家长式作风、慈善的的业余性。见《非营利部门的崛起》，《马克思主义与现实》2002年第3期；Lester Salamon, 1994（7-8），"The Rise of the Non-Profit Sector", Foreign Affairs, New York。
② 王名、刘培峰等：《民间组织通论》，时事出版社，2004，第34页。
③ Wuthnow, Robert. 1991, Between States and Markets：The Voluntary Sector in Comparative Perspective, N. Y.：Princeton University Press. pp. 5-25.

府—非营利组织关系的类型学理论，将政府与非政府组织之间的关系具体概括为四种基本模式：第一，政府支配模式（Government-dominant Model）；第二，非政府部门支配模式（Third-sector-dominant Model）；第三，双重模式（Dual Model），是处于政府支配模式和非政府部门支配模式之间的一种模式；第四，合作模式（Collaborative Model）。在合作模式中，由政府和非政府部门共同开展公共服务，但它们不是分离的工作。合作模式包括两种方式：一种是"合作的供应者"模式（Collaborative-vendor Model），在这个模式中，非政府组织仅仅是作为政府项目管理的代理人出现时，拥有较少的处理权或讨价还价的权力；另一种是"合作伙伴关系"模式（Collaborative-partnership Model），在这个模式中，非政府组织拥有大量的自治和决策的权利，在项目管理上也更有发言权。①

除了上述主流理论之外，还有一些学者从其他的视角，解释和进一步论证了非政府组织的存在和发展。例如，公共产品提供主体的多元化理论（多元主义理论）②、政府治理理论③、资源交换理论④、公共池塘资源治理理论⑤等。

---

① Gidron, Benjamin, Kramer, Ralph & Salamon, L. M. , 1992, *Government and The Third Sector*, San Francisco, Jossey-Bass Publishers.

② James M. Buchanan, *An Economic Theory of Clubs*, Economics, 32 (February), 1965, pp. 1 – 14; James G. March and Johan P. Olsen, *Rediscovering Institutions*: *The Organizational Basis of Politics*, New York; The Free Press, 1989.

③ 〔美〕查尔斯·沃尔夫：《市场或政府——权衡两种不完善的选择》，谢旭译，中国发展出版社，1994，第 132 页；〔英〕鲍勃·杰索普：《治理的兴起及其失败的风险：以经济发展为例的论述》，《国际社会科学》1999 年第 1 期。

④ 刘丽雯：《非营利组织：协调合作的社会福利服务》，台北，双叶书廊有限公司，2006，第 29 ~ 32 页。

⑤ 2009 年 12 月，美国印第安纳大学教授埃莉诺·奥斯特罗姆（Elinor Ostrom），以其在经济管理分析，特别是在公共资源管理分析方面的卓越贡献，成为历史上第一位女性诺贝尔经济学获得者。所谓公共池塘资源，亦即公共财产资源。她在其论著中深入地探讨了政府、市场、自主管理这三种公共资源治理模式的利与弊以及适用条件，首次系统地阐释了自主治理的集体行动逻辑，提出了克服集体行动困境的理论架构。

三　社会学视角：公民社会理论（Civil Society Theory）

公民社会理论是在国家与社会的理论框架下研究非政府组织的一种理论。civil society 一词在国内有着几种不同的译法，每种翻译都体现了译者对这个词的不同理解。有"公民社会""市民社会""民间社会"等三种常见的译名。从 civil society 的本源来看，它是一个完全源于西方的极富包容性和开放性而内涵不断变化的概念，在漫长的历史演变过程中被赋予了丰富的，甚至可以说是不同的意蕴。

其中具有代表性的是"马克思的公（市）民社会理论""自由主义的公民社会理论""后马克思主义公民理论"[①]"国家主义公民社会理论""无政府主义的公民社会理论"[②] 等。而马克思把"市民社会"看做是生产力发展的产物，商品经济的对应物，看做是置于个人和国家之间，对私人利益和普遍利益起调和作用的"中介物"。[③] 正是在这个意义上，马克思的"市民社会"理论显示出了重要的现代意义，有助于从社会学视野中来理解公民社会理论对非政府组织的影响。

"公民社会"理念的兴起，可以看作是对国家权力主导下政治社会缺陷的反思，是对公民自组织在社会生活和经济发展中作用的肯定。公民社会倡导生活方式、利益追求与社会文化的多样性发展；强调公众的社会参与，以及参与机会的均等；倡导社会组织、公民团体的地位平等；强调公民社会与政府合

---

① 童世骏：《"社会主义今天意味着什么？"——1989 年以后西方左翼人士的社会主义观》，载华东师范大学当代中国马克思主义研究中心《社会主义发展的历史进程研究》，上海人民出版社，2001。
② 俞可平：《马克思的市民社会理论及其历史地位》，《中国社会科学》1993 年第 4 期。
③ 王岩：《马克思的"市民社会"思想探析——兼论"市民社会"理论的现代意义》，《江海学刊》2000 年第 4 期。

作，共同致力于社会经济发展。调研证明，公民社会部门，是一支相当强的经济力量。① "公民社会"理论为"非政府组织""非营利组织"参与社会发展提供了重要的合法性支持。

从社会学角度观察，非政府组织是公民社会的组织化形式。公民社会要行动、要表达自己意愿的时候，就可以通过这一途径来完成。但是，社会体系又可以在建立正式组织之前，仅凭借着社会本身的非正式关系解决问题。社区、家族、关系网络等，这些在长期生活中缓慢形成的文化模式，反映了社区在解决公共事务过程中自然形成的文化作用。在社区足够强大时，不仅社区可以内在地解决公共事务，而且可以完全不需要专门化的制度规则，只是随着社区成分减弱（如异质性增加），才会出现一部分人专门或部分时间用来帮助、协商人们的合作，并监督执行。

社团的兴起又与社会基础文化背景有关。在像美国这样的文化背景下，社团是基于个体主义而建立起来的，由个体主义而进入联合形式的社团需要有一些社会深层的原因，而根据法国学者托克维尔对美国的研究，这一原因在于人们解决个人状态下的无权感、增进解决集体事务的能力。此外，宗教价值在其中起着一个极为重要的作用。但无论什么原因，在这种文化中，集体和公共事务的解决需要从个体层次向正式组织层次发生一个质变。②

根据麦克尔·爱德华兹及王名等学者的论述，非政府组织在社会学视角中的重要意义，主要表现在三个方面。其一，它在为社会提供公共利益的同时，也为人们提供了首创性的、自主性的、公共而相互联结的、有个性的行动，并

---

① 莱斯特·萨拉蒙等：《全球公民社会——非营利部门国际指数》，陈一梅等译，北京大学出版社，2007，第62页；莱斯特·萨拉蒙等：《全球公民社会——非营利部门视界》，贾西津等译，社会科学文献出版社，2002，第8~25页。
② 〔法〕托克维尔：《论美国的民主》，董果良译，商务印书馆，1988。

相应培养了人们这些方面的能力，增强了社会资本的储量，也就是反映了社会的自主性与由此所对应的社会资本。其二，它的活动强化了社会纽带。非政府组织为人们提供沟通、交流的场所，而沟通将促进人际纽带的产生，进而可以促进更为广泛的良性社会行为。其三，公民社会本身就是目的。非政府组织与公民社会其他各组织找到了自己的真正使命与归宿，这里不是强调竞争及效率，也不是关注利益冲突、权力抗衡，而是关注人们本原的生活，关注社会纽带的建设、信任与互惠基础的产生，关注对需要者提供的慈善服务及自己的事情自己治理的自信和能力。在良好运行的公民社会中，人们在平等的参与及自我治理中所感受到的自主性、创造性、合作的能力和认同感等，是极为珍贵的人生经历。因此，可以这样说，非政府组织与志愿领域本身就是目的。

总之，公民社会的功能有以下三点：一是执行公共与准公共职能，社团直接地或辅助性地提供社区服务；二是公民社会作为社会公众的利益代表，有时也执行抗争国家的功能；三是公民社会团体在改善公民技巧与态度方面起着关键作用，这对建立参与式民主至关重要。简而言之，非政府组织是社会价值的捍卫者，公共服务的提供者，社会政策的倡导者及社会资本的建设者。[①]

四　发展人类学视角：参与式发展理论（Participant Development Theory）

关于参与式发展理论在绪论中已有所涉及，这里主要是从人类学视角探讨与其紧密相连的理论基础。

---

① 王名、刘培峰等：《民间组织通论》，时事出版社，2004，第 50 页；麦克尔·爱德华兹（Michael Edwards）：《公民社会》（2004 年由 Polity Press 出版，该书为目前关于公民社会集大成之作，该书由陈一梅翻译，连续登载在《中国非营利评论》第 2 卷至第 4 卷，2008 年 7 月至 2009 年 6 月）。

第二次世界大战结束后，回应广大新独立国家追求发展的要求，产生了所谓发展理论。但是，这种发展模式从一开始就不是完全内生的，而是对发达国家已有模式的"复制"。此后，在第三世界的发展实践中，这一发展模式引发了一系列复杂的社会、经济问题，如文化冲突、通货膨胀、经济结构的失衡、失业、分配不公、都市畸形发展、社会两极分化、弱势群体大量存在，等等。针对这些危机，通过对传统发展模式的反思，自 20 世纪 70 年代（尤其是 90 年代）以来，发展人类学提出了新的发展理论，即"参与式发展"理论。由于其本身就是在发展中国家的农村发展实践中逐步形成的，因而具有很强的应用性和可操作性。

周大鸣教授等学者认为，"参与式发展"理论的根本原则是"以人为先""文化优先"。它特别强调要重新对穷人和妇女（即所谓的"社会弱势群体"）的知识、技能和能力予以公正的认识，对造成贫困和欠发达的经济、社会、政治、文化和环境等方面的原因进行全面的评估，以便让目标群体（即受益人）全面参与到发展项目和发展活动的规划、实施、监测与评价过程中。"参与式发展"理论的核心是"赋权"（Empowerment），即对参与和决策发展援助活动全过程的权力进行再分配，简言之，就是增加穷人与妇女在发展活动中的发言权和决策权，强调发展的参与性，强调对弱势群体的关注和赋权，并将参与性作为项目评估的一个重要指标。①

参与式发展应用的特点是把发展看作一个过程，以过程而不是以结果为导向。"参与式方法的应用，既强调产出，更强调过程。也就是说参与式方法给了非决策主流群众一个发言的机会，创造了一种民主和平等的

---

① 周大鸣、秦红增：《人类学视野中的文化冲突及其消解方式》，《民族研究》2002 年第 4 期。

气氛。"① 只要过程的第一步都做得很好，那结果也必定是较理想的。目前，参与式发展项目的领域也逐步扩大，从农业、林业发展到农村能源、卫生保健、妇女、供水、教育等领域，从纯粹的自然保护拓展到生产和保护相结合，从单一目标扩展到综合发展，从农村发展项目向城镇发展项目扩展，内容日益丰富，形式也更加多样化。如今以"赋权"为核心的参与式发展，又发展为以"权利为基础的发展"（Rights-Based Approaches to Development）。② 这是参与式发展的进一步深化，权利和发展互相依存，互相促进；权利的明确、实施与实现是发展的动力、保证和目标，而发展又促进了对权利的认识，促成了权利实现的条件、手段和途径，是辩证统一的关系。

参与式发展理论与人类学有密切的关联性。受相对文化论和结构功能主义等影响比较大。人类学强调整体观和相对论及参与式调查；强调自然万物都是平等的，都有不可剥夺的生存和发展权；万事万物是息息相关，相互整合，也即所谓"世界和谐"观：人与自然、人与人、人与自我三个层面的和谐，形成宇宙整体观。这为"参与式发展"奠定了理论基础。

文化相对论（Cultural Relativism），是由美国人类学家博厄斯（1858~1942）及其追随者所提倡的一种人类学理论观点，有时也称"文化决定论"。他们在各自著作中都采用历史特殊论的研究方法，强调每种文化都具有独特的面貌，都为自己的群体服务，皆有价值，但一切文化的价值都是相对的，对该群体所起的作用也是相对的，都应该用它所属的价值体系加以评价，以此来矫正 19 世纪进化论所主张的"普遍进化论"（即认为有一个对一切社会都适用

---

① 李小云主编《谁是农村发展的主体？》，中国农业出版社，1999，第 61 页。
② 20 世纪 90 年代中期，联合国开始倡导以"权利为基础的发展"，将人的权利作为发展的途径和目标，并规定了以促进和尊重人权作为发展援助的要素。

的标准）；主张各民族文化的价值是平等的，不可用高低等级进行划分；提出文化区理论及文化区分析法。①

　　功能主义（Functionalism），后又称"功能结构论"。在社会科学领域，用在社会文化系统中运转的功能，来解释社会文化制度、关系及行为的理论或模式。当代人类学中的功能主义是与英国人类学家马林诺夫斯基（1884～1942）的名字联系在一起的。其主张对现存的任何风俗、社会制度或社会关系，都应该通过其功能来解释，亦即考察它如何满足人类的需要。② 与他同时期的拉德克利夫—布朗（1881～1955）和福蒂斯等人则倡导结构功能主义，主张从复杂混乱的文化现象中寻找一种不为一般人意识到的结构，通过各种途经了解其所起的功能。在田野调查中，他们皆主张"参与观察调查"，强调实地调查、参与观察的重要性。布朗基本接受了法国社会学家杜尔干（1858～1917）的"社会整体观"，主张人类学的任务就是要寻找规律性，分析文化间的整合关系，找出其中的通则，以便为在现实中应用这些规律、通则做好准备。"功能方法的目的就是发现一般规律，然后根据这些被发现的规律，来解释任何文化的任何具体要素。"他又说："新人类学把任何存续的文化都看成是一个整合的统一体或系统，在这个统一体或系统中，每个元素都有与整体相联系的确定的功能。"③ 而今整体观成为人类学研究社会文化，把握人类未来的最基本的精神和准则。不过，近年有些学者也指出功能主义理论过分强调均衡和整合，而忽略了冲突和解体，过分强调"参与观察调查"的科学性，而陷入主观片

---

①　〔美〕波亚士：《人类学与现代生活》（1928），杨成志译述，商务印书馆，1985，第148页；〔美〕博厄斯《原始人的心智》（1911），项龙、王星译，国际文化出版公司，1989。

②　Malinowski, Bronislaw Kaspar. 1922, Argonauts of the Western Pacific, London；〔英〕马凌诺斯基：《西太平洋的航海者》，梁永佳、李绍明译，华夏出版社，2001；〔英〕马林诺夫斯基：《文化论》，费孝通译，中国民间文艺出版社，1987。

③　〔英〕拉德克利夫—布朗：《社会人类学方法》，夏建中译，华夏出版社，2002，第32、60页。

面。此后好多人类学家又提出新文化认知方法，如语言人类学家派克提出了主客位的描写理论，文化人类学家马尔文·哈里斯的主位、客位研究法等。20世纪70年代，格尔茨（吉尔兹）提出解释人类学，主张用"深度描写"及"地方性知识"来认识文化，"从本地人的观点出发"来解释本地人（被研究者）的文化。①

无论是博厄斯的"文化相对论"，还是马林诺夫斯基的"功能结构论"和布朗的"结构功能论"，或格尔茨的"地方性知识"，其所着力追求的正是文化的深层蕴涵。"参与式发展"所遵循的认识准则与此是相一致的。其理论也贯穿了文化相对的原则，把发展看做是所有主体之事，即"全员参与"，充分体现了其整体的宇宙观。参与式发展是一种自下而上的发展路子，关注的是所有受益人。因而，在项目的决策、评估、实施、管理的过程中，都充分考虑到受益者的意见或建议，把受益人的家庭、经济、政治、文化等各方面的信息作为根本依据。同时，它把乡土知识与创新"作为一个重要方面纳入自己的理论体系"②。参与式发展理论的"另一个重要的方面，是使当地群众在他们熟悉的环境中能够充分地把自己的知识及技能运用到发展活动中去"③。

而在此整个过程中，非政府组织发挥的作用越来越大，成为执行各项目的生力军，这也是由其特性所决定的。"非政府组织"由公众创办，具有自治性，依靠的社会资本具有非营利性，服务于弱势社群具有公益性，强调公

---

① 〔美〕克利福德·吉尔兹：《地方性知识——阐释人类学论文集》，王海龙、张家瑄译，中央编译出版社，2000，第19页；〔美〕克利福德·格尔茨：《文化的解释》，上海人民出版社，1999。

② 周大鸣、秦红增：《参与式社会评估——在倾听中求得决策》，中山大学出版社，2005，第35页。

③ 叶敬忠、王伊欢：《发展项目中"发展"与"参与"的概念》，载《参与式方法在发展项目中的应用研讨会论文集》，2001。

众参与和志愿性等特性，代表了一种不同于政府，又区别于市场的机制，更使其成为在政府与市场之外的越来越受关注的社会力量。它以公众利益为出发点倡导的"参与式发展"和"助人自助"理念，更体现了"公民社会"的逐渐成熟。从某种意义上讲，各种各样的农村或城镇社会的非政府组织就是实现参与式发展的载体，而参与式发展也成为非政府组织兴起及存在的理论基础之一。

总之，参与式发展是遵循人类学关于整体观、相对论、功能结构等观念，建立在"平等协商"的基础上，并且对目标群体，即非政府组织和弱势群体进行"赋权"。在参与式发展过程中，大大促进了非政府组织成员间的社会交往及联系，并加强了非政府组织的社会基础，对非政府组织可持续发展及能力建设都具有重要意义。

第四节　非政府组织一般特性及基本分类

一　非政府组织的一般特性

非政府组织的一般特性，莱斯特·萨拉蒙、赫尔穆特·安海尔、沃尔夫、邓国胜、王名等中外学者都曾有详细论述。[①] 在此，笔者拟在前辈总结的基础上，做一概述。非政府组织的主要特性可归纳为非营利性、自主性、志愿性和公益性几个方面。（1）非营利性。非政府组织不以营利为目的，它的存在主要是为了相互服务、公共服务或倡导和支持某种公共事业。非政府组织并非

---

① 邓国胜：《非营利组织评估》，社会科学文献出版社，2001，第3页；王名编著《非营利组织管理概论》，中国人民大学出版社，2010，第2页；马庆钰主编《非政府组织管理教程》，中共中央党校出版社，2005，第8~12页。

不能进行某些盈利性经营活动，但经营活动不是其主要业务，经营的目的是为了扶助其所从事的公益事业的发展。另外，非政府组织不能进行剩余收入的分配，也绝不能将组织的资产以任何形式转变为私人所有。（2）自主性。非政府组织的自主性主要体现在非政党立场、非政府立场以及组织自治三个方面。非政府组织有独立的价值导向、独立的人事、独立的财政、独立的章程、独立的规划、独立的决策管理机制等。（3）志愿性。组织成员的强烈使命感是非政府组织的精神支柱。成员的自觉性，对组织的归属感、使命感使他们对组织的事业倾心付出，无怨无悔。志愿者及社会捐赠是非政府组织的主要社会资源。志愿者是志愿精神的人格化，在"利他"和"奉献"等人生观指导下，志愿者们为了公益事业而无偿工作，这成为非政府组织得以生存与发展的人力资本条件（或人力资源）。（4）公益性。非政府组织是一种服务性组织。大多数非政府组织的活动与慈善事业、社会救助、环境、人口、教育等问题有关，主要服务对象是被主流社会所忽视或排斥的边缘性社会群体。

二　非政府组织基本分类

非政府组织是一个庞杂的社会组织体系。有关分类在国际上是个颇有争议的问题。目前，对非政府组织的分类尚无统一的标准。

（一）萨拉蒙分类法

最早为非政府组织进行专门分类尝试的，应当说是约翰·霍普金斯大学的莱斯特·萨拉蒙和赫尔穆特·安海尔领导的公民社会研究中心课题组。1997 年，他们在对全球范围内非政府组织的比较研究项目（CNP）中，形成了"非营利组织国际分类体系"（the International Classification of Non - profit Organizations, ICNPO）。其依据标准是：活动领域、活动范围、活动方式、活动对象或受益者。按照这一分类体系，世界上所有国家和地区的非政府组织可以被划分为12 大类 26 个小类。①

第一类是文化与娱乐，包括文化与艺术、娱乐、服务性俱乐部；第二类是教育与研究，包括中小学教育、高等教育、其他教育、研究；第三类是卫生，包括医院与康复、护理（诊所）、精神卫生与危机防范、其他保健服务；第四类是社会服务，包括社会服务提供、紧急情况救援、社会贫困帮助；第五类是环境，包括环境保护、动物保护；第六类是发展与住房，包括经济、社会与社区发展，住房事务，就业与职业培训；第七类是法律与政治，包括民权促进组织、治安与法律服务、政治组织；第八类是慈善中介与志愿行为鼓动；第九类是国际性活动；第十类是宗教活动与组织；第十一类是商会与专业协会、学会；第十二类是其他非政府组织（见表 3 - 2）。②

表 3 - 2　萨拉蒙教授课题组的非营利组织国际分类法

编号	大类型	小类型
1	文化与娱乐	文化与艺术
		娱乐
		服务性俱乐部
2	教育与研究	中小学教育
		高等教育
		其他教育
		研究
3	卫　生	医院与康复
		护理（诊所）
		精神卫生与危病防范
		其他保健服务

① 邓国胜：《非营利组织评估》，社会科学文献出版社，2001，第 5 页；马庆钰认为是 12 大类27 分类（《中国非政府组织发展与管理》，国家行政学院出版社，2007，第 16 页）。
② 莱斯特·萨拉蒙等：《全球公民社会——非营利部门国际指数》，陈一梅等译校，北京大学出版社，2007，第 14~15 页，第 378~485 页。

编号	大类型	小类型
4	社会服务	社会服务提供
		紧急情况救援
		社会贫困帮助
5	环　境	环境保护
		动物保护
6	发展与住房	经济、社会与社区发展
		住房事务
		就业与职业培训
7	法律与政治	民权促进组织
		治安与法律服务
		政治组织
8	慈善中介与志愿行为鼓动	慈善组织
9	国际性活动	国际性活动
10	宗教活动与组织	宗教组织
11	商会与专业协会、学会	商会与专业协会、学会（一作工会）
12	其他非政府组织	其他组织

（二）美国通常分类法

另一种常见的分类，是按照服务对象来划分，分为公益性民间组织和互益性民间组织，其中互益性民间组织也被称为会员型组织。互益性（会员型）组织存在的主要目的是为其成员提供服务，维护其成员的共同利益或追求共同兴趣的实现，如律师协会、各种商会、工会等。公益性组织，顾名思义，其存在的主要目的是提供公共服务，服务的对象不是本组织的成员，而是社会大众。公益性民间组织因其服务的公共性而受到人们的称赞和欢迎。在许多普通百姓的眼中，非政府组织就应该指这类公益性组织。在美国，一般采取这种分类方法。据估计，20世纪90年代中期，美国各类非政府组织有110多万个，

其中会员性组织约 39 万个。学者王绍光将美国的非政府组织依据服务对象的
特定与否作了分类和统计（见图 3 – 1）。①

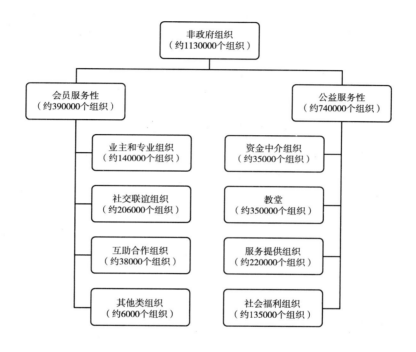

图 3 – 1　美国非营利组织分类统计

但学者徐彤武认为美国的非政府组织通常被称为"非营利组织"，其中大
多数享有联邦政府规定的免税地位。近年全美各种非营利组织的总数至少有
200 万个。按照"事业结合利益"的思路，可将其划分为四个群体——"经济
利益群体""公民权益群体""公益慈善群体""国际事务群体"。另外，按免
税情况来分，又分为"正式享有联邦免税待遇的组织"，即免税部门，据联邦
税务局组织司 2008 年 11 月发表的年度报告，美国全国享有联邦免税待遇的组

---

①　王绍光：《多元与统一——第三部门国际比较研究》，浙江人民出版社，1999。

织大约有180万个，它们拥有的总资产超过3.4万亿美元，雇用工作人员达到940万人，约占美国总就业人数的7.2%。① 另一部分非营利组织是非免税部门的组织，有20万~30万个。②

（三）我国各种分类法

在我国，关于非政府组织的分类也有诸多不同的观点。一是官方的分类，二是国内学者提出的各种分类标准。在官方的文件中，作为政府主管部门的民政部将纳入其管理的非政府组织（民间组织）分为三大类别：一是社会团体，二是所谓的民办非企业单位，三是各类公益性基金会。③ 根据民政部提供的最新资料显示，截至2009年，我国经合法程序登记注册的县以上各级各类社团共约43.1万个，其中社会团体23.9万余个，民办非企业单位19万余个，基金会1843个。④ 邓国胜、王名等学者认为考虑到中国社会转型期的特殊历史背景，特别是绝大多数非政府组织的产生都与政府自上而下推行的改革有关。按其产生与政府的关系，有必要区分两种类型的非政府组织："自上而下的非政府组织"和"自下而上的非政府组织"。前者是指那些由政府扶植成立并且直接或间接受到政府各种特殊的资助、支持以及控制或支配的非政府组织，在它们开展活动和运营管理等许多方面，既得到来自政府的种种特殊照顾，又受到来自政府的支配和控制，他们的主要资源，包括资金、人才、信息等，主要是通过自上而下的渠道获得的；后者主要是指那些由民间人士自发成立并自主开展活

---

① Internal Revenue Service, United States Department of the Treasury, *Letter from the Director*, EO Annual Report and FY 2009 Work Plan, p. 1.
② 参见徐彤武《美国民间组织：身份、事业和运行环境》载于黄晓勇主编《中国民间组织报告》（2009~2010），社会科学文献出版社，2009，第193~198页。
③ 参见国务院1998年发布施行的《社会团体登记管理条例》《民办非企业单位登记管理暂行条例》，以及2004年颁布的《基金会管理条例》，http://www.mca.gov.cn/policy/index.asp。
④ 《民政事业发展统计报表》，中国民间网，2009。

动的非政府组织，它们一般得不到政府的特殊照顾，相应地也没有受到政府的控制或支配，通常作为草根组织与一般市民保持密切的联系，其主要的资源，包括资金、信息、志愿者等，主要是通过自下而上的渠道获得的，其中的一部分来自普通民众，一部分来自国际社会的各种资助机构。① 据王名教授等调查估计，中国 NGO 的总量约 300 万个，其中在工商部门登记的非营利组织约 15 万个，城市社区群团组织约 40 万个，农村基层民间组织约 170 万个，境外在华 NGO 约 1 万个，其他新型社群约 10 万个。此外，还有大量单位内部社团，免予登记的人民团体及其附设单位，未采取民办非企业单位登记的各种民办机构，以及未登记的宗教社团，等等。②

学者贾西津根据民间组织的法定目的，将社会团体分成会员互益型组织、运作型组织和会员公益型组织。③ 有的学者则根据非政府组织与政府的关系，将其分为官办、半官办和民办三种；有的根据对非政府组织的管理形式，将它们分成有业务主管单位、无业务主管单位和业务主管单位不明确三类；有的根据是否实行会员制，将其分为会员制和非会员制两类；有的根据其组织结构的松紧程序，将其分为松散型、紧密型、金字塔型、网络型等；④ 有的学者从提供机制上，将其分为社会公益型、客观公益型和制度公益型；有的学者从社会公益内容上将其分为公共物品型、慈善型、维权型、价值型、外部性型。⑤

在借鉴国际类似组织的分类标准和综合考虑国内特殊发展背景的基础上，王名、贾西津教授提议，从长远看，可以借鉴美国的做法，将中国的非政府组

---

① 王名：《中国的非政府公共部门》（上），《中国行政管理》2001 年第 5 期；邓国胜：《两种NGO：此要发展彼要改革》，《中国社会报》2004 年 5 月 26 日。

② 王名：《中国 NGO 的发展现状及其政策分析》，《公共管理评论》2007 年第 6 卷。

③ 贾西津：《第三次改革——中国非营利部门战略研究》，清华大学出版社，2005。

④ 万江红、张翠娥：《近十年我国民间组织研究综述》，《江汉论坛》2004 年第 8 期。

⑤ 陶传进：《社会公益供给》，清华大学出版社，2005，第 178～179 页。

织或民间组织分为人民团体、转型中的事业单位、会员制互益型组织、公益型
组织、未登记或转登记团体五大类（见图3－2）。①

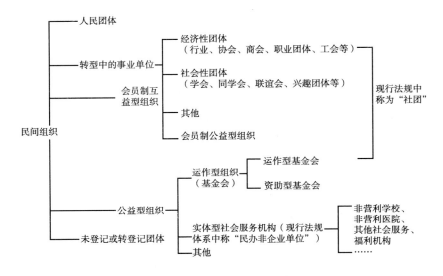

图3－2　中国民间组织的基本分类

　　有的学者则依据活动范围、活动领域及与政府关系等角度来分类。（1）从
活动的范围看，有社区或乡村的地方性的非政府组织，全国性的非政府组织，
从事跨国活动的国际非政府组织，松散的当地小组织，组织发达、覆盖面广的
全球性网络。（2）从活动的领域看，可分为致力于单一问题的专门性组织
（如环境非政府组织、人权非政府组织、妇女非政府组织）和全面从事社会经
济发展活动的综合性非政府组织。（3）从与政府的关系来看，可分为政府拥
有的非政府组织（GONGO），也即"半非政府组织"；准政府的非营利机构
（QUANGO），也即"真正的非政府组织"两大类。（4）从非政府组织的支持
者和资助者的角度看，可分为四类：第一，政府组织的非政府组织（是由国

---

　　①　王名、贾西津：《中国 NGO 的发展分析》，《管理世界》2002 年第 8 期。

家支持的，以从事政府指导的活动）；第二，资助机构组织的非政府组织（是由多边和双边的资助机构，以及民间志愿组织等支持的非政府组织）；第三，自治的或独立的非政府组织（是自我指导的组织，力求在组织和资金上实行自立，这类非政府组织从事包括社会团体和社区等一些利益群体的活动）；第四，国际组织支持的非政府组织。①

　　笔者倾向于根据法律体系框架，结合社会现实，将非政府组织分成法定非政府组织、草根非政府组织、未定型非政府组织三种表现形式，并列图如下（见图 3－3）。②

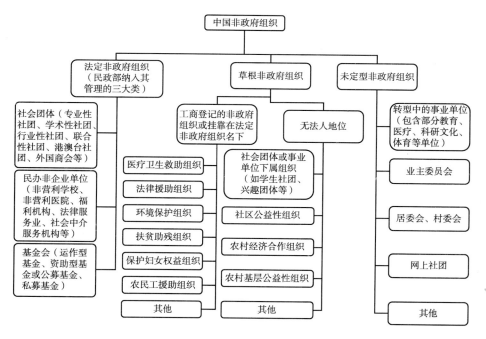

图 3－3　法律框架内中国非政府组织基本类型

①　赵黎青：《从比较的角度看非政府组织、改革和社会转型》，载赵黎青等主编《非营利部门与中国发展》，香港社会科学出版社，2001，第 73 页。
②　参见刘春湘《非营利组织治理结构》，中南大学出版社，2007。

　　总之，在全球结构革命的大潮中，活跃着难以计数的非政府组织。它们在名称、规模、性质、行为方式、资金来源、活动范围、与政府的关系等方面，千差万别，极其复杂。以上仅是对非政府组织作粗线条的分类，以便有助于加深对其认识和理解，但对非政府组织的分类仍是久远未解决的问题，需要继续加以探索。

第四章 | **参与及互动：草根非政府组织社会功能**

——以瓷娃娃关怀协会为例

非政府组织的作用和功能是多方面的，不同类型的非政府组织，有着不同的功能。本章拟在文化模式中有关道德行为理论及文化人类学"参与式发展"的理论框架下，结合实例，对草根非政府组织的社会功能进行研究。不过，在以瓷娃娃关怀协会为例，探讨草根非政府组织扶助弱势群体的社会功能之前，笔者首先要对非政府组织的一般功能略作论述。

第一节 非政府组织的一般功能

经过20多年的发展，我国非政府组织在理论和实践方面，都取得了骄人的成绩。现从非政府组织基本理论角度，结合我国社会组织实际，并吸取詹姆斯·盖拉特、陈小春、马庆钰等中外学者的研究成果，将非政府组织在现代社会中的主要作用归纳为以下几方面。

一　扩大公共意识和理论，促进精神文明建设

非政府组织的社会功能表现在多个层面，但其中最重要的是其在以自愿求公益的实践中，对公共理论和参与意识的倡导和促进。非政府组织是公民基于共同信仰或利益而自愿结成的社团，通常代表着一般大众的非商业性集体利益，借以抗衡特定利益团体的特殊经济利益。不少非政府组织扮演着社会一般大众代言人的角色。政府部门的决策，往往对于受服务对象的需求缺少深入了解。而非政府组织的活动具有反映及汇集民意的功能，可制衡利益团体的垄断，影响公共政策的成效，使政府决策和执行过程更能顾及公共利益，让社会大众及政府察知被服务者的权利以及他们应得的公平待遇。在从事大量收容、救济、医疗、兴学、文化、社会服务活动过程中，非政府组织使慈善、博爱、团结、奉献、公正、民主、参与、批判等反映人类终极精神的理念逐步扩大，原本孤独、封闭、消极、等待的个体，在非政府组织的影响和感召下，走到一起，积极关心公共事务和参与改造社会环境，从帮助弱者到以公民的责任感来改革社会中不公平、不合理的现象。从某种意义上讲，非政府组织是扩大公民有序政治参与的重要载体。在社会历史的发展中，非政府组织以自己的独特追求和表现，在潜移默化中培养着公民的社会公德（其核心精神是团结、平等、互助、信任、集体主义）和自治能力，这有助于建设一个公平正义、互助友爱、和谐有序和充满活力的现代社会。

二　致力参与公共服务，约束公共权力的使用，监督公共产品的质量安全

非政府组织除了在传统的慈善、文教、医疗、救助等领域提供服务外，还有一些新兴的公共服务功能，如由非政府组织与政府合作，共同推动公共物品的供应和公共事务的管理。新治理理论更强调政府、社会与市场三者之间的合

作和互动，通过调动各种力量和资源使其达到平衡，从而实现"善治"。非政府组织并不只是公共行政的顾客，更是公共服务的共同提供者，也是服务品质好坏的共同责任者。在这个过程中，非政府组织与政府以及与企业的"合作服务"的范围包括公共产品的生产和供应，这种合作之目的，不仅能够将民间"创业精神"，即"成本效益分析"带入政府服务功能中，更重要的是，民间非营利组织的"公民参与"，能够促进各方面自觉地履行公共责任，有利于减少政府"图谋私利"和"官商勾结"的机会。另外，非政府组织在约束管理者公正、公平、正当使用公共权力方面，在监督市场秩序和产品质量安全方面，也都有可圈可点的表现。非政府组织的良性发展，有利于深化行政管理体制改革，推动服务型政府建设。

三　多渠道开发资源，促进经济和社会发展

非政府组织发展，不仅有利于维护社会稳定，而且也促进了经济发展，特别是在非政府组织发动民间力量，动员社会闲置或未能利用的资源，降低生产、交易成本，增加资源利用的透明度和合理性，开拓就业机会，弥补政府用于社会发展方面资金不足等问题上，非政府组织已经成为我国经济社会发展中的一支重要力量。据统计，至 2007 年年底，全国 38 万余个非政府组织共吸纳社会各类人员就业 456.9 万人，形成固定资产总值 682 亿元，收入合计 1343.6 亿元，各类费用支出 900.2 亿元。[①] 非政府组织不仅在许多国家的社会经济中发挥着重要的作用，而且能够对全球各个层次的决策过程施加不可低估的影响，在全球的资源配置过程中发挥着不容忽视的作用。非政府组织筹集了大量的社会资源，并为实现社会公正而对社会资源进行重新分配，推进和促成资金技术

---

① 《2007 年民政事业发展统计报告（社会组织部分）》，中国社会组织网，2008。

和人力资源加快从城市向农村、从富裕地区向贫穷地区、从发达地区向不发达地区、从发达国家向发展中国家的流动，即为促进整个社会的平衡发展贡献力量。

四 提倡"参与式发展""造血式扶贫"，支持弱势和边缘群体

目前，由于西方国家福利多元主义的盛行，"公民社会"和"参与式发展"理论的迅速发展，为非政府组织提供了更大发展空间和契机。非政府组织以其特性，将被国家体制和市场体制两大社会主流体制所忽视或排斥的边缘性社会群体作为服务对象。也就是说非政府组织的服务对象主要是社会中的弱势群体，优先关注的是被市场与国家所忽视的贫穷民众。非政府组织通过生产各种公共物品来增进社会福利，帮助社会的边缘和弱势群体。在世界各国，特别是广大发展中国家，非政府组织为社会弱势群体作了大量服务性工作，并提倡从"直接救助"向"间接救助"，也就是"输血式扶贫"向"造血式扶贫"过渡。"间接救助"是指在条件许可的情况下，不直接将物资提供给弱势群体，而是将服务、信息等内容提供给弱势群体，充分发掘其潜能，做到"助人自助"，参与式发展。当然，由于经济发展水平、历史沿革和社会体制的不同，各国非政府组织在这方面所发挥的作用是有区别的。但不容置疑的是，非政府组织的使命和活动目标，一般来说都是社会公益性的，所致力于解决的问题是一些重大的社会问题。非政府组织在提供社会福利方面总是有着自己明确的定位，发挥着独特的作用，是建设和谐社会的生力军。

五 加强人际纽带，引导"社会适应"和实现自我价值

非政府组织提供的社会适应机制[①]，可有效地满足人们被接受、认同的需

---

① 通常所说的适应（adapatation）是指地球上的生物种群通过自身变化与周围环境达成协调并繁衍下去的过程。人类的适应则包括生物性适应和文化适应。参见 Daniel G. Bates, Elliot M. Franklin, *Cultural Anthropology*, Pearson Education Inc., 2003。

要。例如，在加拿大等存在着很多帮助新移民适应加拿大的生活的移民组织，给来自不同社会和文化背景的人提供一个特别的缓冲环境。非政府组织的构成，是建于有共同的信念、目标和兴趣的个人之间联系基础上的，其突出特点是自愿性。这为个人提供了充分发挥能力与潜力及自我实现的机会。在志愿性服务中，不同程度地满足了成员谋求发展，维护公共利益，加强社会纽带，追求自我价值实现的需要。从而，促进了公民社会的发展。①

总之，非政府组织在提高民众公共理念和参与意识、沟通政府与民间社会的桥梁与纽带作用、协调利益群体关系、促进社会公平及政府体制改革和职能转变、提供反映公众需求的决策咨询建议、促进环保、人文教育、扶贫助残、社会救助和危机处理、政府与市场的中介作用等方面，都发挥了其应有功能。但不同类型的非政府组织，有着不同的基本功能。本章主要研究的是以扶助弱势群体为要务的草根非政府组织，重点关注的是它们在扶贫助残、医疗卫生等公益事业中的作用。

第二节　瓷娃娃关怀协会的组织结构及开展之项目

一　瓷娃娃关怀协会的建立及组织结构

瓷娃娃关怀协会正式成立于 2008 年 5 月，是由成骨不全症（又叫脆骨病）等罕见病患者王奕鸥、黄如方共同发起创立的。在瓷娃娃关怀协会成立之前，他们从 2007 年 5 月开始，就一直通过"玻璃之城"网站、QQ 群等方式，建

---

① 詹姆斯·盖拉特：《21 世纪非营利组织管理》，邓国胜译，中国人民大学出版社，2003，第 2 ~ 3 页；陈小春：《市场经济与非营利组织研究》，湖南人民出版社，2001，第 6 ~ 8 页；马庆钰主编《非政府组织管理教程》，中共中央党校出版社，2005，第 31 ~ 35 页。

立病人交流网络，并提供医疗信息。2008 年 11 月，在医学专家的支持和病人家属的帮助下，以"瓷娃娃文化中心"的名义，正式在北京注册，全面开展工作。后改名为瓷娃娃关怀协会。协会运行伊始，只有两名全职人员，半年内搬了四次家，全部都是其他公益机构免费支持的。直至 2009 年，在北京病友家长的支持下，协会才有了自己独立的办公室。

瓷娃娃关怀协会是一个从事公益性、非营利性社会工作的民间公益组织，致力于为脆骨病及其他罕见病群体开展关怀和救助服务，以促进社会和公众对于罕见病群体的了解和尊重，消除对他们的歧视，维护该群体在医疗、教育、就业、关怀等方面的平等权益，推动有利于脆骨病等罕见病脆弱群体的社会保障相关政策出台。2009 年 8 月，在中国社会福利教育基金会名下设立"瓷娃娃罕见病关爱基金"，拓宽了资金来源。2010 年 11 月，协会获选 2010 年壹基金潜力典范工程。协会积极参加各项活动，与国内外相关非政府组织取得了广泛联系。2011 年 3 月底，协会正式获得民办非企业单位注册。注册名称为"瓷娃娃罕见病关爱中心"，其工作范围、内容与原有工作保持一致。

瓷娃娃关怀协会，可以说是一个自下而上自发成立的典型草根非政府组织。协会确立了自己的宗旨、口号、工作目标及标志。

使命：为成骨不全症等罕见病群体建立平等、受尊重的社会环境。

口号：还好，我们的爱不脆弱（Love is still strong）！

名字及寓意：瓷娃娃，寓意成骨不全症患者犹如瓷器做的娃娃一样可爱而又易碎，符合脆骨病患者的外貌和容易骨折的特征，同时英文"China-dolls"又赋予了"中国"和"瓷器"的双重含义，象征成骨不全症患者等脆弱群体是中国公民中的重要一部分（见图 4 - 1）。

工作目标：

——开展脆骨病等罕见疾病知识宣传教育；

图4－1 瓷娃娃关怀协会及瓷娃娃罕见病关爱中心标志

——开展脆骨病群体及家庭的救助工作；

——倡导社会对罕见疾病群体的关爱；

——推动患者医疗、教育、就业的可及性；

——建立罕见疾病患者和家属的交流、互助网络；

——为患者及其家庭提供法律援助；

——开展罕见疾病及人群的调查和研究；

——推动政府在罕见疾病领域政策的出台。

协会人员架构：第一，全职人员初为2～3人，现为10余人。协会负责人（包括会长及执行主任）主要负责机构管理、对外联络、筹集善款、活动策划等。根据需要下面又设宣传教育部、关怀服务部等部门主管，主要负责志愿者管理、病人沟通、热线接听、杂志创办、项目执行、宣传教育、关怀服务等。协会人员中，瓷娃娃病友占有一定比例，大多为本科学历或自学成才。此外，还建立了山东济南、天津的瓷娃娃关爱之家。

第二，志愿者150名（多时达300名），经过多次培训后分别在翻译组（笔者被分在该组）、电影沙龙组、期刊组、宣讲组、设计组、网络组、调研组，原设有天津病人服务组，现已撤销。后又在天津和山东济南成立瓷娃娃关爱之家。协会还聘请了爱心大使、机构发展顾问、医学顾问和法律顾问。设立法律援助热线、捐赠热线、心理咨询热线、E-mail、网站、博客、人人网公共主页等，以便于与患者及社会各界联系。瓷娃娃关怀协会计划将服务群体覆盖到2000个家庭，建立一个全国性的病友互助网络，持续为全国的脆骨病人提供医疗、教育、就业、关怀等领域的救助和支持，同时建立一个以"政府合作、社会支持、病人参与"为基础的良性发展模式。

二 瓷娃娃关怀协会针对成骨不全症群体开展的关怀服务工作（项目）

协会成立三年多来，围绕成骨不全症患者医疗、教育、就业、关怀四个方面，通过多种形式对成骨不全症等罕见疾病群体进行关怀、服务工作，其项目主要有以下几方面。

（一）综合信息（Info & Advice）

为病人提供综合信息是协会最基本的工作，通过瓷娃娃热线、网站、论坛、QQ群、期刊等形式，与医学专家联合向病人群体及其家属提供医疗咨询、心理支持、接收处理求助信息、远程会诊等，并形成良好的病人互助网络。目前已经直接覆盖全国各地1600余个脆骨病患者家庭。2009年11月8日，协会在北京召开瓷娃娃区域交流网络能力建设讨论会，来自国内10多个省区市的成骨不全症患者通过自荐产生了工作小组成员，他们将在各自的区域里选择性地进行医疗信息咨询、心理辅导、就业指导、教育上的帮助、法律援助和寻找同类脆骨病人等十项工作。病人自助区域网络建设，将成为协会的重点工作之一。

（二）《瓷娃娃》（*CHINA DOLLS*）

这是一份面向脆骨病病友及其家庭的综合性期刊，主要内容涉及医疗、护理和关怀、病人及家庭的交流、教育、法律以及就业保障等相关信息，并刊登一些瓷娃娃坚强生活的励志故事及协会与国内外一些非政府组织交流的情况等，是一份能真实反映脆骨病群体声音以及为脆骨病群体提供分享信息交流的民间刊物。每期都免费邮寄给病人及其家庭、公益组织、医生等相关组织和个人。该刊创刊于 2008 年 8 月，目前已出版 12 期，每期印刷 1500 本，而且在各大网站发布电子版本供更多人阅读和下载（见图 4 - 2）。《瓷娃娃》在病友中引起强烈的反响，很多人视其为良师益友。一位陕西患者说："我很喜欢《瓷娃娃》，这份期刊让我了解到了与自己病情相关的许多知识，了解到怎样锻炼和康复治疗，同时在《瓷娃娃》里学到了怎样在网上创业。"另一位山东患者看了《瓷娃娃》后感慨地说："每个瓷娃娃都有酸甜苦咸的一辈子，但却又有那么多的感人故事。"①

（三）瓷娃娃全国病人大会（National Conference for OI Patients）

瓷娃娃全国病人大会是瓷娃娃关怀协会每两年举办一届的全国性会议，"2009 特仑苏首届瓷娃娃全国病人大会"于 2009 年 11 月 7 ~ 9 日在北京隆重举办，② 共有 200 多位来自全国各地的病友及其家属参加，这是全国性的脆骨病患者的第一次聚会，在推动医疗、教育、就业、关怀等方面具有积极的作用，为脆骨病以及罕见病工作揭开了历史性的一页。

---

① 《瓷娃娃》2010 年第 10 期。
② 与会人员入住的酒店为北京燕丰饭店，举办开幕式的酒店为山西大厦（金銮酒店）。大会赞助方主要是特仑苏（蒙牛集团）及个人捐助者田女士。

图 4 - 2 《瓷娃娃》杂志样本

首届瓷娃娃全国病人大会共开了三天，气氛热烈而融洽。第一天开幕式上，中国福利教育基金会副理事长张仲、全国知名小儿骨科主治医生任秀智、美国 OIF 创始人之子 Stuart James 先生①等作了精彩发言。各界人士呼吁社会给予瓷娃娃等罕见病群体更多的关注，促进残疾人法的完善。瓷娃娃代表还向此次大会的赞助方之一，蒙牛集团颁发了"企业社会责任"证书，并对服务于大会的 40 余位志愿者及北京爱心车队表示感谢。会议期间，中外医疗专家、法律人士、相关公益机构负责人与病患及家属深入探讨医疗、教育、就业、政策法律等问题。大会还特别安排了培训、义诊、座谈、游戏及联欢等多种形式

---

① OIF，即 Osteogenesis Imperfecta Foundation 的缩写，汉译为成骨不全基金会。

的活动。例如，第一天下午即分两个会场，会场一为医学培训（主讲人为北京协和医院、天津医院医生），会场二为罕见病组织能力建设培训（主讲人为倍能组织能力建设与评估中心人员），其间还为部分病友义诊。晚餐后，继续分为两个会场进行相关活动。会场一为病人故事分享（主讲人为自强不息病友代表），会场二为罕见病组织能力培训。第二天上午，政策法律培训（主讲人为吴逢时——香港中文大学、张巍——亦能亦行残障研究所），下午，病人区域交流网络能力建设（主讲人为瓷娃娃关怀协会工作人员）；随后，会场一继续进行病人妈妈心理疏导培训（主讲人为红枫妇女发展中心工作人员）[①]，会场二为病人就业技能及就业模式探讨（主讲人为瓷娃娃关怀协会工作人员）。晚餐后继续进行病人故事分享（主讲人为自强不息病友代表）。第三天上午，去北京海洋馆参观游览，下午，病人和家属联谊茶话会。

大会期间，无论是嘉宾，或是协会工作人员、病友及家属代表，都做了热情洋溢、情真意切的发言，使听者深受感动。尤其是会长王奕鸥的致辞更是令人感动，她回顾了协会建立以来所经历的风风雨雨，并动情地说："2007 年 5 月，我们开始着手为脆骨病群体工作……2008 年 5 月，在医学专家的支持和病人家属的帮助下，瓷娃娃协会正式开始运作了。……起步时的工作远比我们想象得艰难，但每当看到一个个病急乱投医的父母，一个个因病致贫的家庭，一个个充满希望的生命时，我们心底的声音不停对自己说：坚持！"

对于这次大会，20 多家媒体进行了报道，主办方瓷娃娃关怀协会、中国社会福利教育基金会瓷娃娃罕见病关爱基金还共同出版了《首届瓷娃娃全国病人大会》特刊（见图 4 - 3）。

[①] 北京红枫妇女心理咨询服务中心，成立于 1988 年，前身为中国管理学院妇女研究所，1996 年更为现名，该中心是一个非营利性的民间妇女组织。主要依靠国内外各种公益基金和社会各界人士的捐助，向女性提供公益服务。

图 4 - 3 《首届瓷娃娃全国病人大会》特刊

第二届瓷娃娃全国病人大会于 2011 年 8 月 20 ～ 22 日在北京召开。大会邀请了来自全国 138 个瓷娃娃病友家庭（其中 30% 左右来自农村和少数民族地区），共聚首都，与到会的政府部门、法律人士、相关公益机构人士及各界专家学者一起，就自身关心的医疗、教育、就业等话题进行探讨。会议期间还推出了"奖学金计划""壹基金海洋天堂计划"① 等新项目。

（四）一对一资助（One Help One，OHO）

这是一个针对贫困家庭脆骨病儿童开展的救助项目，协会为贫困家庭找到

---

① "壹基金海洋天堂计划"，是对特殊儿童的关怀和救助，包括自闭症儿童、罕见病儿童、脑瘫儿童等各类特殊疾病的孤残儿童群体。瓷娃娃罕见病关爱中心亦是该项目的一个重要执行方。

一位爱心人士对其提供资助，资助额度为每月 100～200 元，主要用于改善受助儿童的生活、教育环境，该项目的特点是长期性、小额性，捐助款由资助方直接发放给受助家庭，从而大大增加了透明度和可信度，目前已经资助了 50 多个家庭（见附件一）。

在一对一资助中，感人心扉的故事很多，下面略举一二。

例一：皓皓，12 岁，黑龙江省鹤岗市人。骨折次数已数不清，有时一个月就会骨折两次。

在皓皓 3 岁的时候，父亲狠心地抛弃了这个家庭，至今音信全无，只因孩子患有成骨不全症。从此只能母子相依为命。皓皓的高额手术费令这个家庭无力承担，为了给孩子做大腿的第二次矫形手术，母亲毅然卖掉了唯一的房屋，筹集手术费。

皓皓学习非常努力，他的学习成绩在班里排在前十名。母亲因为要陪伴皓皓上学，长期无法工作，家里没有收入，全靠低保度日。母亲由于长期背孩子上学，导致腰椎间盘突出。这位坚强的母亲说，我只想让儿子站起来，我今年已经 40 多岁了，还能背他几年?!

2008 年 4 月在协会为其结成对子后，皓皓的妈妈说："我们母子的基本生活有了保障，孩子和资助人经常联系，她有时候在孩子做手术的时候，偷偷多打一些钱给我们。"

例二：小蕾，7 岁，湖北省麻城市人。骨折 40 多次。

小蕾每次骨折都不得不疼痛地尖叫。有时左脚的石膏还没拆，右脚就又骨折了。母亲一次次地感受那强烈的揪心之痛，那种痛真是无以名状，很多人一辈子也体会不到！可怜的母亲甚至都想到要与女儿一起离开这个世界。

因为被其他健康的孩子排斥，小蕾没有朋友，所以越来越内向，并且开始怕生人。但是小蕾却十分懂事坚强。有时候骨折了，看到自己的母亲在哭会说"我不痛，妈妈别哭"。骨折次数多了，到后来再骨折的时候小蕾会说："妈妈我不去医院，我不疼！"因为她知道去医院需要用钱。

资助人唐女士听说了"一对一资助"项目后，就积极联系协会要求参与，她曾坚定地对协会人员说："认识小蕾，希望成为一辈子的朋友！"

（五）瓷娃娃罕见病关爱基金（China-Dolls Fund for Rare Disorders）

瓷娃娃罕见病关爱基金是由瓷娃娃关怀协会于 2009 年 8 月发起，在中国社会福利教育基金会名下正式设立的，① 是为开展救助成骨不全症等罕见病患者及家庭的相关医疗救助、社会关怀服务工作而设立的专项基金，是中国第一个专门服务于罕见病群体的专项基金。

具体包括：

——开展成骨不全症等罕见病患者及其家庭在教育、医疗、心理关怀、就业等方面的救助活动；

——开展成骨不全症等罕见病知识和反歧视宣传教育等活动；

——开展成骨不全症以及罕见病领域的医学研究和医疗合作；

——组织医学专家、学者、病人等，开展成骨不全等罕见病的学术研究和交流活动。

目前正在实施的项目有"医疗救助项目""梦想支点计划""拥抱阳光计划""大礼包项目"，以及编辑出版《中国罕见病》期刊等（见图 4-4）。

---

① 中国社会福利教育基金会，现改称为中国社会福利基金会，是民政部主管的全国性公募基金会，其宗旨是扶危济困、助学育才。救助贫困孤残儿童和老年人等社会弱势群体，帮助贫困群体接受国民教育和职业培训，支持社会福利和教育机构培养社会管理专业人才，推动社会福利公益事业的发展。

图 4 – 4　《中国罕见病》期刊样本

研究证明，我们每个人身体里都存在缺陷基因，一旦父母双方存在相同的缺陷基因，孩子就有可以患上罕见病。可见，罕见病问题不仅仅是患者群体的医疗和保障问题，更关系到整个民族的繁荣发展和人口素质。因此，需要政府和社会投入更多的力量来促进罕见病防治，尽快使罕见病相关保障政策出台。而瓷娃娃罕见病关爱基金的成立，可以说是这个领域的报春花。

2009 年 11 月 7 日于北京召开的首届瓷娃娃全国病人大会开幕式后，举行了瓷娃娃罕见病关爱基金成立仪式。中国社会福利教育基金会副理事长张仲、关爱基金秘书长王奕鸥作了发言。现场，中国社会福利教育基金会捐赠 10 万元、山东电视台"做客生活帮"栏目筹集公众善款 15 万元，均注入该专项基金。此后通过现场捐赠及网络捐赠等爱心捐赠形式，获得了来自事业、企业、其他基金会、民间社团及个人，其中还包括瓷娃娃患者及家属的善款，以及大量办公用品、图书、日常用品、牛奶、药品等。为了进一步筹集资金，2010年和2011年，瓷娃娃关怀协会还分别举办了"瓷娃娃新年慈善乐拍"，将拍卖、义卖、门票收入和捐款，注入该基金以资助瓷娃娃群体。笔者两次亲历乐拍，并担任安保组组长，深为与会者的爱心所感动，自己也力所能及地捐款及购买义卖品。此外，协会还通过其他义卖、募款方式筹集资金。

继瓷娃娃罕见病关爱基金成立之后，协会逐渐开始关注中国整个罕见病群体问题。由中国社会福利教育基金会主管，瓷娃娃关怀协会主办，[①] 在福特基金会的资助下，《中国罕见病》于2010年5月创刊，是国内第一本为罕见病患者创办的刊物，也是一本真实反映罕见病群体状况的读本。其涉及内容包括医疗信息、病友故事、病友原创文章、政策法律、罕见病各组织工作等。据世界卫生组织的统计，目前全球有近6000种罕见病，占到了总疾病人群的10%。据估计，我国罕见病患者约达上千万人，若再加上和其患难与共、数倍于此数的家属，将是一个非常可观的数字。医疗、教育、就业、婚姻、就养五大问题，是罕见病群体几乎都要面临的相同问题与需求，这些问题又都互相关联。而瓷娃娃关怀协会主办，邀请国内罕见病领域医疗专家为指导，并联合国内十余家各类罕见病组织协办的该刊物，则犹如强有力的纽带，将这个特殊群体联系在一起。正如其创刊号卷首语所说："各类罕见病就像是散落在茫茫夜空中一颗颗星星，而《中国罕见病》把我们紧紧相连，变成了一个泛着生命光芒的巨大星座，相互依存，相互遥望。"[②] 该刊以电子版和印刷版两种形式传播，印刷版除了邮寄发放给全国数千名罕见病病友，还邮寄给全国主要省区市的民

---

① 《中国罕见病》2010年第2期，主办方加上"瓷娃娃罕见病关爱基金"。
② 《中国罕见病》创刊号，2010年5月。

政、卫生等部门工作人员，以此呼吁社会各界对这个群体的关注。

（六）医疗救助项目（Medical Aid for OI Patients）

这是一个针对 18 周岁以下、家庭极度贫困而且需要进行治疗的脆骨病患者开展的医疗救助项目。目前，大部分脆骨病患者的家庭生活极其困苦，因病致贫现象极为普遍，许多家庭无法负担患者的医疗费用，该项目针对病友的药物和矫形手术两种治疗方式，为符合申请条件的病友提供一次不多于 1 万元的医疗费用（凭费用单据，由关爱基金与医院直接结算），以使病友能尽早解除身体和心理上的痛苦。医疗援助项目提倡以积极科学的治疗，来改善瓷娃娃患者的身体条件，特别为首次申请的家境贫困的未成年瓷娃娃患者提供优先援助（见附件二）。

瓷娃娃罕见病关爱基金自 2009 年 12 月正式实施，截至 2010 年 4 月 16 日，共救治 18 名患者，救助金额 131236.62 元，捐赠药物 9872 元，合计 141108.62 元。接受手术资金援助最小的患者只有 4 岁，接受药物捐赠的患者最小的还不满 2 周岁。至 2011 年 3 月，接受医疗救助的患者达到 97 人。

例一：2010 年 3 月在天津接受手术的 7 岁渭南瓷娃娃臣臣是医疗援助项目的受益者之一。臣臣是个聪明乖巧的孩子，其母同是脆骨病患者，父亲也是残疾人，家境困难。他骨折 30 多次，曾受到"一对一资助"。为了筹集全本次手术的费用，瓷娃娃罕见病关爱基金联手陕西罕见病病友在西安为臣臣举行了一场慈善拍卖会，拍卖所得资金指定用于臣臣的手术治疗费用。5 月 5 日，臣臣妈妈给协会工作人员发来短信，她写道："望着儿子变直的双腿，我真的感谢大家！"

例二：山东 17 岁的瓷娃娃森森手术前双腿长短相差一寸多，只能靠小板凳挪行。在医疗援助项目支持下进行股骨矫正手术，两条腿长度差距缩小。他在给协会打来的电话中说："我现在每天早上可以拄双拐走 1 公里路了。我还要好好锻炼，以后不拄拐走路！等那时，我要出去学习……"

例三：来自宁夏农村的马女士一家是当地回族农民。2002 年出生的大儿子海军和 2005 年出生的女儿彤彤都患有成骨不全症，在煤矿干活的丈夫于一次事故中不幸双目失明。在屡遭冷遇和挫折后，2009 年 9 月，马女士与协会取得联系并带着所有积蓄，全家来京给孩子治疗。在火车上，海军由于火车的震颤而致大腿再次骨折，经诊断海军的矫形手术费要花费近 10 万元。10 万元像一座大山压在这家人身上。在协会帮助下，这家人联系了宁夏商会、穆斯林协会、宁夏本地的报社……然而，人们在听到这家人的求助时，都沉默了。有一次，马女士看到电视节目里播上百人在海上救一头大白鲸，忍不住流下眼泪，她对身边的人说："怎么就没有人来救我们家海军和彤彤呢！"协会为马女士的两个孩子联系了每月 400 元的"一对一资助"，并于 2009 年 11 月通过刚成立的瓷娃娃罕见病关爱基金，资助海军第一次左腿矫正手术费用 10471.34 元。2010 年 4 月 28 日，安徽卫视《鲁豫有约》播出了一期特别节目——"瓷娃娃，我们的爱不脆弱"。马女士一家经协会推荐参与《鲁豫有约》节目录制，并通过栏目组帮助，由 I Do 儿童基金落实了海军的第二笔手术费用。海军录制完节目后于 4 月 20 日在天津医院接受了第二次矫形手术。

例四：生于内蒙古满洲里的蒙古族瓷娃娃明明，10 岁，骨折了 30 多次，无法上学，在家里学习画画。父母离异，靠母亲做十字绣及捡果干等收入维持生活，家境窘迫。后经罕见病关怀组织资助，住院动了手术，并经常得到"月亮孩子之家"病友的关心和帮助。从而，使母子精神振作，增强克服困难的勇气和信心。

2010 年 9 月 17 日，在瓷娃娃罕见病关爱基金、伊利集团、山东省立医院以及社会各界关心瓷娃娃的人士的共同见证下，瓷娃娃罕见病关爱基金正式启动了"伊利 QQ 星，成长爱相伴"医疗援助项目。内蒙古伊利实业集团注入 19.5 万元资金，将帮助 15 位贫困的瓷娃娃小朋友进行治疗。在世博园内伊利儿童职业体验馆中设立公益捐助点。同年 11 月，福特基金会及儿童救助委员会也分别向关爱基金注入 13 万余元和 3 万元，以支持协会各个项目的运作。2011 年 4 月，中国残疾人福利基金会资助 5 万元，用于瓷娃娃罕见病关爱基金开展工作。7 月，由凤凰卫视主持人任韧与关爱基金联合发起"瓷娃娃微救助"计划，通过微博等网络平台，集合各界爱心人士参与，至 11 月，已募集善款 16 万元，可为 16 名瓷娃娃进行手术治疗。

（七）"梦想支点计划"（Dream Aid Plan）

"梦想支点计划"将支持 16 周岁以上的罕见病患者实现自己的梦想计划，创造属于自己的人生价值，该计划资助的方向主要是奖学金、技能培训、创业启动金、爱巢"缘"建四大领域，为符合条件的申请者提供一次 5000 元以下的小额资助。以鼓励患者学习、创业、建立小家庭等，实现梦想。2011 年夏，瓷娃娃罕见病关爱基金与中华少年儿童慈善救助基金会共同设立"罕见病奖学金计划"[1]。每年评选一次，并举行颁奖仪式。奖项设置：学业优异奖，中小学组 20 人，奖金每人 1000 元，高中组 10 人，奖金每人 3000 元，大学组 10 人，奖金每人 5000 元；才艺特长奖，10 人，奖金每人 5000 元。同时，四川成都彩虹村乐助会也决定从 2011 年 3 月起，为 15 个瓷娃娃贫困家庭患者提供助学金，共计一年，每季度每个孩子资助 300 元，爱心助学金由彩虹村乐助会直接汇入受助家庭的账户。[2]

---

[1] 连续三年的资助方均为中华少年儿童慈善救助基金会。
[2] 彩虹村乐助会是一家成立于 2010 年的公益机构，主要支持贫困家庭孩子的教育费用。

协会成立以来，在就业及技能培训等方面已迈出可喜的一步，如成立小手工坊，吸引患者参加，设计独特产品，进行义卖；召开瓷娃娃就业技能及模式讨论会，提出"开网站""十字绣""手工编织""电脑维修""广告设计""修手机""超市""彩票站"等，增加就业机会，减轻家庭及社会负担，以提高患者的自信心和生活幸福度。

（八）大礼包项目（Big Gift Package）及"拥抱阳光"计划

2010 年春节前，协会曾给部分瓷娃娃寄出 100 个新春大礼包，其中有糖果、玩具、图书、文具等。2011 年春节前，协会为全国 500 个罕见病家庭邮寄新春礼包。礼包分两类，一类是送给孩子的新春礼物，让他们在春节收到一份惊喜，过一个开心的新年；另一类是给成年罕见病患者家庭发放现金红包，用于添置一些年货等生活必需品，过一个温暖的新年。瓷娃娃关怀协会在当年 10 月底就开始策划和启动新春大礼包项目。这些礼包之善款通过贺卡的义卖来筹集，并开设淘宝和支付宝购买平台。同时，也在全国部分高校和社区开展现场义卖活动。在短短一个多月的时间里，有超过 3000 位爱心人士（团体）直接参与到这次爱心行动中来。虽然这只是一次筹款活动，但实际上却在很大程度上宣传了脆骨病等罕见病群体的状况。

"拥抱阳光"计划，是 2011 年 4 月底启动的，主要是向病友们捐赠轮椅和助行器，鼓励病友们多走出家门拥抱阳光。至 7 月，协会已向审批合格的病友发放轮椅 42 个、助行器 13 个。

（九）天津、山东关爱之家

2008 年成立了天津瓷娃娃关怀服务组。天津医院是当时全国唯一的一家成骨不全病症患者集中进行矫形手术、输液的医院。因此协会在天津招募 20 名来自南开大学、天津大学的志愿者，并对他们进行了培训，为住院儿童及其家长提供服务，服务内容包括家庭信息登记、讲故事、功课辅导、图书借阅、车站接送、定期送牛奶等。2009 年 7 月，在天津设立瓷娃娃关爱之家，同时撤销原为志愿者队伍的一个分组即天津服务组。协会依靠志愿者团队力量，进一步为全国赴津治疗的病友提供信息登记、图书借阅、病床陪护、家教、牛奶陪送、轮椅借用、临时住宿等人性化服务，并使患病小朋友和志愿者哥哥姐姐们结下了深厚情谊。

2010 年 3 月，在山东济南设立瓷娃娃关爱之家，开始为山东省内病友提供关怀服务。瓷娃娃关怀协会山东办公室（即关爱之家）有 1 名全职人员，40 余名济南地区的志愿者，共同担负着为脆骨病患者提供关怀服务，并向社会公众宣传罕见病知识等工作。5 月 27 日，在山东省立医院举行了"瓷娃娃爱心病房成立仪式暨爱心救助活动"新闻发布会。"瓷娃娃爱心病房"成立以后，协会联手山东省立医院为前往医院治疗的瓷娃娃患者在门诊挂号、病房服务等方面提供了更多便捷，以"政府合作、社会支持、病人参与"为工作模式，携手各方为脆骨病患者打造更好的就医环境。不到半年时间，山东办公室共接待就诊患者 33 名，接送站、图书借阅、讲故事、牛奶、期刊免费发放、医疗救助等 200 余次。在就医方面，解决经济困难家庭的资金问题是关键。瓷娃娃罕见病关爱基金前期审核了山东省 10 个困难家庭，共拨付 65000 元救助款支持矫形手术和药物治疗。成立大会现场向到场 8 名患者家长发放医疗救助款 40643 元。剩余款项拟用于以后向困难家庭提供药物治疗。此外，山东办公室还对外开通热线，解答住院治疗等相关问题的电话咨询；对山东省内 300 余名脆骨病患者进行电话登记，及时发现问题并将信息反馈北京办公室。在短短的数月间，山东的关爱之家协助困难家庭办理瓷娃娃医疗救助申请、一对一资助申请等共 15 人。为了向公众宣传罕见病知识，7 月 17～18 日办公室与志愿者在新世纪影城举办了罕见病宣讲暨慈善义卖活动，在向大众宣传罕见病知识的同时，筹集善款 2000 余元，用于支持赴山东治疗的困难家庭。"瓷娃娃"已成为济南城市公益事业的一张"名片"。

此外，协会对在河北廊坊红十字骨伤科医院就诊的瓷娃娃患者提供力所能及的关怀服务。

协会还根据瓷娃娃的特点，在儿童节、中秋节等节日时，在志愿者的帮助下，或组织他们看电影，或参观天文馆、博物馆等，以丰富他们的生活。

三 有关政策法律、公众宣教、调查研究及志愿者等工作

（一）政策法律（Policy & Law）

由于目前国内还没有相应的政策法律来保障罕见病群体的权益，缺乏有效的医疗保障和社会救助，患者的教育、就业歧视现象非常严重，瓷娃娃关怀协会积极开展在医疗、教育、就业方面的法律咨询、法律援助、公益诉讼，联合其他罕见病组织开展政策倡导，呼吁政府尽快出台罕见病政策。协会已经通过与高校协调、召开法律研讨会、"两会"提案、政策倡导、媒体参与等形式开展了大量相关工作，并与亦能亦行残障研究所合作开通法律援助热线010－51692692。该研究所是一家在工商管理部门注册登记的 NGO，机构以残障社会服务及残障法律服务为关注领域，致力于"维护残障公约，践行自主生活理念"，以"咨询、培训、倡导研究"为主要工作方法。协会与其合作，将有利于相关法律问题的宣传和答疑，以此更好地维护瓷娃娃之权益。

例一：罕见病法律研讨会在北京举办

2009 年 2 月 28 日，瓷娃娃关怀协会在北京召开了罕见病法律研讨会。六类罕见病的患者及其家属代表、3 位医学专家、10 位律师、10 余家媒体等其他相关人士近 40 人出席了此次会议。会议主要讨论了罕见病群体在医疗、教育、就业、社会融入等方面面临的法律问题，特别是政策保障、歧视和法律援助。与会者认为，由于罕见病药物使用者少，大量药品依赖进口，价格昂贵，而且往往不

在医保报销范围，给患者家庭带来了极其沉重的负担。① 而要预防因病致残，最主要的办法还是早发现、早治疗。但目前，国内关于罕见病的保障工作还存在疏漏。世界卫生组织将罕见病定义为：患病人数占总人口的 0.65‰ ~ 1‰ 的疾病。当前已经确认的罕见病有 5000 ~ 6000 种，成骨不全、白化病等均在其中。

例二：为能通过人大代表提交议案而开展网络签名活动

2009 年 2 月 4 ~ 22 日，瓷娃娃关怀协会联合五家罕见病组织②，开展"行动起来，关爱罕见病群体"网络签名活动。19 日共征集到 712 名来自全国各地的签名。2009 年 3 月的全国"两会"上，一份由 712 名罕见病患者、家属及医生签名的《关于尽快出台"罕见病"立法及完善相关保障政策的建议》，通过全国人大代表、安徽大学孙兆奇教授的议案，提交全国人大。该议案提出，应尽快制定和实施罕见病关怀政策；将罕见病治疗药品纳入医保范围和《医保药品目录》，同时支持国内罕见病药企做强；建立罕见病商业保险和社会救助机制，呼吁制定《罕见疾病防治法》，加强新生儿罕见病筛查等。在此前后，李定国教授、黄少良政协委员、陈静瑜人大代表等也纷纷提出相关议案。尽管立法之路仍漫长，但罕见病问题已进一步引起政府及社会各界的关注。目前，上海市已率先迈出了可喜一步，正在规划为罕见病患者提供实质性的补助，欲将其治疗费用纳入医保报销范围。

例三：国际罕见病日，联合开展罕见病宣传及知识普及活动

2010 年年初，中华慈善总会罕见病救助公益基金与中国福利教育基金会

---

① 王迪：《药品价格急剧飙升　罕见病药登上最贵宝座》，《医药经济报》2010 年 3 月 22 日。
② 除瓷娃娃关怀协会以外的五家罕见病组织，分别为中国 Fabry 援助中心、神经肌肉疾病协会、中国血友之家、LAM 中国、月亮孩子之家。孙兆奇教授自 2006 年起连续四年在全国人大会议上提交关于罕见病患者救助的建议和议案。2009 年建议及提案的名称最后定为《关于加快罕见病药品注册审批的建议》及《关于制定〈罕见疾病防治法〉的议案》。

瓷娃娃罕见病关爱基金联合发出倡议：在 2010 年 2 月 28 日第三个国际罕见病日到来之际，开展罕见病宣传及知识普及活动。① 同日，从民政部传来好消息，近期拟将罕见病纳入慈善救助制度中。

2011 年 2 月 28 日是"第四届国际罕见病日"，其主题是"罕见病与健康不平等"。协会作为"国际罕见病日"中国地区合作伙伴，通过媒体倡导、网络平台专题推广、罕见病公益广告投放、建立专业网站等，多种渠道进行宣传活动，呼吁建立法律法规以保障罕见病群体的合法权益。

（二）公众宣教（Education）

公众对于脆骨病等罕见病群体缺乏了解，因而罕见病知识的宣传教育就变得非常重要，该协会除了出版《瓷娃娃》《中国罕见病》等杂志进行宣传外，还通过面向高校及社区宣讲，举办瓷娃娃画展、义卖、讲座、媒体参与等形式广泛普及疾病知识和介绍群体状况，目前已经累计开展 150 余场活动，发放资料 2 万余份。

例一：瓷娃娃社会宣传活动

2008 年 12 月 6 日下午，瓷娃娃关怀协会组织 12 人分两组分别在西单和王府井进行宣传活动，向行人介绍成骨不全症知识、介绍该疾病体现状，并开展瓷娃娃明信片、贺卡义卖活动，得到了行人的踊跃参与。特别值得指出的是，本次义卖活动中有一位来自武汉的 7 岁瓷娃娃，这次是其奶奶带她来天津医院作检查的，她坐在轮椅上也帮大家一起发材料，那可爱的笑脸吸引了众多人驻足与她交流。类似的宣传、义卖活动，协会还在不同场合进行过许多次。

---

① 《北京晚报》2010 年 1 月 2 日。

例二："还好，我们的爱不脆弱"瓷娃娃绘画作品巡展开幕仪式

2008 年 12 月 13 日，一场名为"还好，我们的爱不脆弱"的瓷娃娃绘画作品巡展开幕仪式在北京涌金空间成功举办，这是全国首个专门为脆骨病儿童举办的公益画展，当天有脆骨病患者及其家人、医生、瓷娃娃志愿者、公益机构工作人员、记者以及社会各界爱心人士近 80 位嘉宾出席了开幕仪式，并有近十家媒体来到现场。此次画展开幕式共展出了全国 13 名瓷娃娃小朋友的 41 幅蜡笔绘画作品。随后，该画展在北京多个场地进行巡展，一直持续到 2009 年 6 月。

例三："罕见病校园宣讲"正式启动

"罕见病校园宣讲"主要是面向校园开展罕见病的知识宣讲，对大学生进行罕见病知识的普及，增加对该人群的了解，特别是对脆骨病群体的了解。2009 年 2 月 27 日"罕见病校园宣讲"走进北京交通大学，3 月 5~6 日走进对外经贸大学，通过展板宣传、知识手册发放、瓷娃娃画展等形式得到了在校大学生们的积极参与，提高了他们加入志愿者队伍的热情。

例四：瓷娃娃沃尔玛慈善义卖创意产品成亮点

2010 年 5 月的最后一个周末，瓷娃娃罕见病关爱基金在沃尔玛超市的大力支持下，在北京沃尔玛望京店开展了第一次慈善义卖以及罕见疾病知识科普宣传活动。共筹集善款 11803.61 元，其中义卖所得为 9622 元，捐款为 2181.61 元。这些款项将全部汇入瓷娃娃罕见病关爱基金。活动中，瓷娃娃关怀协会制作的一些创意产品成为亮点，包括瓷娃娃主题明信片、爱心徽章、漂亮本子、环保帆布袋、个性 T 恤、马克杯、爱心车贴等。北京小学的孩子们绘制了漂亮的宣传横幅悬挂在活动现场。现场展板、创意产品吸引了不少前来购

物的顾客驻足，不少父母更是借此机会给自己的孩子进行罕见疾病知识教育，向孩子传达公益理念。此活动后又在北京沃尔玛超市的其他分店陆续举行。

例五：瓷娃娃关怀协会出席 NPI 孵化出壳仪式

2010 年 6 月 21 日，瓷娃娃关怀协会出席了北京 NPI 公益组织发展中心为其 6 家被孵化机构举行的出壳仪式。[①] 瓷娃娃关怀协会自 2009 年 6 月入选北京 NPI 公益组织发展中心"公益孵化器"项目，与乐龄合作社、影北工作室、北京启明星成瘾者服务中心、视野中国和歌路营教育咨询中心这 5 家 NGO 一同得到 NPI 对于机构成长的支持，并于 2010 年 6 月结束为期一年的"孵化"，顺利"出壳"。在出壳仪式上各机构分别有 20 分钟的展示时间。瓷娃娃关怀协会表演了诗歌朗诵《每天醒来，我都会看到一个站立的世界》，用动人的配乐诗朗诵以及生动的图片讲述瓷娃娃群体的故事以及机构工作，赢得了好评。

例六：让爱与我们同行——山东高校关爱瓷娃娃活动

2010 年 11 月，山东大学团委和山东大学青年志愿者联合会、山东政法学院城乡互助工作组、山东建筑学院学生会三个志愿者社团，分别在自己的校园中开展了"'还好，我们的爱不脆弱'之关爱瓷娃娃系列"活动。通过瓷娃娃知识大学校园宣讲会、图片展及义卖、志愿者与小病友零距离接触等系列活动，使大家进一步了解瓷娃娃等罕见病患者的现状，引起社会关注，促进有关立法。[②]

---

① 北京 NPI 公益组织发展中心是一家民间非营利组织，旨在为初创期和中小型民间公益组织提供切实的支持，积极探索在中国公益事业蓬勃发展的初级阶段 NPO（Non Profit Organization）支持性组织的发展道路。
② 以上活动，分别见《瓷娃娃》2010 年第 8 期和第 10 期。

例七："瓷娃娃"与雅秀同心社共同举办公益义卖

2010 年 11 月 6～7 日，瓷娃娃罕见病关爱基金在雅秀同心社的大力支持下，① 在北京三里屯雅秀服装市场举办了"关爱瓷娃娃，我们的爱不脆弱"宣传、慈善义卖募捐活动。由爱心设计师及瓷娃娃们共同创作的个性马克杯、创意笔记本、万能贴、明信片、徽章、购物袋、T 恤、圣诞系列用品等精美小物品在现场进行义卖、宣传，共筹得善款 7617.6 元。雅秀同心社还在现场捐赠了 22327.88 元（这些款项来自雅秀服装市场的商户、员工和顾客所捐），注入关爱基金，用于瓷娃娃患者的医疗援助、关怀服务。在活动现场，雅秀市场商户不仅捐款捐物，还当志愿者，一起参与义卖和宣传。

（三）调查研究（Investigation & Research）

为开展针对成骨不全等罕见病患者生存状况的调查研究和罕见病群体在医学、政策、法律方面需求的研究，2008 年年底协会初步完成了中国第一份《中国成骨不全症患者调查报告——成骨不全症患者生活状况》，以后在天津、山东及其他区域继续通过网络进行调查或填写家庭信息表，已累计收集上千份调查资料，以便统计分析，制定关爱服务策略和具体项目。协会还翻译编辑多部医学文献，如《少儿护理到成人护理的过渡》《成骨不全患者的齿科料理》等，并印刷出版了《成骨不全症指南》（见图 4－5）。

（四）星期八电影公社（Film Salon on Sunday）

星期八电影公社是一个主要以播放相关社会发展题材影片来达到向公众传播公民社会理念的项目，已举办了多次主题电影放映活动，例如，北京残奥会

---

① 雅秀同心社成立于 2007 年，是北京三里屯雅秀服装服装市场内广大商户和员工自发成立的公益组织，通过一系列捐助活动，回馈社会。

图 4-5 《成骨不全症指南》样本

期间的残疾人主题、艾滋病日的艾滋病救助主题等，主办方希望通过艺术的、轻松的方式促进公众对疾病弱势群体以及社会问题的思考，也期望通过这种定期的活动为参与者提供一个信息交流和经验分享的平台。该公社曾先后与"慧灵残障人士服务中心""北京红丹丹教育文化交流中心"等非政府组织成员合作，互相交流信息和体会。公社每两周周末举办一期主题电影放映活动，累计超过 500 人参与，参加者有公司白领、高校大学生、其他 NGO 的志愿者等。

（五）志愿者发展（Volunteers Development）

志愿者是瓷娃娃关怀协会发展的重要组成部分，协会本着"参与、专业、互助、快乐"的原则，坚持"志愿者在志愿服务中得到成长""志愿者参与工作决策的机制"，来管理和发展志愿者的工作。同时强调志愿服务的专业性，每位新加入的志愿者必须学习和接受成骨不全症知识及基本护理技能、瓷娃娃关怀协会宗旨、《志愿者工作手册》的培养。协会尽量举办各种活动及培训班，以增加志愿者的兴趣和才能。目前有来自全国各地150多位志愿者，最多时达300余人，其中主要是大学生及公司白领等。志愿者们经过多次培训后分别在翻译组、电影沙龙组、期刊组、宣讲团、设计组、网络组、病房关怀服务组七个小组参与志愿服务。2008年7月经协会志愿者共同讨论、修订的《志愿者工作手册》，成为协会的一份完整的工作指南。① 同时，协会建有志愿者QQ群、邮件组、例会等交流平台，通过例会、活动、郊游、聚会等形式，与志愿者保持情感上的沟通。协会还会根据手册中有关评估的四个标准（服务时间、参加活动的次数、工作量、完成工作的质量），对所有志愿者进行综合考评，使志愿者在服务中找到归属感和成就感。每年评选出"卓越贡献志愿者""铁锈志愿者""最具锈迹志愿者"三大奖项，以示激励。而志愿者在关怀服务中也进一步提高了自己的社会责任感和爱心，增长了才干，增强了奉献精神。

以上是对瓷娃娃关怀协会三年多来所进行的工作和项目之简单介绍。目前协会服务已能覆盖1600余个家庭，为300多个家庭提供过直接及持续的经济援助，累计筹集善款200多万元，举办了超过150场的宣传科普活动，有90多篇（幅）的各类媒体报道，出版各类期刊、研究报告、宣传资料近40种，使瓷娃娃等过去鲜为人知的各种罕见病知识得到一定程度的普及，引起社会各界的关注，纷纷伸出援助之手。作为一个草根非政府组织，协会在定位、宣传、规范管

---

① 《志愿者工作手册》共分：前言，基本概念、基本原则、行为规范、志愿者管理、志愿者交流、志愿者评估、志愿激励、志愿者招募、志愿者培训、如何退出、我们应该、通过、修改本手册，共14个章节。

理及与各组织合作方面都做得相当出色，并不断提升机构民主、开放、专业、高效的管理运营能力。但对关怀协会来讲，要"全面铺开，不断深化"①，持续发展，仍需要组织成员的不懈努力、社会的帮助及政府政策的扶持。从瓷娃娃关怀协会在扶助弱势群体的活动，可清晰地看到，草根非政府组织的突出作用。

第三节　从瓷娃娃关怀协会看草根非政府组织
在扶助弱势群体中的特点

在市场机制不健全，社会层次明显、分配不均、城乡差别、贫富悬殊、社会保险及医疗卫生制度不到位的情况下，弱势群体的物质、精神方面都处于劣势，因而使得他们在现有社会框架下，显得很无助，迫切需要社会各界有良知之士大声疾呼，引起政府的重视，采取有效措施，提高其社会保障。同时，应自下而上建立各种草根组织，以集体智慧及社会力量来帮助弱势群体。相对于政府与企业来讲，作为第三部门的非政府组织，尤其是草根非政府组织在扶助弱势群体方面有以下几个特点。

一　更能深入基层，贴近下层民众，具有民间性的特点

草根非政府组织的成员绝大部分来自于基层，来自于民间。瓷娃娃关怀协会的创立者王奕鸥、黄如方本人就是瓷娃娃，曾多次骨折，备受磨难，因而他们对瓷娃娃的无奈困境，有切身体会。这种组织结构决定其有天生的"草根性"，能以平等眼光来看待弱势群体的需要，鼓励项目的参与者自己做出规划，彼此之间能迅速建立相互信赖的关系。而且，他们自强不息的经

---

① 黄如方：《定位、宣传、规范管理与合作，一个都不能少！》，《瓷娃娃》2010 年第 6 期。

历，也给患者树立了榜样。同时，非政府组织在扶助社会弱势群体活动时，能面对当地的各种既定条件（如经济、政治、文化和传统等）来确定自己的战略、策略、计划、方式以及采取相应的各种措施，具有较大的灵活性和适应性。例如，瓷娃娃关怀协会在资金拮据的情况下，能灵活运用当地条件，积极筹措善款，为成骨不全症患者动手术，女孩咪咪手术费筹集过程就是其中一个生动的例子。

　　咪咪是一个5岁的可爱女孩，她一出生就患有成骨不全症，3岁失去父亲，母亲因改嫁而离开了她，只有年迈的奶奶寸步不离地照顾幼小的咪咪。老人家每月只有1000元退休金，却要负担祖孙二人的生活费以及咪咪每年近万元的治疗费用。2009年12月初咪咪再次骨折，急需手术，但对奶奶来说，1万元的手术费则难以负担。为此，协会在天津为她举行了募款活动。

　　12月6日，瓷娃娃关怀协会与天津义工服务队携手合作，在天津滨江道成功地为瓷娃娃咪咪义卖筹款5850.84元。此次活动所得款项全部作为咪咪的手术费用，但这也只是解决了一半费用。

　　偶然的机会，天津津南公路和大港公路处两家单位了解到咪咪的故事。他们被这个5岁小女孩可爱而坚强的性格所打动，也逐渐对瓷娃娃这个脆弱美丽的群体有所认识。津南公路处广泛发动员工为咪咪捐款7550元，大港公路处在短短三天时间里捐款4600元。两家单位立即将善款送到了协会天津办公室。咪咪的手术费凑齐了。12月10日，咪咪在天津医院接受了手术。两家捐款单位得知此事，都感到无比欣慰。补足咪咪1万元手术费后，两单位的善款还余8000.84元，征得同意后，这笔钱汇入瓷娃娃罕见病关爱基金，用于救助更多的瓷娃娃患者。

二 在扶助中，可以发挥社会中介组织的优势

作为社会中介组织，非政府组织介于弱势群体与政府之间，能够较为准确地把握弱势群体的利益问题，将他们的要求及时反映给政府有关机构，从而影响政府的决策过程。同时，非政府组织也介于扶助对象之间，能增进扶助对象与社会公众及国际资助者间的沟通，有利于各种扶助资源更直接有效地运用于促进社会弱势群体的发展事业中去，而且还能将国外最先进的扶助理念及方法引入国内，从而使弱势群体为社会扶助提供建设性意见，切实能从中受益。例如，瓷娃娃关怀协会提出了"政府合作、社会支持、病人参与"为基础的良性发展模式。在与政府关系方面，它挂靠在民政部主管的全国性公募基金会的旗下，成立瓷娃娃罕见病关爱基金，与政府保持合作关系。在日常活动中，又与其他十几家罕见病非政府组织保持密切联系。[①] 和重庆市血友病康复协会、KALLMANN 亮剑小组、克氏互助组、PKU 联盟、天津市血友病联谊会、月亮孩子之家、中国多发性硬化协会、中国肺动脉高压联盟、中国结节性硬化症互动联盟、中国 LAM（淋巴管肌瘤病）关爱协会、中国血友之家等联合编办《中国罕见病》，使原来分散在各个罕见病领域内的非政府组织共同行动，向政府提建议，反映需求，以影响政府决策进程，发出时代强音。同时通过各个项目的实施，将瓷娃娃患者及其家属团结在一起，听取他们的心声，给予力所能及的帮助，鼓励他们自力更生，参与式发展。协会对企业单位也进行联系和宣传，使其了解瓷娃娃等罕见病群体的现状和困境，力争他们的帮助，并邀请其中一些人士成为机构发展顾问。协会也很注意与国外相关非政府组织进行沟通和联系，例如

---

① 2010 年 10 月 16 日，国内首家罕见病防治协会——山东省罕见病防治协会在济南成立，这是该领域经民政部门批准成立的社会团体，其致力于疾病医学研究、平台搭建、资源共享等方面的工作。

2008 年 6 月协会参加中日残障人士 NGO 论坛，与日本助残领域、罕见疾病领域的 NGO 在康复、就业等方面进行交流。2008 年 9 月应 "国际助残" 之邀请，参加比利时大使馆活动，与比利时残疾人组织进行交流，并向比利时公主、王子介绍协会工作。2009 年 11 月瓷娃娃全国病人大会邀请了美国成骨不全基金会（OIF）创始者之子参加开幕式，并作了发言。还派代表参加在德国举办的 OI in Motion（OI 在行动）学术研讨大会，2010 年 9 月应邀参加东亚峰会残疾人社会福利研讨会。2011 年，协会负责人还赴英国、韩国、中国台湾等国家和地区参加各种有关罕见病及非政府组织的国际会议等，在介绍关怀协会情况的同时，了解国外对残障人的政策、具体措施。总之，协会在政府、企业、国外非政府组织及瓷娃娃等罕见病群体之间搭起了一座桥梁，并作为社会弱势群体的代言人，调和矛盾和冲突，使其在与其他组织打交道时，处于较为有利的地位。

三　能够施行个案扶助，以弥补政府在覆盖面及精神领域中救助之缺失

由于国家财政实力的限制，以及社会弱势群体形成的原因及需求所具有的多样性，导致许多弱势群体不能被全部纳入政府救助范围。政府虽然有医疗保险，最低生活保障制度，农村扶贫以及医疗、教育、住房等单项救助，仍然不能满足救助对象多层次、多样化的需求，而各种各样遍及城市及农村的非政府组织则有在一定程度上发挥了对弱势群体实施个案扶助的作用。如分布在社区的助老组织，能稍许缓解 "空巢老人" 的生活料理和精神寂寞等问题。农村里各种互助组织也能或多或少地解决突发灾害或平常生活中所遇到的一些困难。在医疗卫生领域，罕见病患者达千万人之多，但在我国尚无专项的立法，大多未纳入医疗保险，"孤儿药" 也未列入医保用药目录，大部分罕见病患者往往被误诊、漏诊，不能得到及时有效的治疗。罕见病群体长期被社会所忽

视，在医疗、教育、就业等方面的权益得不到保护，而十几个各种各样罕见病非政府组织，则在一定层面上弥补了政府在这一方面的不足。例如瓷娃娃关怀协会，根据瓷娃娃的不同情况及需求，通过综合信息、创办杂志、病人大会、关怀服务、医疗救助、一对一资助等项目的实施，不仅在医疗、生活等物质方面解决了瓷娃娃及其家庭的一些难题；而且最重要的是对他们进行精神或心理的救助，通过现实问题的逐步解决、心理的有效疏导、优秀人物的激励，使他们在精神层面上得到一定的升华，这与政府单纯的物质救济大相径庭。

例如，参加完首届瓷娃娃全国病人大会的一位瓷娃娃大学生深情地写道①：

> 三天的时间里，在平时和大家的交流中，在晚上病友故事分享中，我知道了海波姐、玉秋姐、瑞红姐和冰心姐的故事，深深被她们的自强不息与勇敢坚强所打动！听着她们一路走来的那辛酸、曲折的经历，我忽然发现自己以前所遇到的那些困难根本不算什么，觉得自己太渺小了……天助自助者，我为他们的成功感到高兴，感到欣慰。我会向他们学习，以他们为榜样，在未来的道路中更加勇敢，更加坚强，更加自信的走下去……

> 瓷娃娃关怀协会走到今天，当我们看到越来越多的孩子能告别病痛的折磨，看到他们也能像其他孩子一样用双腿感知自己的人生道路，看到家长们脸上再次洋溢着灿烂的微笑时，我想，我们可以大声地说，病友和家属的坚持是对的；奕鸥姐、如方哥的努力是值得的；志愿者的付出也是值得的。我相信有家属的付出，有协会的坚持，有志愿者的努力，有社会上各种各样爱心人士的关怀，瓷娃娃们的明天会更好！因为，我们的爱不脆弱。

---

① 瓷娃娃关怀协会主办《首届瓷娃娃全国病人大会》特刊，2010。

四　多渠道筹集资金，开辟救助新途径

非政府组织由于其特殊的价值观、主体的志愿性、盈余不可分特征，能够吸引社会民众及具有社会责任心的企业捐助资金，提供志愿性服务。而且，国家对非政府组织及进行捐赠的企业、个人，均提供享受减免税收等优惠政策，从制度上鼓励了民间资金进入救助领域，实现资金来源的多样化。尤其社会企业（social enterprises）兴起后，更为善款筹集及残疾人就业开辟了新途径。例如，罕见病患者郑卫宁创办的残友集团，就为残疾人慈善事业开创了一种崭新模式的社会企业。简而言之，是盈利与公益有机结合的产物。用企业产生的利润去支持慈善事业，服务于社会。企业的收益，基本上都投入再生产过程，或者发展社区事业而不是用于分配。残友集团是创造利润的商业机构，持有残友集团 95% 股份的慈善基金会则是监管机构，拥有大量义工群体的信息无障碍研究会则是社会服务机构。三者互为依存，共同发展。残友集团的外地分公司目前已有 30 多家，吸收大批残疾人参加工作。基金会的主要目的就是孵化这些社会企业，给予启动基金，给残疾人提供适宜的工作岗位，以"造血"的方式扶贫助残，开拓了慈善救助事业的新模式。

又如，前面已经谈到，如瓷娃娃关怀协会成立关爱基金，企事业单位、社团组织及个人，纷纷捐款、捐物，协会还在各个适当场合进行乐拍和义卖，多渠道地筹集资金。另外，协会获选"2010 壹基金潜力典范"，为支持机构发展，也给予资金奖励。① 但由于该基金成立时间不长，又没大人物、大明星效应，故聚集的款项，与需要救助的群体需求相比，还相差很远。

---

① 壹基金是由著名影星李连杰发起的立足于中国的国际公益组织，初期挂靠于中国红十字基金会的名下。壹基金于 2008 年起每年评选一次"典范工程"，评选出一批公益典范组织，给予不同数额的资金奖励，支持机构发展。2011 年 1 月 11 日开始以"深圳壹基金公益基金会"亮相。

五 强调参与式发展，充分调动被扶助对象的主观能动性

非政府组织在救助中，往往注入新理念。例如由"直接援助"向"间接援助"转变；由"单向救助"向"互动救助"转变，强调参与式发展，重视救助政策效果的反馈和对救助政策的调适；努力推行分类救助理念，加强救助的针对性和充足性。从而使救助方式多元化，开辟救助新途径，使弱势群体得到有效救助。同时，也使非政府组织在互动救助中得以发展。在这整个过程中，强调草根非政府组织与弱势群体的互动，充分发挥弱势群体的主观能动性。例如，在第一届瓷娃娃全国病人大会上，召开的瓷娃娃区域交流网络能力建设讨论中，患者及其家属纷纷报名参加病人自助区域网络建设小组，为病友提供力所能及的服务。病友瑞红则开通了"瑞红知心热线"，帮困解惑；病友宋冰心在协会的帮助和鼓励下，和几个重度残疾者组成"枣庄残疾人自强之家"，这是个提倡残疾人自助互帮、顽强自立的非营利性质的公益民间组织。依靠网络搭建与各地残疾朋友相互交流，积极参与有益的社会活动，开拓自我潜能，为推动残疾人事业的进步贡献自己的力量。同时，通过互动式扶助，也使草根非政府组织自身得以发展。

六 相对而言，具有扶助专业化之优势

非政府组织由于长期集中于某个专门领域内，专注在某些特定的社会群体身上，有助于其积累相关经验，提升其专业性。例如，瓷娃娃关怀协会的负责人自己就是成骨不全症患者，长期患病对相对的医学知识有一定的了解，后来通过学习、办刊物，知识更为丰富，并且都有在大型组织中当志愿者的经历，因而在创立关怀协会和具体运作过程中就得心应手。不过，由于非政府组织的志愿性服务的特质及严格的费用限制，因此很难得到某一救助领域的专业人

才。瓷娃娃关怀协会，用建立机构发展顾问、医学顾问、法律顾问等办法来弥补专业人才方面的不足。

七　志愿性扶助行为，更有利于为弱势群体提供权益上的保护

非政府组织成员和支持者往往对组织的事业具有奉献精神，这种志愿性和使命感，使组织成员对从事的事业锲而不舍，对自己的工作兢兢业业。同时，由于成员本身来自民间，颇知道这个群体最迫切需求的是什么，清楚资金应花在何处，不会浪费而用在刀刃上。这不仅可以提高服务质量，也可以降低运行成本。另外，相对于弱势群体而言，在市场经济体系下，强势群体有两类，一是市场的成功者，二是政府体系中的当权者。这两种类型之间又常常有着密切的联系。在与强势群体的抗争中，非政府组织往往充当维护弱势群体利益的角色。例如，瓷娃娃关怀协会发起某地商场对残疾人的歧视行为之抗议，与其他组织联手签名《关于尽快出台"罕见病"立法及相关保障政策的建议》，都是有利于保护弱势群体权益的举动。此外，他们还努力促进社会保障逐步将弱势群体纳入正规体系。不过，当需要与政府或企业合作时，非政府组织又会起中介组织的作用。

但是，非政府组织，自身也有不可避免的缺点，存在"志愿失灵"的现象。"志愿失灵"理论（Voluntary Failure Theory）是美国学者萨拉蒙提出来的，主要表现在慈善的不充足性（Philanthropic Insufficiency）、慈善的排他性（Philanthropic Paticularism）、慈善的父权专制（或译家长式）性（Philanthropic Paternalism）、慈善的业余性（Phianthropic Amateurism）等。在实现对社会弱势群体支持机制中，政府是社会扶助的首要主体，是扶助或救助资源的最大提供者。因此，必须同时发挥政府和非政府组织的作用，使两者相互补充，协调合作，实现扶助资源的互补与共享，扬长避短，争取扶助效果的最大化。

上海交通大学王锡源博士曾对非政府组织发挥救助功能时的优势与劣势做

过论述①，笔者在借用其部分观点的基础上，结合自身的调研成果，总结出以下结论，将政府与非政府组织在扶助弱势群体上的优劣作一比较（见表4-1）。

表4-1　政府与非政府组织在扶助弱势群体中优劣势比较

	政　府	非政府组织
优势	① 以国家财政为支撑，扶助资金来源相对有保证，为扶助资源最大提供者。 ② 以国家的法律政策和强制力为后盾，强调社会分享原则，制定各项社会保障制度，有利于扶助项目的推进。 ③ 国家宏观管理层面的调整，有利于扶助体系的协调和完善，并保证扶助的相对公平性。 ④ 能对其他扶助主体进行管理及服务支持，更好地动员全社会扶助力量及物质资源。	① 能多渠道筹集资金，动员民间力量，开辟救助新途径。 ② 能够实施个案扶助，以弥补政府在覆盖面及精神领域救助之缺失。 ③ 更能深入基层，贴近下层民众，具有民间性的特点。 ④ 可以发挥社会中介组织的优势。 ⑤ 志愿性的扶助行为，更能体现奉献精神和人道主义情怀。 ⑥ 具有专业化扶助的经验，并能提供专项特殊服务。 ⑦ 与强势群体抗争中，更有助于为弱势群体提供权益上的保护。 ⑧ 强调参与式发展，充分调动被扶助弱势群体的主观能动性。 ⑨ 便于开展与国际非政府组织合作，交流经验，以弥补救助能力的不足。
劣势	① 扶助资金往往受生产力水平和财政收入状况的限制。 ② 扶助虽具有普遍性，但难以对扶助对象实施针对性的扶助。 ③ 以单项扶助为主，难以满足扶助对象的多样化需求及帮助扶助对象迅速走出困境。 ④ 扶助效率较为低下，且容易导致扶助资源的浪费和非法侵占。 ⑤ 在救助中有时会出现官僚作风和冷漠态度。	① 慈善的不充足性：往往缺乏稳定的资金来源和充足的志愿服务。 ② 慈善的排他性：扶助对象的选择往往不是根据被扶助者需要的迫切程度，而是服从于施救群体的主观愿望和好恶。 ③ 慈善的家长性：通常是拥有财富的捐赠者来决定组织的目标与服务对象。 ④ 慈善的业余性：难以获得某一扶助领域的专业人才，而走向真正专业化。 ⑤ 有的非政府组织成员侵吞善款，出现公信力危机。

① 王锡源：《我国社会救助中政府与非政府组织协作机制研究》，上海交通大学博士学位论文，2008。

附件一①

瓷娃娃关怀协会"一对一资助"项目介绍（One Help One）

一　什么是"一对一资助"？

"一对一资助"是瓷娃娃关怀协会（以下称协会）针对贫困家庭脆骨病儿童开展的救助项目。协会通过联系、评估和监督，促成贫困家庭的脆骨病儿童（以下称受助人）与爱心人士（以下称资助人）结成一对一的资助关系。资助额度为每月100~200元，主要用于改善受助儿童的生活、教育环境。我们鼓励双方同时加强情感沟通。

"一对一资助"的特点是长期性和小额性，捐助款由资助人直接提供给受助家庭，大大增加了项目的透明度和可信度。

二　如何成为资助人？

1. 通过电话或电子邮件向协会表达资助意愿；

2. 详细说明对受助人的要求，比如地域、性别、年龄、家庭收入等信息；

3. 明确说明资助额度以及支付方式；

4. 等待协会为其提供符合条件的受助人信息；

5. 资助人与受助人家庭直接沟通并达成资助意向；

6. 资助人按承诺开始一对一的资助。

三　如何成为受助人？

1. 受助人为患成骨不全症（脆骨病）的儿童和少年；

2. 受助人家庭经济状况较为困难；

3. 受助人年龄应在1~18岁之间；

4. 协会负责核实和确认受助人是否符合以上条件，进而向资助人提供确

———————————

① 本章附件中所有内容均来自《瓷娃娃》及瓷娃娃关怀协会网站。

切信息。

四 如何确保资助款安全？

1. 资助人和受助人家庭互通电话直接联系；

2. 资金直接汇往受助人家庭；

3. 原则上协会不接收一对一的资助款；

4. 协会将定期对资金使用进行评估和监督；

5. 协会可以根据资助人的委托代为发放资助款。

五 瓷娃娃关怀协会将为资助人提供以下的服务：

1. 为连续资助一年以上者颁发爱心证书；

2. 半年一次对资金使用进行评估和监督；

3. 邮寄《瓷娃娃》期刊；

4. 邀请其参与合适的活动。

六 资助关系何时终止？

1. 资助人和受助人双方可根据自身情况随时终止资助关系；

2. 资助人超过约定时间三个月未给受助人汇款的；

3. 受助人已成年，有一定稳定经济收入的；

4. 受助人家庭经济条件明显改善且无需资助；

5. 经证实，受助家庭未按约定将资助款用于指定受助人的。

附件二 医疗救助项目内容摘要

一 项目介绍

（一）项目名称

成骨不全症患者医疗救助项目

（二）项目口号

拯救折翼天使

（三）项目概要

成骨不全症是以骨脆弱和骨畸形为临床特征的常染色体显性遗传缺陷的结缔组织病，又称脆骨症，具有遗传性，民间形象地称呼该人群为瓷娃娃。全人类各种族内男女均有发症，总发病率为 1/10000～1/15000，全球估计共有 500万名成骨不全症患者，目前中国没有任何研究数据，按照以上的比例，估计目前应该约有 10 万人。疾病的表现通常为巩膜呈现蓝色、紫色或灰色；严重者在母亲子宫内即并发多处骨折；进行性骨变形，长骨短且弯曲，造成身材极度矮小；脊柱倾向弯曲，牙齿硬而易脆等症状。瓷娃娃罕见病关爱基金是 2009年 8 月由瓷娃娃关怀协会发起，在中国社会福利教育基金会名下正式成立的，为成骨不全症等罕见病患者及家庭提供相关医疗生活救助、社会服务工作而设立的专项基金。这是中国第一个专门服务于罕见病群体的专项基金。现阶段，重点针对成骨不全症患者进行医疗救助。成骨不全症患者医疗救助项目针对贫困家庭中严重成骨不全症、急需医疗援助的患者展开救助，目的是能尽早解除成骨不全症患者身体上和心理上的痛苦。

（四）项目的必要性

目前，大部分成骨不全症患者的家庭生活极其困苦，因病致贫现象极为普遍，许多家庭无法负担患者的医疗费用，成骨不全症患者的教育、就业状况同样令人担忧。而导致以上问题出现的根本原因是成骨不全症患者难以得到有效的治疗。目前，国内大部分医疗机构缺乏相应的成骨不全症诊治资源，仅有少数医疗机构能够提供正确的诊治，然而相关费用又极其昂贵，加之成骨不全症的医疗救助尚未列入医疗保障体系。这些最终导致了大部分患者家庭无力承担，而缺乏正确的治疗又引致许多患者终身残疾，甚至危及患者生命。目前该疾病群体还未引起社会的广泛关注，希望得到政府、民间组织以及爱心人士的重视和帮助。

（五）项目的意义

目前，成骨不全症的治疗主要有两种方式：药物治疗和手术治疗。药物治疗主要是提高患者骨密度，减少骨折次数。通常每年的费用高达万元，而很多患者需要长期使用此药物。手术治疗重在改善畸形部位，使患者降低骨折风险、减少痛苦，甚至重获站起来的希望。费用通常一次为 1 万～2 万元，而大部分成骨不全症患者需要多次手术治疗才能够正常行走。

二　救助对象

18 周岁以下（含 18 周岁），被确诊为成骨不全症，家庭极度贫困需要进行治疗的患者。

三　救助原则

（一）量入为出：根据专项基金的运作情况确定救助名额。

（二）定点机构救助：被救助人需在瓷娃娃罕见病关爱基金指定的医院接受治疗。

（三）限额资助：原则上，患者申请救助金上限为 1 万元。

（四）救助顺序：以申请时间先后为原则。

（五）优先原则：首次申请优先，病情紧急优先，受教育阶段患者优先。

（六）出现下列情况之一者，终止救助：

1. 违规使用救助金；

2. 经审查，故意虚报病情，或隐瞒家庭成员及经济收入者；

3. 由非本人或非法定监护人代报申请的；

4. 其他不属于本救助基金所支持的情形。

四　申请程序

（一）申请人需在认真阅读并认同《成骨不全症医疗救助申请须知》后完整填写《成骨不全症医疗救助申请表》，连同以下材料，一起提交给项目办公室：

1. 患者法定监护人填写的成骨不全症医疗救助申请表；

2. 患者身份证明文件复印件；

3. 患者与患者法定监护人的关系证明文件；

4. 农村乡（镇）以上人民政府、城镇街道办事处以上行政机构开具的申请人家庭经济状况证明；

5. 经济支付能力证明（城乡低保、农村特困、五保户及三无人员由当地民政部门、街道提供证明）。

（二）如由实施救治的受理医疗机构提出申请的，在对申请人所报的资料进行审核后，在救助申请表上签署意见并加盖公章，连同申请人提交的全部资料一并报送项目办公室。

五　申请审批

（一）瓷娃娃罕见病关爱基金管委会负责所有申报资料的审核和审批工作。

（二）项目办公室在 15 个工作日内对报送材料的完整性、真实性等有关情况进行审核。

（三）项目办公室组织医疗专家对接诊医院做出的医疗诊断、病情材料等进行审核并签署意见。

（四）手术按照既有方案完成后，由医院、项目办公室最终确认救助金额，以银行转账方式拨付给救助患者的医疗机构，原则上不支付给申请个人。

（五）审核确定个人实际负担医疗费用时，应剔除下列费用：

1. 医疗单位按规定应减免的费用；

2. 患者家属所在单位为其报销的医疗费用；

3. 相关部门补助的费用；

4. 参加各种商业保险或基本医疗保险赔付的医疗保险金；

5. 参加农村合作医疗按规定领取的合作医疗补助；

6. 其他社会各界给予的救济资金。

六　重要说明

（一）申请救助的患者须经指定医院医生确诊为成骨不全症并符合手术或药物治疗条件。

（二）该项目救助对象为 18 周岁以下，具有中国国籍并具有手术适应症、药物治疗的成骨不全症的贫困家庭患者。

（三）救助申请者必须为患者的法定监护人，申请人对其提交的所有资料的真实性和完整性负责。

（四）本登记表的递交并不代表已经获准得到医疗救助。

（五）如患者还患有成骨不全症之外的其他病症，则产生的费用不在本救助基金资助范围。

（六）项目所资助的患者的医疗方案及风险，均与瓷娃娃罕见病关爱基金无关。

（七）对申报资料中出现的虚假、伪造或隐瞒等行为，项目办公室将追索其所获得的全部医疗资助，情节严重者将对之采取行政或法律手段进行诉讼。

（八）所有得到医疗资助的患者监护人均有责任和义务为专项基金提供必要的有关患者的反馈信息。

（九）所有得到医疗资助的患者监护人均有责任和义务配合瓷娃娃罕见病关爱基金用于公益目的宣传和采访活动，并同意使用照片、录像等资料。

七　最终解释权

以上所有条款最终解释权属中国社会福利教育基金会瓷娃娃罕见病关爱基金。《成骨不全症医疗救助申请表》由中国社会福利教育基金会和瓷娃娃关怀协会共同制定。

第五章 | **反思与整合：草根非政府组织**
面临的困境及解决思路

文化人类学的文化模式理论认为：一种文化模式一旦形成，就会成
为规范拥有该模式的人群之全体成员的"行为准则"，具有整合
性、趋向性、规范性、稳定性等特征与功能。文化模式这些特征与功能的共同
作用，能够使拥有该模式的群体内各文化要素处于整合状态（所谓整合，原
为地质学术语，在此是指任何一种文化，各部分经过整理融合之后，才能成为
有机整体和相对稳定的文化状态），趋于一致，并长期影响群体内每一个成员
的价值观念、思维习惯和行为方式，进而还会影响一个群体或者政党、政府的
制度安排，法律和政策的制定等。①

前面我们用理想文化模式与实际文化模式之理论分析了在当代中国社会结

---

① 参见〔美〕米德《萨摩亚人的成年》，周晓虹、李姚军译，浙江人民出版社，1988；〔美〕
露丝·本尼迪克特：《文化模式》，王炜等译，社会科学文献出版社，2009；庄孔韶主编
《人类学通论》，山西教育出版社，2002。

构下草根非政府组织于扶助弱势群体中的社会功能。本章主要探索草根非政府组织在发展过程中所遇到的外部制度环境的障碍及自身因素制约，并运用文化模式的整合观念，借鉴国内外成功经验，提出对策性提议，以充分发挥草根非政府组织的社会功能，使我国公益事业更健康发展。.

第一节　非政府组织面临的外部制度困境

非政府组织的外部制度环境，是国家用来规范和制约非政府组织活动的所有正式或非正式之准则。俞可平等学者将其归纳为宪法、法律、行政、法规和非正式制度五个方面的内容。① 外部制度环境既有有利于非政府组织发展的因素，又存在诸多不利因素。

一　非政府组织与政府关系的四种模式

一般来讲，非政府组织与政府关系的模式主要有四种，即互相对立、合作与互补、依赖与制约，各行其道且互不干预。但中国是社会主义国家，其与非政府组织的关系，通常情况下，应是以互动合作、相辅相成模式为主。在这方面，李源朝、王杰等学者的研究都有所涉及。

（一）"强政府、弱社会"下的对立

当国家的权力过于强大，甚至垄断各种资源时，就会形成"强政府、弱社会"，非政府组织就难有生存和发展空间。非政府组织由于独立性和自治性的属性，有自己的议程、目标和行动计划，这就与国家不可避免地存在冲突和紧张。即使在发展中国家，非政府组织也可能与政府竞争人才、

---

① 俞可平等：《中国公民社会的制度环境》，北京大学出版社，2006，第6页。

社会资源和外来援助资源等，若处理不当，非政府组织与国家的关系往往会出现对立的现象。①

（二）"三失灵"情况下的合作与互补

从理论上讲，政府失灵和志愿失灵是合作互补的基础。在市场经济条件下，市场通过价格机制自发地对资源配置起基础性作用，但市场也有其固有的缺陷，单纯依靠市场无法解决所有问题。存在市场失灵时，政府进行干预就显得十分必要。不过在现实中，政府的干预也不是万能的，往往会出现政府效率低下、规模膨胀、公共政策失误、寻租行为严重等问题。在这种情况下，于政府和市场之外提供产品或服务的第三部门，即非政府组织，便为有效解决市场失灵和政府失灵提供了新的可能性。而志愿也有"失灵"的时候，这就需要与政府密切配合，各取所长，互补所短。政府会把自己行为效率不高的公共产品领域交给非政府组织去做，非政府组织也愿意配合，且得到国家授权及资助，从而建立合作与互补关系。

（三）职能转变还权于社会形势下的依赖与制约

随着政治体制改革，政府逐渐从微观管理向宏观调控转变，开始逐步还权于社会，由此为非政府组织的发展提供了广阔的空间，相互间产生了依赖关系。但总体上讲，这是一种不对称的依赖关系，由于国家及其政府拥有主权，在其领土和管辖范围内行使最高权力，既可支持、授权非政府组织，也可限制它的活动，因此非政府组织只有得到国家的准许与支持，才能合法地、顺利地开展活动。这种支持包括财政支持、政策支持、技术及资讯支持等。许多自上而下的非政府组织的资金主要来源于国家的财政拨款，许多非政府组织参与国

---

① 王杰、张海滨、张志洲主编《全球治理中的国际非政府组织》，北京大学出版社，2004，第36 页。

家资助的项目和服务，有的还成为国家的"代理人"。这种相互依赖的不对称是显而易见的。不过，很多非政府组织也会尽量表明自己的自治性和独立性、计划的可行性和行动的效率性，尤其是志愿精神和民主、平等的价值取向，从而扩大自己的影响，并为公民提供合法参与、有效制约的机制，对政府构成一定的制约，使决策向科学化、政治向民主化方向发展。

（四）尊重对方法律地位，各行其道与互不干预

政府通过立法等程序赋予第三部门合法地位，培育和保障其发展。政府制定各项法律法规，具体规定非政府组织的性质、功能、经营体制等，为第三部门的活动制定公开透明的行为规则，并对其进行监督。非政府组织由于其合法性，在一般情况下，政府会尊重其独立性和自治性。在法律与规约范围内，有些非政府组织确定与自己能力相称的目标和活动领域，它们不接受（或无接受的可能）政府资助，不抵制也不迎合政府的工作（大多数非政府组织还是期待与政府配合及合作），而政府也可能无意（或力所不及）给予资助或寻求将其纳入自己机构"辅助者"范围之内。在尊重对方的法律地位、尊重对方的存在和活动空间的前提下，双方各行其道，互不干扰。[1] 不过在通常情况下，合作与互补往往是双方关系的主流。[2]

二　现行体制下非政府组织与政府关系中的错位现象

非政府组织在社会主义体制下应与政府存在互动合作关系，若能有效发挥两者之间的这种关系，将会对整个社会的发展产生积极的影响。但由于我国尚处于市场经济及政治体制改革转型时期，两者关系仍带有若干传统体制的烙

---

① 李源暾：《国际关系与 NGO》，中国社会科学院博士学位论文。
② 王杰、张海滨、张志洲主编《全球治理中的国际非政府组织》，北京大学出版社，2004，第 37 页。

印，尚有很大改进余地。胡益芬等学者认为，从公共管理学角度来看，其错位现象主要表现在缺乏独立性、人治而非法治、两者职能重叠等方面。[①]

（一）政府为领导者，非政府组织缺乏独立性

非政府组织与政府、企业，作为社会的三大部门，三者之地位应是平等的，不存在谁从属于谁的问题，而在现实中，由于历史等因素，非政府组织在独立性、自治性方面仍不健全，尤其是自上而下的一些非政府组织，长期从属依附于政府，无论在人员、经费，还是组织体制等方面都依赖于政府，成为挂靠在政府名下的准官方组织，不能很好地发挥其联系基层、监督政府的作用。

（二）政府对非政府组织的管理，"人治"大于"法治"

作为社会组织，非政府组织在保持独立性的前提下，接受政府的有效管理是必要的。但目前我国政府对非政府组织的管理往往有随意性，"人治"大于"法治"。例如，有关法律不健全，且不够公开透明，存在管理上的"暗箱操作"；缺乏对政府主体行为的规制，对非政府组织的干预，缺乏明确的法律依据，对非政府组织的行动也缺乏明确的规则约束。

（三）非政府组织与政府的职能往往重叠，难以发挥其应有作用

非政府组织在承担政府社会管理职能方面，主要是起到"拾遗补缺"的作用。但在现实中，政府并未真正从这些领域中退出，政府职能没发生根本性的转变，也就是未从"划桨"中摆脱出来，真正起到"掌舵"领航的作用。而非政府组织没有获得相应的权力，不仅不能有效行使社会管理及服务的职能，反而在体制上越来越依赖政府部门，成为政府的"附庸"。这不但阻碍了非政府组织的发展，而且也不利于政治体制改革及两者互动合作关系的开展。

[①] 胡益芬：《"参与式治理"——第三部门与政府关系探析》，《重庆社会科学》2004 年第 S1 期。

三 政府立法不健全，非政府组织法律体系亟待完善

就目前而言，有利的外部制度环境也有不少，如《宪法》对结社自由的肯定，① 党的重要政策对非政府组织的倡导等，但有些障碍性外部制度环境，如非政府组织法律体系不健全、准入门槛过高、财税支持体系不健全、评估监督缺乏等问题，则严重制约着非政府组织的正常发展。

（一）非政府组织法律体系不健全

新中国成立后，曾在 1950 年颁布了《社会团体登记暂行办法》，但由于种种原因，直到 1988 年颁布《基金会管理办法》，1989 年颁布《社会团体登记管理条例》和《外国商会管理暂行规定》，我国非政府组织立法工作才取得实质性进展。随着改革开放的深入，我国面临经济社会发展的新形势，1998 年 10 月，颁布了修订后的《社会团体登记管理条例》以及新制定的《民办非企业单位登记管理暂行条例》。其间，民政部原社会团体管理司也相应地改为"民间组织管理司"。此后，又陆续颁布了《公益事业捐赠法》《民办教育促进法》《基金会管理条例》（2004）等一系列法律法规。这些法律法规构成了我国非政府组织发展的法制框架和法制环境。但就整体而言，现行法律规范不仅立法层次较低，在原则、体系、结构、内容等很多方面存在问题，而且缺乏行业协会、商会、境外非政府组织以及社会保障、志愿服务等方面的立法。②

虽然广东、上海等地率先制定了一些非政府组织发展与管理方面的地方

---

① 《中华人民共和国宪法》第三十五条规定："中华人民共和国公民有言论、出版、集会、结社、游行、示威的自由。"
② 李新苗：《完善有利于民间组织发展的法规体系》，载魏定仁主编《中国非营利组织法律模式论文集》，中国方正出版社，2006，第 157～160 页。

性法规、规章和政策，为促进本地区非政府组织发展，规范管理创造了良好条件。① 但迄今为止，还没有一部完整的法律对非政府组织的性质、地位、作用、结构以及权益等进行全面定位，而且在税收优惠、财政资助、人事管理、社会保险等方面也缺乏健全配套的优惠政策。由于现行非政府组织立法的不健全，可操作性差，使政府对非政府组织缺乏应有的培育扶持手段，同时也缺乏有效的监督机制。

（二）双重管理体制，控制型管理模式严重制约非政府组织的发展

现行有关非政府组织的法律法规确定了政府对其管理体制和模式，其特点可概括为 12 个字，即"归口登记，双重负责，分级管理"。"归口登记"，是指除法律、法规明确规定免于登记管理的非政府组织外，其他所有非政府组织都由民政部门统一登记。"双重负责"，是指由登记管理机关和业务主管单位分工合作，共同实施对非政府组织的管理与监督。"分级管理"，是指县级以上民政部门分别负责同一层级的非政府组织之审批、登记、年检、变更、撤销和监管。"归口登记""双重负责""分级管理"相辅相成，共同构成了我国非政府组织管理的基本模式。② 这种管理体制本质上把政府与非政府组织置于相互对立的关系上，通过双重负责、双重把关的审批制度，设立了准入限制，首要目标都是如何降低政治风险和规避责任，而把非政府组织的发展放在次要位置。

双重管理体制，是一个非政府组织先要获得业务主管部门的同意，然后再到民政部门去登记。由登记管理机关和业务主管单位分别对非政府组织实施管

---

① 例如，2006 年 10 月 16 日深圳市民政局办公室印发的《深圳市资助社区民间组织从事社区服务暂行办法》；2007 年 4 月 20 日上海浦东新区人民政府印发的《关于促进浦东新区民间组织发展的若干意见》；2008 年 9 月 28 印发的《中共广东省委办公厅、广东省人民政府办公厅关于发展和规范我省社会组织的意见》；2004 年 11 月 11 日的印发的《黑龙江省民政厅关于加强农村专业经济协会培育发展和登记管理工作的意见》等。

② 刘培峰：《社团管理制度的比较分析：从中国的许可登记制度出发》，载吴玉章主编《社会团体的法律问题》，社会科学文献出版社，2004，第 80 页。

理的双重负责管理制度。这显现出国家控制与统合社会的基础，是在分散风险的理念下形成的。由于业务主管部门作为非政府组织成立的审查者和业务指导者，要承担相应的管理责任和风险，而实际上对于主管单位如何履行对非政府组织的管理职责，既无明确规定又难以具体操作，如出什么问题，还得找到主管部门。因此，导致相关单位和部门不愿担任这样的业务主管，造成非政府组织找"婆家"难，无法到民政部门登记。① 这也造成了不少公益组织只能在社区备案或是在工商部门注册登记，致使其合法性长期受到政府和社会的质疑。至于"分散"和"归口"，实际上是延续了计划经济条件下"条块分割"的行政管理模式。对非政府组织成立实行严格把关的许可制度，属于典型的控制型管理模式。除了业务主管单位的限制外，在准入法规中，还有来自于资产、场所、规模、竞争等方面的阻碍。

非政府组织欲登记注册，遇到的另一困境，就是注册资金门槛的提高。例如，1988 年颁布的《基金会管理办法》规定基金会必须有 10 万元的注册基金。而新颁布的《基金会管理条例》规定全国性公募基金的原始基金不低于 800 万元，地方性公募基金的原始基金不低于 400 万元，非公募基金不低于 200 万元，原始基金还必须为到账的货币资金。民间基金会即使资金具备了，要登记注册也是困难重重。例如，有大明星效应的壹基金、嫣然天使基金等都挂靠在中国红十字会名下，没有自己独立的账户。瓷娃娃罕见病关爱基金挂靠在中国福利教育基金会名下，民众若捐款，要用基金会指定的账号，然后注明是"瓷娃娃"的专款，才能收到。直到 2011 年 3 月底获得"民办非企业单位"的资格后，才以此

---

① 如北京市协作者文化传播中心（简称协作者）成立于 2003 年，是一家为流动人口提供志愿公益服务的机构。属中国社会工作协会社会公益委员会注册的公益团体会员，为二级社团。成立至今一直为工商注册，主要原因是无法在北京找到"婆家"。而南京和珠海的协作者均为民办非企业单位注册，两市的民政局为其业务主管单位。

名义注册，并用"瓷娃娃罕见病关爱中心"名称开户，拥有了自己独立的账号。

2011 年 1 月 11 日，壹基金经深圳民政部门登记注册后，以"深圳壹基金公益基金会"之名亮相，成功地由公募基金会下面的基金，变身为公募基金会的基金，具备独立法人身份，可以公开募款。让一个原本是政府色彩的慈善机构占主导地位的公募基金，终于在改革开放"梦工场"的深圳，向民间慈善机构敞开大门。有的媒体称其为"千年媳妇熬成婆"。这说明由于双重管理体制，很多非政府组织无法正式注册登记。而具备注册资格的非政府组织大多有官方背景，大量真正意义上的非政府组织则由于无法注册而成为"非法民间组织"。[1] 反映在统计数据上，就是中国现阶段非政府组织的真正数量远远超过民政部门发布的官方统计数据。据有的学者的调查数据表明，经过正式登记的非政府组织数量只占非政府组织实际数量的 8% ~ 13%。[2] 这种情况，使得我国现存的合法的非政府组织官办色彩浓厚，独立性差，对政府依赖性过强，所开展的活动具有浓重的官方色彩。同时不具备注册资格的"非法民间组织"的大量存在，[3] 其法律地位得不到有效保障，也得不到政府的有力支持，办事效率往往不高，影响其作用的发挥。

这种"非法"非政府组织之"非法"，只是在于它们未经登记就开始存在及开展活动。之所以未经登记，主要原因还在于登记的程序复杂和门槛过高。有不少非政府组织是因为找不到业务主管单位而不能登记，或者不符合《社

---

[1]　现行《社会团体登记管理条例》第三十五条规定："未经批准，擅自开展社会团体筹备活动，或者未经登记，擅自以社会团体名义进行活动，以及被撤销登记的社会团体继续以社会团体名义进行活动的，由登记管理机关予以取缔，没收非法财产；构成犯罪的，依法追究刑事责任；尚不构成犯罪的，依法给予治安管理处罚。"

[2]　谢海定：《中国民间组织的合法性困境》，《法学研究》2004 年第 2 期。

[3]　根据俞可平在《对中国公民社会若干问题的管见》[载高丙中、袁瑞军主编《中国公民社会发展蓝皮书》(2008)，北京大学出版社，2008，第 19 页] 一文中指出，我国这类未经登记的非政府组织有 300 万 ~ 800 万个之多。

会团体登记管理条例》上说的那些具体条件而未登记，这应该说是管理部门的失误，而不是非政府组织的"非法"行为。正如学者吴玉章所指出的："从法律上讲，规范行为主体应该针对主体的行为而不是它们的身份。""根据主体的行为来规范它们的行为更强调主体自己的有意识行为，更强调行为主体的责任意识。"① 在现实生活中，这些未经登记的非政府组织其中绝大多数都拥护社会主义事业，拥护中国共产党的领导。在经济和文化上，对于活跃地方经济、恢复文化传统及社区救助、服务方面都有积极意义。不少组织符合社会正当性——赢得一些民众、一定群体的参与，政治合法性——其宗旨及意图符合政治正确的要求，行政合法性——获得某一级单位领导的承认等。这些不同形式的合法性，分别在社会生活中发挥着自己的作用。② 故大多未经登记的非政府组织，虽然在现有法律上是"非法"组织，但在现实社会中则符合某些社会上公认的价值目标，是一种行为正当性标准在起着作用。法律是涉及多数人的、普通的行为准则，而当现行的《社会团体登记管理条例》只能涉及非政府组织中的少数时，那它的有效性就值得怀疑，其双重管理原则也成为非政府组织发展的"桎梏"或"瓶颈"，因而到了非改不可的时候了。

（三）厚此薄彼，不利于非政府组织间公平竞争

我国政府在构建非政府组织发展的制度环境时，往往采取监管控制与培育发展并重的方针，选择性支持与选择性限制并举的措施。③ 例如，在同一个行

---

① 吴玉章：《双重管理原则：历史、现状和完善》，载黄晓勇主编《中国民间组织报告》（2009～2010），社会科学文献出版社，2009，第80页。
② 高丙中等：《传统草根社团迈向公民社会的历程：河北一个庙会组织的例子》，载高丙中、袁瑞军主编《中国公民社会发展蓝皮书》（2008），北京大学出版社，2008，第399～412页。
③ 据陆学艺、张荆、唐军主编的《2010年北京社会建设报告》（社会科学文献出版社，2010，第199页）分析：公益性社会组织在发展上存在困境的关键因素，是国家的相关利益部门在权力和财政上不愿意作出让步，一方面来自利益的考虑，另一方面也来自政治上的考虑，害怕他们会发展成为体制外的异己力量挑战政府的权威。

政区域内已有业务范围相同或相似的社会团体或民办非企业单位，就认为没有必要再成立新的非政府组织，从而不予批准筹备或登记，还有禁止设立分支机构或代表机构的政策性规定，人为地赋予某些社会团体或民办非企业单位以垄断性质和地位。这样，就使得其他同类组织无法注册，不能使公益性社会组织在一个开放的环境中公平竞争。而当今社区的发展正呼唤大量公益性非政府组织的投入，制度设计与社会需求产生的一定矛盾，不利于非政府组织健康有序地发展。

（四）购买服务及免税政策有待提升

近年来，许多地方政府试图通过政府购买服务等手段来支持非政府组织，以摆脱资金困境。但能获得政府采购的组织数量并不多，而且资金只包含服务本身，并不覆盖执行项目的人员经费。企业捐款的减免税规定仍不十分明确。虽然自 2008 年开始实行《中华人民共和国企业所得税法》《关于公益性捐赠税前扣除有关问题的通知》《中华人民共和国个人所得税法》（2006）和《中华人民共和国公益事业捐赠法》等有关公益捐赠的法律法规，我国已经逐步形成了以税收政策作为调节手段支持公益事业的法律体系；规定企业进行公益性捐赠支出，在年度利润总额 12% 以内的部分，准予在计算应纳所得税时扣除等，[①] 但是，真正能享受这种资格的只有一小部分。以北京市民政局登记注册的社会组织而言，享有公益性捐赠前扣除资格的社会组织为 82 家（社团 2 家、基金会 80 家），仅占总数的 1.21%，占公益性组织的 25%。若加上在社区备案的组织，这个比例就更小。即使可享受免税优惠的公募基金，有时也会遭遇税收麻烦。例如，中国青少年发展基金会是全国性大型公募基金会，其捐

---

① 《中华人民共和国个人所得税法》及其实施条例规定：个人对教育及其他公益事业的捐赠可以在所得税纳税前抵扣 30%。

赠收入本可享受免税优惠，但前提是必须通过申报获得民政、财政、税务三部委的免税资格认定。2008 年，青基会总共接受了 4 亿元捐赠，其中绝大部分是各界捐给汶川地震灾区的。当年，其中的 2 亿元被拨付灾区，结余的 2 亿元作为希望小学建设和资助学生（包括灾区 163 座小学建设）之用。但青基会却接到税务机构的通知须按 2008 年实施新企业所得税规定的 25% 的税率计征，一次性缴纳 5500 万元。而免税资格认定又困难重重，这给青基金造成很大困惑。①因此，税收政策的完善与否，也是影响非政府组织发展的一个重要因素。

（五）缺乏必要和有效的社会监督制度

非政府组织因接受公共资源，并承担相应的社会责任，而需要社会监督。但由于双重管理体制强调政府监督管理，社会监督往往被忽视。而双重管理体制下，民政部门及主管单位又未能进行有效的监管，使得有些非政府组织事实上处于缺乏监管的状态。这种局面一方面导致了各种侵吞公益财产的"公益腐败"屡有发生；另一方面也挫伤了社会公众的捐款热情，并降低了非政府组织的公信力。

第二节　非政府组织发展中的自身制约因素

我国非政府组织近年来发展迅速，但从现状来看，无论是人们的观念，还是组织的数量、规模及整体能力和作用，都还远远跟不上社会、经济发展的需要。除了萨拉蒙依据"志愿失灵"理论所指出的固有局限性外，其自身制约因素主要有资金、人才、自身能力建设等问题。

---

① 章剑锋：《中国公益基金会"抗税"实录》，《南风窗》2010 年第 4 期（《文摘报》2010 年 2 月 23 日转载）。

一　发展经费不足，资源匮乏

目前，我国大多数非政府组织，尤其是草根非政府组织经费不足，资金来源较为单一。据清华大学 NGO 研究所分别于 1999 年、2001 年、2004 年开展的三次大规模问卷调查结果来看，绝大多数非政府组织反映最突出的问题是资金不足。即使是生存状况较好的行业协会、学术性社团、民办非企业单位和基金会也同样存在程度不同的资源不足的问题。在 2003～2004 年调查时，被调查的行业协会中有 53.3% 存在资金不足，63.5% 缺乏志愿者；学术性团体中有 51.5% 存在资金不足，35.8% 缺乏志愿者；民办非企业单位中有 37.3% 存在资金不足，57% 缺乏志愿者；基金会中 40.5% 存在资金不足。[①] 而大量活跃在城乡基层的草根非政府组织面临的资源不足更为严重。有的组织一年的活动经费不足万元，有的组织不仅没有固定的办公场所，也长期没有固定的工作人员或只有一两个固定人员，但是他们依靠少数兼职志愿者，却开展着大量有影响的社会公益活动。瓷娃娃关怀协会初期的状况，就是典型的例子，两个正式工作人员及几十个志愿者，没有固定的办公场所，半年中搬了四次家。开始时募集的资金也比较少，开展活动受制约。用其创始者之一黄如方的话来说："没有资金，很多事情很难推动。""医疗救助的费用实在太庞大了，我们艰难募集到的资金，可能只是够一个瓷娃娃的矫形手术费。"[②] 直至成立瓷娃娃罕见病关爱基金后，情况才有所好转。总的来说，瓷娃娃关怀协会的负责人在策

---

① 王名、刘求实：《中国非政府组织发展的制度分析》，载王名主编《中国非营利评论》第 1 卷，社会科学文献出版社，2007，第 126 页。在 2000 年调查中，针对"当前贵组织面临的主要问题是什么？"回答位居前三项的分别是"缺乏资金"（占 41.1%）、"缺乏活动场所与办公设备"（占 11.7%）、缺乏人才（占 9.9%）。缺乏活动场所和办公设备，实质上也是缺乏资金问题（王名：《中国 NGO 的发展现状及其政策分析》，《公共管理评论》2007 年第 6 卷）。
② 《瓷娃娃》2010 年第 6 期。

划、联络、宣传、沟通等方面做得比较好，拥有较强的社会资本，[①] 故其筹资道路至目前为止还是比较顺利的。

其他一些草根非政府组织就不一定如此幸运了。其所面临筹资困境原因是多方面的，既有自身能力、公信力及内部志愿者资源等方面的因素，又受到组织外部网络（如与政府、社会、媒体、志愿者、企业等关系）及体制、法规等环境因素的影响，也就是说草根非政府组织筹资能力与其自身社会资本息息相关，其社会关系网络发达程度，深刻地影响其筹资活动。具体表现在以下几方面。

第一，政府对草根非政府组织支持度不够。一则，由于相关法律的欠缺及双重管理体制的影响，大多数草根非政府组织无法正常登记和注册，这种先赋的弱势，不利于组织社会资源的汇集，不利于社会影响力的提高。二则，缺乏政府政策和资金支持。政府资助本应是我国非政府组织资金的主要来源，但政府的资金一般却流向有官方背景的非政府组织，很少顾及草根非政府组织。

第二，难以调动企业资源，企业捐赠不足。由于没有合法的身份地位和社会影响力低等原因，企业往往倾向于选择具有较大影响力的非政府组织合作。再加上慈善免税政策不健全，也会影响企业捐赠的积极性。

第三，自身能力不足，社会影响力和参与度不高，难以调动社会资源及志愿者资源，如此循环往返，使草根非政府组织处境艰难。不过即使这样，草根非政府组织还是凭借着志愿精神和共同信念，千方百计筹集资金，广泛活跃在

---

① 关于社会资本的定义，美国学者詹姆斯·S. 科尔曼在《社会理论的基础》（邓方译，社会科学文献出版社，1999）中提道："社会资本是个人拥有的，表现为社会结构资源的资本财产。他们由构成社会结构的要素组成，主要存在于人际关系和结构之中，并为结构内部的个人行动提供方便。"

环保、扶贫、保护弱势群体等社会生活的各个方面，发挥着自己的作用。

总之，不少非政府组织尚未形成多元化资金来源渠道，政府对非政府组织资金支持力度有限，并且普及面也很不够。更没有普遍建立政府向非政府组织购买服务的社会化机制。再加上社会慈善捐赠风气尚不浓厚，社会捐赠收入有限，而且捐赠主要集中在少数基金会身上，草根非政府组织资金的困境可想而知。一方面类似中华慈善总会和中国红十字会这种大型非政府组织募集了庞大数量的捐款，却没有足够能力把捐款拨给其他非政府组织使用，使捐款发挥效用的最大化；① 另一方面很多战斗在扶助弱势群体第一线的草根非政府组织却为资金不足而苦恼。

二 人力资源水平偏低，能力不足

由于现代概念的非政府组织在我国发展的历史不长，社会资源不足，法律环境不健全，中国非政府组织相对于世界上有些国家和地方的同类组织而言，能力不足的问题较为突出。缺乏专业化的服务能力，以非专职人员和中等文化程度的职员为主，本科以上文化程度职员只占总数的约30%，② 高素质专业人才较为匮乏。造成这种局面的主要原因是我国大多数非政府组织社会影响力不大，工资水平偏低，而且缺乏社会保障等相关福利待遇，工作又不稳定，公众认知度不高，难以吸引高素质专业人才。同时，在提供公共产品社会服务方面，近年来一些地方政府在改革中探索将部分公共服务通过采购进行招标，但有能力和资格参与投标的组织并不是很多。有些非政府组织在与政府部门或相关利益群体进行沟通和协商时，往往因为缺乏科学务实的工作方案以及不能提

---

① 黄晓勇主编《中国民间组织报告》（2009～2010），社会科学文献出版社，2009，第41页。
② 邓国胜：《中国NGO问卷调查的初步分析》，中国社会组织网，2006年5月31日。

供专业化服务，而难以赢得社会的认同和支持，不能很好地适应政府职能转移和公共治理的要求。况且非政府组织人员培训和能力建设匮乏，有的培训班又往往流于形式，未能达到提升能力建设之目标。

再者，有些非政府组织成员，自身缺乏明确理念和强烈使命感，能动性、创新性和艰苦创业的自觉性不强，从而形成被动、盲目、短视、发展后劲不足的局面。同时由于缺乏评估、监督机制及企业三种责任机制（即缺乏个人利益的存在、缺乏提高效率的竞争机制、缺乏显示成绩的晴雨表），如果激励机制也不健全，就可能影响非政府组织积极性的发挥。

三 自身治理机制缺乏，出现公信力危机

我国非政府组织在发展过程中存在组织机构不健全，内部治理不完善、组织行为不规范的状况，制约着其健康发展和积极作用的有效发挥。就拿治理水平相对较高的基金会来说，其年检结果也不容乐观。据国家民间组织局官方网站于2008年10月8日公布的2007年度基金会年度检查结果显示，在参检的100家基金会里，有65家基金会合格，23家基本合格，其余12家不合格，合格及基本合格率达88%。这是往上溯三年合格率最高的一年。但年检中也暴露出基金会存在的内部机构不健全、决策机制不完善，不少基金会没有建立理事会为核心的治理机构，或者理事会只是摆设等问题。

公信力是非政府组织生存发展的生命线。非政府组织的公益性和非营利性本质属性，就要求组织成员把社会责任的要求与主体的内心信念自觉地结合起来，妥善处理好个人利益与社会利益的关系。但有些人道德丧失，一味地以功利主义为取向，背离了建立非政府组织的宗旨，出现公信力危机。其主要表现为财务不公开、项目运作信息不透明、挪用捐款、存在欺诈和腐败现象。非政府组织的财务管理也甚为混乱，如曾发生中华体育基金会2000万元、宋庆龄基金会

1810 万元"丢失"等事件。① 2008 年汶川抗震救灾迅速开展之后，中国红十字会"万元帐篷""虚开发票""高比例管理费"等问题接二连三曝光，引起民众强烈关注（中国红十字会也曾进行一些澄清）。尤其是 2011 年 6 月下旬发生的"郭美美事件"和一系列涉及慈善的信任度事件，据民政部统计数据显示，2011年 7 月全国社会捐款数为 5 亿元，和 6 月的 10.2 亿元相比，降幅超过 50%。民政部慈善捐助信息中心监测数据更是反映出"郭美美事件发生后，公众通过慈善组织进行的捐赠大幅降低，2011 年 3~5 月，全国慈善组织共接收捐款 62.6 亿元，但 6~8 月，只接到捐款 8.4 亿元，降幅达 86.6%"②。其他诸如利用欺诈性手段争夺社会资源、参与寻租和腐败等现象③也时有发生。凡此种种，都影响了公众慈善心的发扬，降低了非政府组织的公信力，不利于其发展。

第三节　从政府层面上创造促进草根非政府组织良性发展的社会环境

非政府组织在发展中所遇到的难题，除了其自身因素外，还存在政府和立法方面的问题。如前面所说双重管理体制、控制性管理模式、立法不完善等都阻碍着非政府组织健康、正常地发展。现针对这些问题提出一些对策性建议。

---

① 周志忍、陈庆云：《道德驱动的自律与制度化自律——希望工程公共责任和监督机制研究》，《中国行政管理》2001 年第 3 期。

② 《谁来执掌 760 亿地震捐赠》，《中国青年报》2009 年 8 月 12 日；《红基金的公信力到底靠什么》，2009 年 6 月 3 日，中央电视台《新闻 1+1》；兰洁：《全国社会捐款 7 月环比减半》，《北京晚报》2011 年 9 月 14 日。2011 年 6 月，20 岁的郭美美使用微博"郭美美Baby"，在网上炫耀自己的奢华生活，而与之联系在一起的，是经过新浪认证的微博上注明的"中国红十字会商业总经理"的身份。结果在网上引起轩然大波，使中国红十字会的公信力受到很大影响，随后中国红十字会发表声明撇清与郭美美之关系。

③ 参见《社会组织发展资源争夺战，欺诈挪用善款凸显》，《法制日报》2009 年 9 月 27 日；《社科院发布报告：中介组织腐败已成腐败重灾区》，《人民日报》2009 年 2 月 5 日，等等。

一　完善管理体制，从控制型管理转向培育服务型管理

谈到管理体制，首先要"正本清源"，明确公民的结社自由是我国《宪法》规定的公民之基本权利。因此，就民间结社而言，需要把习惯性的"管理第一，结社权利第二"的模式颠倒过来，"正其名而后言顺"，把公民结社权利放在首位，而把管理放在第二位。在一个法治社会，不仅公民需依法行使自己的结社权利，行政管理机关也需要依法管理。

正确处理好政府与非政府组织关系的关键，首先就在于改革"双重管理体制"。也就是说，为了在发展市场经济、促进政府体制改革、构建和谐社会的过程中，更好地发挥非政府组织的积极作用，政府要转变观念，由监管控制型逐渐向服务型转变。在承认并肯定非政府组织的存在及其不可替代的重要性基础上，逐步构建分类监管、资源引导和行为控制的新型管理体制。[①]

（一）采取分类对待的原则，逐渐构建分类监管

分类对待和监督，从非政府组织的角度来说，随着改革开放的深入发展，非政府组织中间也产生分化。一则党和政府需要培育和发展某些类型的非政府组织，因而需要对不同类型和性质的非政府组织采取不同的管理手段和政策。二则，各种非政府组织的专业化趋势越来越强，因而需要在基本原则统一的情况下，政府有不同的对策和方针。从行政管理角度而言，行政机关本身需更加专业化，管理也需要专业的技术手段和专业知识。故两者都不希望"一刀切"对待，而是采取灵活多样的方法。

逐步构建分类监管，即根据非政府组织的主要活动领域及功能作用，将其

---

① 王名：《中国 NGO 的发展现状及其政策分析》，《公共管理评论》2007 年第 6 卷；《关于改革我国民间组织双重管理体制的建议》，http：∕∕www. china. com. cn∕2007lianghui2007 - 03∕14content - 7960561htm。

分为不同类别，制定不同的法规和相应的制度框架，采取不同的监管政策。在此基础上，逐渐改革双重管理制度。

（二）分两步走，改革双重管理制度

双重管理原则形成于 20 世纪 80 年代后期。针对改革开放之初，国家对非政府组织的管理，尚处于"多头管理"的混乱状态，遂于 1989 年 10 月 25 日，国务院发布了《社会团体登记管理条例》，第一次以行政法规的形式规定了双重管理原则。从当时具体情况看，设计双重管理，似乎主要是为了重新规范已经存在的非政府组织[1]，纠正当时存在的"多龙治水"局面，并且对新申请成立的非政府组织进行严格管理。结合当时的大背景，双重管理形式有一定的合理性，故 1998 年，修改后的《社会团体登记管理条例》继续肯定了双重管理原则。但随着非政府组织的发展，尤其是大量草根非政府组织的涌现，双重管理政策不但对已登记的组织存在监管无力的情况，还造成大量非政府组织处于监管范围之外，或者导致不少非政府组织身份认同的紊乱，陷入"双重难管"的困境。因此，改革双重管理制度势在必行。

但是若贸然取消双重管理体制的政策设想，由于所蕴含的潜在风险，可能一时难以被决策部门所采纳，所以必须另辟蹊径，采取更加切实可行的思路，即逐步推进"两步走"战略。[2]

所谓"两步走"策略，第一步：整合目前中央和地方层面对双重管理体制的所有创新举措，明确所有不需要拥有独立法人身份的城乡基层非政府组织全部纳入备案化管理体制。对于需要确立独立法人身份的工商经济类、社会福利类、公益慈善类、社区服务类等非政府组织，一律由民政部门直接登记，不

---

[1] 吴玉章：《双重管理原则：历史、现状和完善》，载黄晓勇主编《中国民间组织报告》（2009~2010），社会科学文献出版社，2009。

[2] 黄晓勇主编《中国民间组织报告》（2009~2010），社会科学文献出版社，2009，第 55 页。

需要在成立前履行前置审批程序。

对于这第一步，近年来，中央层面及一些地方政府都进行了有益的探索。例如，2003 年，民政部制定了《关于加强农村专业经济协会培育发展和登记管理工作的指导意见》，在该文件中针对农村专业经济协会的登记工作提出了适当放宽登记条件、简化登记程序的具体办法，明确相应的主管单位为县级政府有关部门和乡（镇）人民政府；降低了登记条件，要求注册资金不低于2000 元；适当简化了登记程序，对于具备成立条件并经业务主管部门审查同意后的农村专业经济协会，可直接向登记管理机关申请注册登记，并且对于乡（镇）、村区域内的协会免于公告。① 文件的颁布，对于农村专业经济协会的发展起了很大的促进作用。2005 年，民政部又专门就促进慈善类非政府组织发出《关于促进慈善类民间组织发展的通知》。对于涉及社会福利、社会救助等类型的慈善类非政府组织，要求各级民政部门承担业务主管单位职能，并且对慈善组织在成立和运作时给予必要的帮助和扶持。对于在农村乡镇和城市社区开展安老扶弱、助残养孤、扶危济困、救助赈灾、法律援助等专项救助工作的慈善类民间组织，不具备法人条件的，登记管理机关可予以备案，并且免收登记费和公告费；法人条件成熟的，可予以登记。② 其他诸如基金会、行业协会、商会，政府也放宽了登记条件，并简化了登记程序。

总之，民政部为适应发展需要，对慈善类、农村专业经济协会以及非公募基金会等非政府组织作出的管理调整，已部分突破了双重管理的模式，逐渐向一元化管理过渡，民政部门同时承担业务主管单位和登记管理机关的变通管理模式。与此同时，深圳、上海等城市的探索力度更大，采取了变通办法，对某

---

① 《关于印发〈关于加强农村专业经济协会培育发展和登记管理工作的指导意见〉的通知》，民政部，2003 年 10 月 29 日。

② 《关于促进慈善类民间组织发展的通知》，民政部，2005 年 12 月 8 日。

些类型非政府组织取消双重管理体制的限制。深圳在 2004 年设立了行业协会服务署，2006 年将行业协会服务署和民政局下辖的民间组织管理办公室合并成立了新的民间管理局。2008 年 9 月，又出台《关于进一步发展和规范我市社会组织的意见》，① 对非政府组织的管理体制进行突破性创新。从 2011 年开始，北京市民政局逐步为工商经济、公益慈善、社会福利等非政府组织开设"一口审批"绿色通道。非政府组织登记无需再找主管部门，可到民政局直接登记。② 所有这些中央和地方政府的有益探索，都为双重管理原则改革创造了良好的条件。

双重管理体制改革的第二步：随着我国社会主义法治进程的不断推进和法制化外部环境的逐步形成，非政府组织全方位监管体系的建立和完善，将彻底取消双重管理体制。由注重身份管理转为行为管理，由注重入口管理转为注重日常全过程的监管。

（三）建立并完善非政府组织的社会监督和自律机制

从政府监控的一元化监督管理，转向政府管理、社会监督和非政府组织自律相结合的多元社会调控格局。也就是要进行所谓的"行为控制"，通过评估、监管等有效机制，密切关注非政府组织所开展的各种活动，对其行为过程及其结果加以有效控制。建立公益问责、公共部门的社会问责制，用法律规范的形式确立非政府组织的运作机制，强制性要求非政府组织运作的透明度和公开化，以此为基础建立其与社会公众之间的信任关系。有的学者还建议在现行的民政部门非政府组织管理系统基础上，筹建一个独立于民政部门之外、直接隶属于国务院的民间组织监管委员会（简称"民监会"），并建立全国性的民

---

① 《中共深圳市委办公厅、深圳市人民政府办公厅关于印发〈关于进一步发展和规范我市社会组织的意见〉的通知》。

② 叶晓彦：《社会组织可直接登记》，《北京晚报》2011 年 2 月 26 日。

间组织监管体系，改革现行双重管理体制，将业务主管单位以及其他相关部门行使的对于非政府组织的监管职能，逐步统一到民监会体制下，建立一个统一的、权威的民间组织监管体系。①

在政府监管和社会监督方面，逐步实行备案、登记、认定三级准入和分类分级监管制度。改善及加强以"年检"为核心的信息报告制度，采取公益举报制度，广泛动员公众参与公益服务组织的监管，并建立全国联网的公益举报受理机制。同时，民政部内部也进行一些调整，拟将社会福利、社会服务和公益慈善三类从事公益慈善行为的社会组织，都归为公益慈善司，以对其进行统一的行业监管，监管范围包括募捐活动的备案、规范、信息公开和财务公开等。今后，民政部民间组织管理局仍负责注册登记，慈善司则成为（国家级）公益慈善组织的业务监管机构。② 非政府组织本身也要加强自律，提高财务收支透明度，自觉接受政府和社会的监督。

二 健全政策法规，进一步改善非政府组织发展的制度环境

我国现行的有关非政府组织的法规，不仅在原则、体系、结构、内容等许多方面存在问题，而且法律位价低和重要法律缺位是当前较为突出的问题。现行主要法规仍停留在行政法规层面，公益事业相关税制、社会保障、志愿服务等方面的立法还存在空白。

目前，关于非政府组织的三个主要行政法规《社会团队登记管理条例》《民办非企业单位管理暂行条例》《基金会管理条例》，都已列入民政部将要修订的工作规划。民政部还主导起草了《行业协会管理条例》《养老机构管理条

---

① 王名：《中国 NGO 的发展现状及其政策分析》，《公共管理评论》2007 年第 6 卷。
② 兰洁：《慈善组织将由慈善司单独监管》，《北京晚报》2011 年 8 月 27 日。

例》《社会捐助管理条例》《取缔非法民间组织暂行办法》，准备制定《民间组织登记档案管理办法》。十一届全国人大常委会于 2008 年 10 月 29 日公布的立法规划共列入 64 件立法项目，其中包括《慈善事业法》《社会保险法》《社会救助法》《老年人权益保障法》等六件社会法类，被列为争取在十一届人大常委会任期内提请审议的法律草案；《行业协会商业法》等 15 件法律草案，被列为研究起草、条件成熟时安排审议的立法规划。《志愿服务法》制定的立法项目将由有关方面继续开展研究论证，视情况作出相应安排。① 2011 年民政部陆续发布了《中国慈善事业发展指导纲要》《公益慈善捐助信息披露指引（征求意见稿）》，并为国务院起草了《国务院办公厅关于加速慈善事业发展的意见》等。可以预见，随着这些与非政府组织相关法律法规的发布，一个有利于非政府组织健康发展的良好外部法律制度环境将逐步形成。首都北京将"社会办"列为政府职能部门，采取"大民政，大民生"的发展管理思路，在促进非政府组织发展方面采取新举措；广东将发展非政府组织作为"珠三角"综合改革的一项重要内容；山东省明确提出要建立购买和资助行业协会发展的政策机制。② 凡此种种，都是由于看到了非政府组织在整个社会主义建设中的重要作用，而采取的创新之举。

在立法方面，虽然迈出了可喜的一大步。但笔者认为还有一些专门法规和非政府组织发展基本法亟待出台。例如，在行政法规层面，应陆续出台一批依据科学分类形成、体现分类监管原则和专业性的专项法规，逐步形成分类监管的行政法规体系。在此基础上，通过深入调研和广泛征求意见，尽早制定我国非政府组织发展的基本法或实体法，可称为"非政府组织促进法"或"民间

---

① 《十一届全国人大常委会立法规划出台共列入 64 件立法条目》，新华网，2008 年 10 月 29 日。
② 《山东省人民政府办公厅关于加快推进行业协会改革与发展的意见》（鲁政办发〔2008〕48 号）。

组织法"等等。① 这样的基本法，要充分体现公民结社自由的原则及保护公益
财产的理念，并使之具体化。同时，要对非政府组织的发展，从总体上做出规
范和协调，明确国家原则和利益，表明我国对待非政府组织的基本方针和政
策，并对非政府组织的性质、地位分类、主体资格、活动原则、经费来源、内
部自律、登记监督、行政指导、社会监督、税收减免、政府采购等方面做出原
则规定，以指导各项专门的行政法规。

三　资源引导，建立政府与非政府组织之间互动合作关系

（一）引导、培育式资金支持

所谓资源引导，就是通过政府采购等方式提供公共资金，明确表达政府的
意图和目标，用资源引导非政府组织。对于我国的非政府组织来讲，政府补贴
往往成为非政府组织尤其是官办色彩较为浓厚的非政府组织的主要资金来源。
但这种资金来源方式是难以持久的，有待改善。政府的补贴应该作为一种项目
资金，对非政府组织进行引导式、培育式的资金支持。通过加大对社会服务项
目的投入，即通过政府向非政府组织采购服务、项目委托、调查研究、项目执
行等来进行资金支持。

在完善立法和统一监管的基础上，政府应将相关公共政策的重点，放在推
进新型公共服务体系的建设上，着力支持和培育发展公益服务类的非政府组
织，尤其是对以扶助弱势群体为要务的草根非政府组织更要加大支持力度。也
就是大力支持在环境保护、扶贫开发、初级卫生、基础教育、社区服务、慈善

---

① 1987 年，党的十三大曾明确提出制定结社法的立法任务，并委托民政部起草结社法草案。
从 1987 年开始，"民政部按照国务院指示，开始了结社立法的工作，经过五年多的努力，
十易其稿"，于 1993 年报送国务院，但至今尚未正式出台。参见《民政部杨衍银副部长在
北京市第三次社会团体管理工作会议上的讲话》（1993 年 12 月 4 日），载民政部社团管理
司管理处编《社会团体管理工作手册》（内部资料），1996，第 22 页。

救助等领域提供各种公益服务，以及与公益服务相关的资源动员和机构能力建设等活动的公益服务组织。

（二）政府采购、委托服务、税收政策规范化

政府与非政府组织在支持和扶助弱势群体上的协作，最主要的是资源互补。政府是公共福利的主导者，承担着绝大部分的资源提供，并以政策和制度设计来缓解和消除社会排斥，同时对其他扶助主体形成管理和服务支持。而非政府组织一方面可以形成对"政府失灵"的有益补充，另一方面也可以作为公民社会的代表力量对抗"市场"可能对弱势群体形成的剥夺、排斥和隔离。社区则是连接政府和弱势群体的"中介"，一则是政府落实和实施社会福利支持的平台；二则也可以通过社区来改善整体环境。而非政府组织则可通过与社区合作，资源整合，为弱势群体提供直接的帮扶。

从国外及国内一些地区来看，政府购买社会服务和项目委托，已经成为公共服务的重要运营方式之一。政府向非政府组织购买公共服务的主要作用，一是资金支持功能，政府投入大量资金购买公共服务是最主要的财政支持手段，英美等西方发达国家非政府组织的资金主要来源于政府，即是通过购买手段来实现的;[①] 二是能力提升功能，政府在购买公共服务时要有特定的专业化和质量标准，通过引入公开透明的竞争机制和规划，推动非政府组织自身加快专业化步伐，以有效改善和提高其专业化服务能力；三是制度规范和政策引导功能，政府购买行为和非政府组织提高服务皆需合理的制度和规范，非政府组织为得到更多财政资金支持，将会更自觉地按照政府需求发挥自身的积极因素，更好地满足人民日益增长的物质文化需求，也使政府和非政府组织的关系步入

---

① 徐彤武：《美国民间组织：身份、事业和运行环境》，载黄晓勇主编《中国民间组织报告》（2009~2010），社会科学文献出版社，2009；《英国政府与民间组织：战略、政策与措施》，载黄晓勇主编《中国民间组织报告》（2008），社会科学文献出版社，2008。

互动合作模式，建立既平等合作又互相制衡的关系。

在政府采购方面，北京市政府做出了颇有成效的尝试。例如，2010 年北京市区两级政府财政出资 1 亿元，向社会组织购买 300 项公益服务项目，每个入选项目可获得 3 万～30 万元不等的资金支持。公益服务项目主要涉及扶贫救助、扶老助残、医疗卫生、文化体育科普、妇幼保护、服务三农、法律援助、支教助学、生态环境、促进就业十大类。[①] 今后还要逐步把向非政府组织购买公共服务统一纳入政府采购制度，并尽可能地向草根非政府组织倾斜，进一步健全购买非政府组织公共服务的运行机制和制度体系。

此外，税收政策在调控和管理非政府组织方面也将发挥日益重要的作用。在这方面，美国以税收政策为杠杆，调控管理非政府组织的做法，是值得我们深入探讨的。

四　美国税收政策的启示

美国是以税收法律体系管理非政府组织的典型国家。其以《国内税收法典》为主干，加上一系列配套严密的实施条例和细则，构筑了一个相当缜密的免税组织法律体系。[②] 主要从组织定义、免税资格认定、经济利益、报表和信息披露、政治性活动五个基本方面来规范管理非政府组织。1969 年制定《1969 年税收改革法》（Tax Reform Act of 1969），后又根据国会通过的相关法案进行了若干重要修订。现今美国大概有 200 万个非政府组织，其中约有 180 万个是属于享有联邦免税待遇的非营利组织。非政府组织申请免税资格时必须

---

① 《北京出资亿元购买扶贫资助等十大类公益服务》，《北京日报》2010 年 7 月 13 日。
② 参见徐彤武《美国民间组织：身份、事业和运行环境》（载黄晓勇主编《中国民间组织报告》（2009～2010），社会科学文献出版社，2009）。美国免税组织概念源于《1894 年税法》，《1969 年税收改革法》才催生出有关私立基金会的规定，由此确立了联邦免税组织，特别是公益慈善类组织管理的完整法律框架。

慎重考虑投入公益慈善事业资产的不可撤回性，一旦联邦税务局发出免税资格批准函，该非政府组织的所有资产必须永久投入公益慈善事业。获得免税资格的非政府组织除了免税资格申请表及所有附加材料，必须向公众持续公示三年外，每年还必须向联邦税务局报送非常全面和复杂的年度报表。

如果发现非政府组织违反相关法律法规，通常处以罚款，对情节严重者则取消联邦免税资格，追究组织领导人的法律责任，有的还会被监禁。运用严密的税收法律体系，通过对免税非政府组织信息公开的强制性要求，使美国政府在管理非政府组织时根本不必进行行政审批。这样既在税收上给以经济激励，促进其良性健康发展，又达到了依法管理之目的。

美国政府一方面用强制信息公开透明的方式，将非政府组织纳入全过程立体监管链条之中，强化执行监督；另一方面又加强服务，通过各种宣传、教育活动和辅导性服务，帮助非政府组织熟悉有关法规，答疑解惑。同时，美国政府还加强官方网站建设，不断更新和充实网站内容，增加网上服务功能。为了更好地对免税组织进行审查，2008年财政年度，联邦税务局要求增加预算6.3%，其中执法监督部门的预算增加了12.3%，以使它有能力雇用更多专家投入审查工作。

美国以资产和事业作为政府监管的重点，而不是将管理重点放在管人和准入上。在监管公益慈善群体组织的全过程中贯穿透明性原则，并严防这类组织违规介入政治活动，警惕和防范各种恐怖分子、极端势力和经济犯罪分子以非政府组织为掩护开展非法活动。用法律规定投入公益慈善事业资产的不可撤回性，严格区分并分项管理公益慈善组织所从事的公益性事业和无关宗旨的商业活动。① 各级政府设立专门机构统一协商和资助志愿服务项目，联邦政府设立

---

① 许多免税组织都有主要事业以外的各种商业性活动和收入。在绝大多数情况下，这种收入必须依法缴纳"无关宗旨商业所得税"。

财政部联邦税务局免税组织司，州政府主要由州首席检察官和州税务机关进行监管。还有非营利组织全国委员会负责联系各种组织协会，从而使国家、社会对非政府组织的管理形成多层次网络体系。① 国家领导人还以各种方式激励志愿者为国家和社区服务。

我们无须照搬美国监管的经验，但其运用税收法律政策体系管理非政府组织的思路和行之有效的方法，还是应很好地加以借鉴，可通过综合运用财政税收以及评估等多种政策工具引导非政府组织，以使其规范化。

第四节　加强非政府组织自身建设，完善内部运行机制

非政府组织在发展过程中，遭遇到自身制约因素和"志愿失灵"问题。在外部社会法律环境逐渐改善的情况下，非政府组织于积极筹措资金、保证公益项目正常运转的同时，需加强自身建设，提升参与公共服务的能力，处理好与政府、企业、服务对象及志愿者互动合作关系，充分发挥在公益事业中的积极作用。

一　拓宽非政府组织获取资金渠道，力保可持续发展

（一）筹款渠道

资金筹集问题，对于非政府组织，尤其是草根非政府组织至关重要。一般而言，非政府组织的资金来源主要有四个渠道：民间捐赠、服务收费、政府补贴及外国援助。

---

① 非营利组织全国委员会，是美国全国性非营利组织网络，总部设在华盛顿，主要联系全美各州和地区的非营利组织协会，拥有 2 万多个团体会员。

　　而能得到政府大量补贴的，往往是一些法定非政府组织。在我国，一些规模较大的有官方背景的非政府组织成立时，其注册资金及初始启动资金（部分或绝大多数）来自于政府直接或间接支持。这种官方背景不仅使此类非政府组织容易获得"合法"地位，而且有着政府的财政支持，资金实力雄厚，便于开展各项活动，在社会上影响也较大。例如，中国儿童少年基金会（1981年成立）、中国残疾人福利基金会（1984年成立）、中国人口福利基金会（1987年成立）、中国扶贫基金会（1989年成立）、中华慈善总会（1994年成立）等。而2003年12月成立的上海市民帮困互助基金会，则是经上海市福利彩票发行中心、市民政局信息研究中心和市民政局机关服务中心研究，共同发起成立的。其初始资金也主要来自于政府预算支出、福利彩票收入以及市属国有企业资助。① 当然，从长远看，随着经济的进一步发展，公民社会日趋成熟以及非政府组织治理机构的完善，我国非政府组织对政府资金的依赖会逐渐减轻，依靠民间力量建立的非政府组织的机会将越来越多。

　　但对于草根非政府组织来讲，在现阶段，要得到政府的大量资助是非常难的。而在获取社会资源方面，又存在着吸引力不足、地位不平等的问题。据统计，2008年政府、中国红十字会、中华慈善总会等组织直接或间接接收的款物捐赠共计955.5亿元，占全国接收捐赠总额的89.26%。其他各类公募基金会、社会组织接收捐赠占10%。② 目前草根非政府组织主要资金来源是民间捐赠，少数来自服务收费、外国相关非政府组织的援助及国内大基金会的拨款资助。如瓷娃娃关怀协会就从国际助残、福特基金会、儿童救助委员会及其上级

① 据上海市民政局救济救灾处资料显示，2005年3月10日上海福利彩票发行中心拨出1000万元，注入上海市民帮困互助基金会账户，以推行综合帮扶计划。即由政府出资，由社区与非政府组织协作制订实施方案，确定救助对象，实施针对性的分类服务，也就是采取政府购买服务的方式，进行救助。
② 民政部：《2008年度中国慈善捐助报告》，新浪公益网捐助报告专栏。

基金会——中国社会福利教育基金会等处得到资金，还有蒙牛、伊利等大企业也伸出援助之手。

（二）筹款模式

筹款和散财，对于任何非政府组织来讲，都是关键的战略问题。目前，我国既有国内外大机构或企业的大手笔捐款，又有国家主导下应急式、运动式的捐款方式，但更多的是建立在大众基金上稳定的、经常性的小额募捐机制，这无论对于社会保障，还是整个社会公民道德的建立，都发挥着重要作用。

根据捐款者和受益者这两类主体是单一还是复数的原则，从逻辑上可总结出四种排列组合：单一捐款者对单一受益者；单一捐款者对复数的受益者；复数的捐款者对单一受益者；复数的捐款者对复数受益者，即"一对一""一对多""多对一""多对多"。或者是四种类型的糅合，类似哑铃模式，世界宣明会"代表童"就是这种模式的典型。其意即将多个捐助者的资金，拨给选定的学童（代表童）的社区，以改善代表童及社区就学与生活环境，使筹款规模与资助效益最大化。[①] 上述模式在瓷娃娃关怀协会资金筹集过程中可找到相对应的组合类型。

①"一对一"捐赠模式，是人类社会最常见、最直接的慈善举动。其最大优点是资金透明度高，资助双方易建立密切关系，直接体现了人际关系的信任基础。瓷娃娃关怀协会所进行的"一对一资助项目"，就是这种组合类型的典型。协会为贫困瓷娃娃家庭找到爱心人士对其提供资助，资助额度为每月100~200元不等，捐助款由资助方直接发放给受助家庭，大大增加了透明度

---

① 徐宇珊、韩俊魁：《非营利组织筹款模式——兼论世界宣明会筹款模式》，载王名主编《中国非营利评论》第 4 卷，社会科学文献出版社，2009，第 174 页。

和可信度。中国青少年发展基金会"希望工程"之"1+1"助学行动，也是一对一捐赠较为成型的模式。①

②"一对多"捐赠模式中，捐赠者权限于那些经济实力比较雄厚的捐赠个体（包括自然人和法人），而受助者为不特定群体。远者如香港实业家李嘉诚曾为中国残疾人事业捐赠上亿港币，实施了"长江新里程计划"等公益项目。近者如内蒙古伊利实业集团捐赠19.5万元，帮助15位贫困的瓷娃娃小朋友进行手术治疗。

③"多对一"筹款模式，往往由媒体、受助者所在单位发起，在特定的地域和时间内为特定的个人筹集资金，具有一次性、特定性、临时性等特点，此类捐款能调动社会力量，增强其公益意识，并可在极短时间内筹集一定资金解决受赠方的难题。例如前面提到的瓷娃娃关怀协会联合天津义工服务队为咪咪动手术募捐，此后又把募得剩余之款注入瓷娃娃罕见病关爱基金，就属于此类筹款模式。

④"多对多"筹款模式，这是一种最为普遍的制度化筹款和资助方式，即捐赠人群向非政府组织捐赠金额不等的款项，非政府组织将捐款聚沙成塔之后，捐赠给受助者群体。但捐款者并不知道自己的捐赠用于哪一个具体的受助者。例如，慈善机构针对自然灾害发起的募捐活动、中国民政部门发行的福利彩票、② 公益项目"幸福工程"和"母亲水窖"等，皆属于此类模式。瓷娃娃罕见病关爱基金所募集的善款，也主要用于对困难家庭的瓷娃娃医疗、药品等求助项目，还有一部分资金用于宣传、研究及开展各项活动的支出。通常规范的劝募者会开具专用发票或收据，可确保第一阶段的资金流向，但第二阶段只

---

① 顾晓今、甘东宇：《国际化：中国青基金的一个重要发展方向》，《中国青年科技》1999年第3期。
② 从1987年开始发行的福利彩票是一种特殊的社会募捐形式。彩民在购买彩票时，实际就与发行机构达成了约定，即募集资金用于扶老、助残、救孤、济困等社会公益事业，故彩民购买彩票的同时也实施了社会捐赠。

会在相关网站或媒体上公布公益项目实施的总体宏观情况，因此资助人无法获得自己捐赠金额所对应的受益者信息。如瓷娃娃关怀协会虽然在自己的新浪网站上公布项目执行及开支情况，但对每个捐款人来说，也无法获得具体受益者之信息。

瓷娃娃关怀协会还通过"乐拍"、义卖等形式，一方面进行有关瓷娃娃等罕见病知识的普及宣传，另一方面为瓷娃娃群体筹款，集腋成裘，以用于瓷娃娃及其家庭在教育、医疗、心理关怀、就业等方面支出。

但是，对于瓷娃娃关怀协会这样的草根非政府组织来讲，筹款路径毕竟比较狭窄，数额也很有限。不像有些拥有大明显效应的基金会，写几个字就可拍得近百万元，一件小物品即可拍得数十万元。瓷娃娃关怀协会开展的救助项目需要大量资金，日常行政开支、宣传联系费用也不可或缺，因此，资金问题始终是草根非政府组织前进道路上的拦路虎。如要从根本上解决问题，一是要健全社会保障制度，二是政府通过购买服务、项目委托等形式对草根非政府组织进行资金支持。

（三）非政府组织通过参与政府购买服务、项目委托等方式，拓宽筹款渠道并用好资金

草根非政府组织的资金筹集渠道虽然多元化，筹款的模式也多样化，但总体来讲，资金仍嫌不足。美国约翰·霍普金斯大学公民社会研究中心的研究显示，美国非政府组织收入的25.6%来自政府部门。[①] 这个数字是综合性的平均值，实际上很多组织无需公共财政援助。政府资助的对象多为公益慈善群体和公民权利群体组织，还有一些专业类组织和科研机构。提供资助的方式有多

---

① 莱斯特·萨拉蒙等：《全球公民社会——非营利部门国际指数》，陈一梅等译，北京大学出版社，2007，第41页。

种，如直接向非政府组织拨款，通过一定的招投标程序和管理机制购买非政府组织提供的物品和公共服务，委托项目，组织开展研究、咨询项目等。

在我国，如北京、上海、深圳、广州等城市也率先开展购买公共服务产品的尝试。以深圳为例，2008 年全市社工机构共获得市、区两级政府购买社工服务的经费达到 5000 多万元。各社区老年人组织通过"老有所乐"和"居家养老"项目获得资助达 8966.4 万元。① 随着草根非政府组织迈过登记的门槛，逐渐具备投标条件，希望政府购买服务等政策，能惠及草根非政府组织。同时也可借鉴香港特别行政区的经验，实行政府对非政府组织津贴制度（主要分为整笔拨款津贴制度和非整笔拨款津贴制度），将资助经费有计划按比例地拨给相关非政府组织，使其除了自己筹款或自办实体创收外，能有比较固定的收入，以维持日常运作开支，力保可持续发展。

对于非政府组织来讲，筹款固然是关系到生存发展的大问题，但如何用好善款也是不可掉以轻心。管理费、工资福利、宣传开支，到底应占善款的多少比例，是否在合理的范围以内都要细细考量。尤其当捐款不断增加的情况下，怎样不改初衷，有计划地开展主要项目，做好公益服务，并且作到透明公开、账目清楚，提高公信力，这也是很重要的。瓷娃娃关怀协会自开办以来，坚持每月在杂志和网上公开财务收入清单，并每季度公布财务收支清单，其中包括收支概况、支出概览、专项资金披露、利益相关方披露等，以做到财务公开，取信于公众。

二　提倡参与式发展，建立与政、企、扶助对象及志愿者的互动合作模式

人类学参与式发展理论是建立在对传统发展模式的反思上，强调在发展项

---

① 参见 http：//www.chinainnovations.org/showNews.html？id＝6DAA6123978C388CIAS493DD21A4073D。

目的制定者、计划者和执行者之间形成一种高效平等"合作关系"的全新社区发展理论范式。其核心是"赋权",而赋权的核心则是对发展援助活动全过程的参与权、决策权进行再分配,就是增加社区中穷人和妇女在发展活动中的发言权和决策权,也即"分权"。如以瓷娃娃关怀协会为例,参与式发展至少包含五个层面意思:一是政府赋权,鼓励诸如协会这样的草根非政府组织参与医疗救助等为弱势群体服务项目的投标,给予必要的资金扶持,而非政府组织则积极参与项目竞标,保质按时完成任务;二是协会面对企业,要加强宣传攻势,使其了解协会宗旨,征求他们的意见,使其提高社会责任感,增进参与扶助弱势群体的意识,更好地共同发展;三是协会面对瓷娃娃等罕见病弱势群体时,应要由"单项救助"向"互动救助","直接救助"向"间接救助"转化,不仅要扶贫济困,筹款送药,而且要提供心理、智力、技术等方面的支持,以平等态度,倾听他们的心声,逐步唤起其对自身知识和能力的自信,重建自尊心,鼓励他们参加力所能及的工作和公益活动,弱势群体也要自强不息,千方百计自力更生,积极面对疾病和困难,并尽可能参加协会的一些活动;四是协会专职人员面对志愿者时,也要鼓励他们参与项目的设计和实施;五是对志愿者本身来说,除了参加具体的扶助活动和日常事务工作外,也要献计献策,积极发挥主观能动性,真正成为该集体的成员,并通过自己的社会网络,拓宽非政府组织的社会资源。只有在这五个层面上弘扬参与式发展理论的精髓,才能更多地积聚社会资本,做到可持续发展。

若欲真正建立非政府组织与政府之间参与式发展关系模式,从政府角度来讲,首先要彻底转变观念,放弃"唯我独尊"思想,正视非政府组织的作用,将其看作平等的合作伙伴,而非自己的"附属";其次,政府需要制定完备的法律,明确划分两者的职权,并通过法律为两者的合作制定一套公开透明的具体规则,使双方都能起规制作用,避免职能重叠和资源的浪费;再次,政府须做到有关信息的公开，并通过听证会、社会调查等方式，增加非政府组织对公共政策制定的参与和对具体服务项目来龙去脉的了解；最后，政府的工作重心在于为社会大船掌舵，做好引导非政府组织的工作，使其保持正确方向。对于非政府组织，政府应综合应用法律手段、经济杠杆等从宏观上加以调节和管理，而不要在微观管理上加以干预。

对于非政府组织来说，要摆正心态，充分认识自己的使命和作用，在本组织力所能及的范围内，积极参加各个项目的服务。与此同时，非政府组织也要加强自身建设，完善内部运行机制，提升专业化水平和决策管理能力，与政府、企业、志愿者及服务对象建立互动合作的良好模式，使参与式发展的理论真正落到实处。图5-1为非政府组织、政府、企业及非政府组织与公共服务对象、志愿者之间参与式发展关系模式。

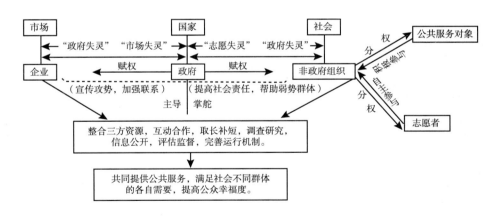

图5-1　参与式发展主体之间关系模式

三　提升专业化能力　广泛吸纳人才

非政府组织能力，包括以下几个方面：具有明确表达的使命，有提供高质量项目的能力，具有发起和创新能力，有筹资和制订战略计划的能力，具有办别和回应迫切需要的能力，能够适应变化的外部环境，具有进行组织管理、人员培训、履行责任、实行透明公平、能够依据专业化标准进行运作的能力等。①

非政府组织作为社会三大部门之一，若要在与政府、企业部门发展协作伙伴关系中得到应有的地位，最重要的是提升组织内部的能力建设。笔者认为提升能力建设主要应从以下三个方面着手。

（一）组织内部成员结合工作实际，开展培训和学习，以提高能力

例如，目前，瓷娃娃关怀协会已走出可喜的一步。为了加强团队能力建设，协会邀请同行专家进行培训，并组织自学，为后续高水平发展打下基础。

例一： 协会为了加强团队能力建设，2010 年 8 月针对性地安排了两场培训，分别由社会资源研究所所长李志艳先生和北京亦能亦行残障研究所张巍先生就 NGO 工作与《残疾人权利公约》的内容进行了交流。

来自社会资源研究所的李志艳先生拥有多年 NGO 从业经验。在培训现场他慷慨分享了自己的工作经历，特别是失败的经验，希望能给同行更多启发。李先生强调在 NGO 工作中要以机构利益为重，制定完备的财务规范和科学的领导决策，不主动自我边缘化，避免低水平发展。

来自北京亦能亦行残障研究所的张巍先生致力于残障法研究，在学术和实践方面均有丰富积累。他和团队介绍了《残疾人权利公约》这部对于残障领域工作具有重要指导意义的联合国公约，并对其进行了细致解读。特别是"残障"的概念，八项基本工作原则和"合理便利"目的等内容，协会工作人员结合自身日常工作中的实际经验，对其有了更深刻的理解。

---

① 赵黎青等主编《非营利部门与中国发展》，香港社会科学出版社，2001。

例二：协会近期加强了对团队成员的培训工作。通过邀请专家讲课、推荐阅读人类学和社会学相关书籍、在线学习哈佛大学 Michael Sandel 教授《公平与正义》课程视频等多种形式总结思考现有的工作，开阔思路。今后还将陆续安排各种培训，为员工发展和未来工作打下坚实基础。[①]

例三：瓷娃娃关怀协会与恩友财务合作进一步增进自身财务能力。2011年 4 月 18 日，协会与北京恩友信息咨询有限公司（恩友财务）签署了"恩友财务陪伴成长计划"合作协议，根据协议，协会将通过服务购买的方式获得恩友财务提供的专业服务，内容涉及专业化财务制度建立、财务风险评估、员工财务意识提升、财务程序检查与监理等类目。恩友财务将组建专业的财务人才为协会提供为期 10 个月的财务规范服务，协会希望通过上述服务进一步提升其财务安全性、透明度和处理水平，使机构有能力在未来更好地为社会提供服务。

（二）建立一批能够为非政府组织提供综合配套服务的支持组织

这是一种独立的、带有强烈取向的非政府组织。其主要任务是向非政府组织提供技术性服务，如培训、研究、信息、宣传、建立网络等服务，以加强其成员组织或者被支持组织实现其目标的能力。[②] 如瓷娃娃关怀协会曾接受孵化的公益组织——"北京 NPI 公益组织发展中心"，就是此类的支持组织，旨在为初创期和中小型民间公益组织提供切实支持，积极探索在中国公益事业蓬勃发展中处于初创阶段的非政府组织的发展道路。这种公益孵化机构，为非政府

---

① 《瓷娃娃》2010 年第 9 期。
② 马伊里、杨团：《公司与社会公益》，华夏出版社，2002。

组织提供的综合配套服务有多种类型，其中包括资金支持、人力支援、信息网络、技术性支援、自律与互律等项目，其目的是减少创业风险和降低创业成本，促成和扶植其成长。

（三）改善内外环境　广泛吸纳高素质人才

首先要有专门高等院校来培养相关人才。2009 年，国务院学位办批准 33 个高等院校开展社会工作专业学位招生，2010 年，我国迎来第一批社会工作专业硕士学位研究生。专业社会工作制度的不断推进以及专业社会工作人才的培养，将为非政府组织发展培养大批高层次的专业化和职业化人才，使其专业化能力将得到人才的保障，并成为吸纳大学生就业的重要渠道。[①] 2011 年 11 月，我国颁布了首个有关社工队伍建设的文件。目前国内社工人数为 20 万人，按世界标准比例 1‰ 计算，我国社工还有百万人以上的缺口。

其次要提高专职人员福利待遇和养老保障，以解除其后顾之忧。2008 年 3 月，劳动和社会保障部、民政部联合发出通知，要求按照属地管理原则，解决非政府组织专职工作人员的养老保险问题。北京市决定，民间组织从业者自 2012 年起，将逐步纳入由市民政局建立的"社会组织专职人员编制体系"，在编者的收入和社会保障水平将大幅提高，并建立工资增长及职称评定。[②] 再加上非政府组织自身规范化建设及激励性机制的推进，吸纳大批社会精英投身于非政府组织指日可待。实践证明，采取能力建设和专业培训等多样化手段建设专业化人才梯队，是提升非政府组织专业能力的有效途径。

---

① 《社会组织成为吸纳大学生就业重要渠道》，《人民日报》2009 年 6 月 18 日。
② 劳动和社会保障部、民政部：《关于社会组织专职工作人员参加养老保险有关问题的通知》（劳动部发［2008］11 号）；《新京报》2012 年 2 月 1 日。

四　自律与他律相结合，建立多元立体监管体系

自律是行为主体的自我约束，他律是外部力量对行为主体的监督和约束。当经常化、严密化的外力约束下的行为产生惯性，并最终成为"行为主体"的下意识或"自然反应"时，他律就转化为自律，达到自律与他律的有机统一。因此，对非政府组织而言，监督和竞争环境是非常必要的。

鉴于非政府组织管理机构的力量不足和非政府组织的自治特点，可以逐步成立不同门类、不同层次、不同功能或不同地域的各类非政府组织联合会或联盟，充分发挥其自己监督自己的自律自治功能，来监督规范非政府组织的良性发展。这种联合会或联盟将是一个汇集信息、交流经验、展示成果、促进合作、互相监督、推动能力建设和组织建设的公共信息交流平台，加强横向交流和合作沟通，避免恶性、无序竞争。同时，也可以发挥非政府组织与政府管理部门之间的桥梁和纽带作用，传递非政府组织的发展需求、合作意愿及政策诉求等信息，做到及时沟通，减少不必要矛盾，增进两者的关系。深圳市社会组织总会成立以来所发挥的积极作用，证明该联合自治机构是政府管理的助手。上海市静安区整合资源，创建了"1＋5＋X"的服务管理模式，充分利用社区和街道分别成立的社会组织联合会及其分会，有效地解决了服务和管理上的难题。[①]

同时，我国互联网之网民规模达4.57亿人，网络监督已经成为畅达民意、维护权益、鞭挞腐败的便捷而有效的手段。[②] 非政府组织管理部门可以充分发挥网络监督的积极作用，使网络监督与行政执法监督建立良性互动机制。公开

[①] 《上海市静安区积极探索社会组织发展新路》《"1＋5＋X"新模式服务静安，社会组织吹响集结号》，http：//www.chinanpo.gov.cn。

[②] 《网络监督：蓬勃中呼唤规范》，《人民日报》2002年2月3日；笔者实地调查。

透明是非政府组织赢得信任的基石，其目前所暴露的问题绝大多数与运作不公开，财务不透明，项目暗箱操作有关。故非政府组织也可利用网络公布财务和项目执行信息，加强透明度和自律。① 从而形成社会监督、自律监督、政府监管、行业监管密切配合的全方位立体监督制约体系。此外，也要完善非政府组织退出机制，优胜劣汰，对偏离公益宗旨、服务绩效差、监督不合格的非政府组织应给予撤销登记，有违法行为者予以惩处，以维护非政府组织的社会公信力。

综览国外，日本、英国、法国等慈善机构在提升公信力方面的一些做法，是值得我们借鉴的。例如，在日本，红十字会直接归日本政府的厚生劳动省管辖，须将收支报告、检查流程、监管法规等信息，在自己的网站上公开，任何人都可以上网查询。根据日本红十字会的最新监察报告显示，收到的捐款用于三个方面：直接向灾民发放现金；向灾区当地救灾组织发放资金；向灾区当地政府发放资金用于灾后重建。捐款用于灾区的比率是100%。在英国，红十字会在组织财务上特别注意"全透明"。在该组织的官方网站上，人们可以清楚地了解到英国红十字会定期公布的年度开销，清楚地了解善款的用途。在法国，有关社会慈善事业的民意调查显示，70%的法国人将红十字会视为最信得过的慈善组织。红十字会会长是义务工作，不拿薪水，只有最基本的津贴。在资金管理方面，每年红会都会向公众公布账目细则，而且每个单位都必须由专业会计事务所、审计师事务所来进行账目管理，最后由审计法院审计账目。②

---

① 2010年7月8日，由35家基金会发起成立的基金会中心网正式运行，截至目前可"一网打尽"全国1858家公募、非公募基金会的基本信息、公益项目以及财务使用情况，这预示着公益慈善信息透明迈入新阶段。
② 李莹等：《国外慈善机构管理严》，《生命时报》2011年8月30日。

第五节　构建志愿服务新机制，充分发挥公益活动生力军作用

　　作为文明古国，我国民众长期受儒家"仁爱"思想的熏陶，衍生出尊老爱幼、济人危难、乐施好善、助人为乐、邻里相帮、见义勇为等中华民族优秀品德。新中国成立后，又长期受"我为人人，人人为我"，"为人民服务"，"雷锋精神"等教育。这些都潜移默化地为我国志愿者弘扬"奉献、友爱、互助、进步"的志愿精神，打下一定的基础。毋庸讳言，市场经济的冲击，利己主义的滋长，不可避免地也带来一些负面影响。

一　我国志愿者队伍的发展壮大

　　志愿者精神和志愿者的实践，是广大非政府组织生存发展的基本条件。非政府组织发展与志愿者队伍成长紧密相连。尤其是公益慈善类、社区服务类等非政府组织中的志愿者岗位，为公民提供了志愿参与的广阔舞台。志愿服务机制也得到逐步完善。①

　　1993 年 12 月 5 日"国际志愿者日"，在共青团中央的积极倡导下，青年志愿者行动逐步发展起来，成立了北京志愿者协会（2009 年更名为联合会）。这是个有很强官方背景，带有"准政府组织"性质的非政府组织。联合会接受共青团北京市委业务管理和北京市社会团体管理办公室的监督，现已逐步发展为覆盖全市各部门、各系统、各领域的志愿者行业管理和服务的"枢纽"型社会组织。2005 年党的十六届四中全会提出"建立社会志愿服务体系"，

---

　　① 志愿服务，从其服务形式的角度理解，主要分有组织的志愿服务及非组织的志愿服务。参见陈武雄《志愿服务理念与实践》，台湾，扬智文化事业股份有限公司，2004。

2006 年颁布了《中国注册志愿者管理办法》，2007 年党的十七大报告提出"完善社会志愿服务体系"，同年 9 月 4 日北京市人大常委通过《北京市志愿者服务促进条例》，使北京志愿服务正式步入法制化、规范化发展轨道。2008年由中央文明委牵头，团中央、民政部配合共同建立了志愿服务的新机制，并逐渐取得了成效。2009 年 3 月颁布了《中共北京市委北京市人民政府关于进一步加强和改进志愿者工作的意见》，2010 年 8 月公布了《北京市志愿者管理办法（试行）》（征求意见稿），为志愿服务的可持续发展提供了良好的制度保障。目前，我国的志愿服务队伍和组织网络不断壮大，主要分为从属于共青团、民政、红十字会三大系统的青年志愿者、社区志愿者、红十字志愿者。志愿服务活动类型日趋多样，各类社会人员广泛参与志愿服务活动，形成了多个具有不同特色并具有较大社会影响力的志愿活动品牌。①

2008 年是中国志愿者队伍发展具有里程碑意义的关键一年。既出现了大规模的志愿者参与灾害救援的自发行动，也发生了大规模政府动员下的奥运会志愿行动。大量的非政府组织和志愿者参与救灾以及赛会活动，参加人数之多以及涉及范围之广，均开创了中国非政府组织发展以及志愿参与的新纪元。据统计，先后深入灾区的国内外志愿者队伍总量达数百万人。这些志愿者参与了救援服务、清理现场、安置受灾群众、心理求助与辅导、灾区服务需求调研等几乎所有类型的服务，成为抗震救灾中一支不可忽视的重要力量。抗震救灾极大地激发和动员了普通民众参与公共危机应对的志愿参与精神。在北京奥运会、残奥会举行期间共有 170 万人参与了志愿服务（其中有 935 名为外籍志愿者）。10 万名赛会志愿者、40 万名城市志愿者、100 万名社会志愿者和 20 万

---

① 参见黄晓勇主编《中国民间组织报告》（2009~2010），社会科学文献出版社，2009，第11~13页。

个拉拉队队员志愿者，在赛场内外的各类服务领域开展志愿服务活动，累计超过2亿小时。正是因为北京奥运会志愿者的卓越成绩，4名中国志愿者和北京志愿者协会还分别获得"联合国卓越志愿服务奖"及组织奖①。可以说北京奥运会极大地促进了志愿精神在中国的传播与推广，锻炼了参与赛会活动的志愿者队伍，为中国志愿服务的发展留下了宝贵的遗产。

除汶川震灾和奥运会志愿者这两个特定的非常规志愿行动之外，我国最大的两支志愿者队伍（青年志愿者和社区志愿者）也获得了较快发展。据团中央青年志愿者部统计，截至2008年12月，中国青年志愿者注册人数达到2946万人，连续多年快速增长。15年来已有3.82亿多人次为社会提供了超过78亿小时的志愿服务。2008年有1.14亿人次的注册志愿者提供了17亿小时的志愿服务。社区志愿服务队伍也创历史新高，根据民政部公布的数据，截至2008年12月4日，全国社区志愿者组织已达到43万个；经常参与社区志愿服务的达3000多万人，比2007年增加了1000万人②。社区志愿服务已成为我国社区服务体系中的重要组成部分。

经历过2008年南方冰雪灾害、汶川地震、北京奥运会等多项重大活动的洗礼，不仅志愿参与热情被空前激发出来，志愿精神也得到了广泛的传播和普及。我国的志愿者队伍正在逐步成长并成为推动中国社会与政府变革的积极力量。据统计，2008年全国志愿者队伍的规模已经接近1亿人，占总人口约7%。其中，仅共青团、民政、红十字会三大系统，2008年共增加志愿者1472万人，比上年增长31.8%，③ 共计约6000万人。就北京而言，截至2010年8

---

① 民政部社会福利和慈善事业促进司、中民慈善捐助信息中心：《2008年度中国慈善捐助报告》，http://www.mca.gov.cn/accessory/2009310160957.doc。
② 宋宗合：《社区志愿者：飘飞还是常态?》，《公益时报》2008年12月18日。
③ 民政部社会福利和慈善事业促进司、中民慈善捐助信息中心：《2008年度中国慈善捐助服告》，http://www.mca.gov.cn/accessory/2009310160957.doc。

月，北京市志愿者联合会团体会员达到了 389 个，服务实践项目达到 1283 个，注册志愿者突破 215 万人，基本形成市、区、街道三级社区服务中心组织社区志愿服务的网络体系。2010 年，随着上海世博会和广州亚运会及残运会的召开，志愿者的活动又掀起了新的高潮。上海世博会的志愿者超过 200 万人，其中园区志愿者达 7 万多人，城市服务站点志愿者约 10 万人。广州亚运会城市志愿者达 50 万人，赛场内志愿者达 2.5 万人。

二 志愿者管理体系亟待加强，专业化程度也需提高

随着社会公众对志愿精神认知度不断提高，积极参与社会各领域的志愿服务，这对非政府组织在志愿者管理体系方面提出了新的挑战。而大量的志愿者参与公益活动，也需要得到专业化的志愿服务能力培训和业务指导，志愿服务领域的能力建设需进一步加强。

（一）逐步完善有关志愿服务的法律法规

我国志愿者的队伍虽然发展得很快，但志愿服务仍处在初级阶段，相应的法律法规较少，效力等级不高，都是属于地方性法规。我国第一部关于青年志愿服务的地方性法规是于 1999 年 8 月在广东通过的《广东省青年志愿服务条例》。现今随着非政府组织的发展，北京、黑龙江、江苏、浙江、广州、吉林等 20 多个省市皆制定实施了有关志愿服务的地方性法规，对于促进志愿服务的发展起了重要作用。但全国性的志愿服务法律法规，至今仍在酝酿中，未能及早出台。

地方性志愿服务条例尚欠完善，例如很多地方条例主要针对日常性服务，未将突发事件中的志愿服务纳入立法范围，一旦志愿者发生意外，若想通过法律途径救济将变得很困难。不少条例只规定了志愿者在服务过程中违法应追究相关责任，却忽视了志愿者在提供服务过程中自身合法权益受到侵犯应得到的

保障，凸显了对志愿者人身安全和权益保障的不足。2009 年 3 月颁布的《广州市志愿服务条例》也仅限于规定"志愿服务组织在安排志愿者从事抢险救灾等"时，"应当为志愿者购买相应的人身意外保险"。这就被媒体提前透露认为"在国内现有志愿服务立法中尚属首创"①。再如，2009 年 12 月 5 日第 24 个国际志愿日，北京志愿服务基金会正式宣告成立，其中虽简单提到，基金会财产用途之一是"对因从事志愿服务活动遇到特殊困难的志愿者的救助"②，以保障志愿者的基本权益，但仍缺乏切实可行的具体细则。因此，加速有关志愿服务法律法规的制定及执行，保护志愿者的积极性和切身利益，进一步明确志愿者的权利、义务、职责，志愿者组织与志愿者的法律关系，志愿者与服务对象之间的法律关系，建立财务管理制度、保险制度等，都是发展志愿者队伍的关键。

（二）构建志愿者管理体系，成立全国统一志愿者组织

目前，各地志愿者服务发展不平衡，志愿服务管理较为混乱，缺乏协调统一标准，使我国志愿服务面临诸多困难和挑战。为解决此难题，经民政部批准，在 2011 年 3 月底于北京正式成立"中华志愿者协会"。协会将由志愿者以及支持、关注志愿事业的单位或组织自愿组成，是按照章程开展活动的公益性、全国性社会团体组织。协会成立后，将协助民政部等推动志愿服务立法相关工作，并致力于建设全国性的志愿者资源库。今后，积极现身社会公益事业的志愿者有望纳入资源库，统一资源和调配，并对服务活动有所记录。③ 此做法类似英国的志愿者"时间银行"和"行动网"，以便更好地开展志愿服务工作。

---

① 《〈广州市志愿服务条例〉安排志愿者抢险应购买保险》，《广州日报》2008 年 12 月 4 日。
② 《北京志愿者服务基金会成立》，北京社会建设网，http：//www.bjshjs.gov.cn/86/2009/12/15/24@756.htm。北京市政府每年为基金会划拨 1000 万元。
③ 叶晓彦：《志愿者有望纳入统一资料库》，《北京晚报》2011 年 2 月 12 日。

（三）提升志愿者专业服务水平，设立各种激励机制

随着政治体制改革、政府职能的转变，非政府组织在公共服务领域的活动越来越广阔，对志愿者专业化要求则"水涨船高"，因此加强能力培养和专业指导迫在眉睫。这方面，北京在志愿者专业化上已走出了可喜的一步，2010年12月4日于地坛公园召开的第七届北京青年学习节上，北京市首批10支各具特长的专业志愿者队伍被正式授旗。他们将在医疗卫生、禁毒、知识产权保护、博物馆服务、助老、文明拉拉队、心理援助、综合应急等十个方面提供专业志愿服务。同时，卫生部和中国医院协会共同启动"医务志愿服务进千所医院万家社区"活动，今后全国多家医疗机构都将有志愿者的身影。① 前面提到的瓷娃娃关怀协会则本着"参与、专业、互助、快乐"的原则，采取多种形式，对志愿者进行专业技能培训，增加志愿者的才能，然后根据各人的专长和兴趣，分到七个服务组，展开活动。每年瓷娃娃关怀协会都会进行综合评估，选出"卓越贡献志愿者""铁锈志愿者""最具锈迹志愿者"三大奖项，以示奖励。这种做法是可很好加以总结的。

在注重提升专业化的同时，中央和地方各省区市也陆续建立对志愿者及其组织的激励机制。例如，2011年10月，北京市经过公众投票和专家评审，蓝立方、蓝天救援队、心目影院、巧娘工作室、社区大讲堂、善行天下、抗癌乐园、公益律师进基层、"学雷锋"行动、爱心传递共十个项目，被评为首届北京市社会组织公益服务十大品牌项目。2012年政府向社会组织购买服务时，这些受到表彰的社会组织将会享受到一定的优惠政策。②

在国外，诸如英、美等一些国家和地区的做法也值得借鉴。在美国各级政

---

① 叶晓彦等：《全市出现10支专业志愿者队伍》，《北京晚报》2010年12月4日。
② 左颖：《本市评出十大公益品牌》，《北京晚报》2011年10月19日。

府都设有专门机构，对志愿者进行绩效评估，志愿者经历可以加学分，作为升学、就业、晋级的凭证之一。每年4月举办"全国志愿者活动周"，活动期间由美国总统及州长表彰、奖励年度内表现突出的志愿者服务组织和个人，以及有杰出贡献的企业界和演艺界人士。2003年"总统志愿服务奖"诞生，该奖一般奖项可以授予美国任何个人、家庭或团体，分为铜奖、银奖和金奖三级，基本分级依据是可核查的志愿服务小时数；最高奖项为"总统志愿服务终身成就奖"，授予那些在一生中累计提供了4000小时服务的志愿者。到2008年9月为止，美国荣获"总统志愿服务奖"的人数已经超过200万人。奥巴马就任总统后，建立了鼓励和吸收青少年参与志愿服务的奖学金计划和志愿者服务基金。① 至于英国的《框架协议》和对志愿者的奖励机制更为突出，这在后面将会涉及。

总之，为了使我国志愿者队伍日益壮大，志愿精神得到进一步弘扬，笔者认为：

第一，在政府层面，应通过出台《志愿服务法》，培育发展志愿者及其组织，增加政府的资金支持，加强两者的合作，设立各种志愿服务奖，增强扶持和推动力度。

第二，在志愿者及其组织层面，应从志愿者的管理机制、专业化服务、财务管理制度等入手，完善内部治理，提升志愿服务质量。与此同时，还要不断提高志愿者个人思想意识，克服不利于公益服务的私心杂念，避免"公益腐败"事件的滋生。

第三，在社会层面，应通过提高社会对志愿精神的认识，纠正对志愿服务

---

① 王名编著《非营利组织管理概论》，中国人民大学出版社，2010，第143页；徐彤武：《美国民间组织：身份、事业和运行环境》，载黄晓勇主编《中国民间组织报告》（2009~2010），社会科学文献出版社，2009，第256~258页。

的错误定位，克服对志愿者行为任意拔高或随意贬低，抑或当做免费、廉价劳动力的现象，提高公众志愿参与的意识。应从青少年着手培养志愿服务精神，关于这一点，笔者在加拿大学习及生活期间是深有体会的。在节假日，经常看到许多加拿大的中年妇女带着未成年子女，去参加公益活动，以培养其志愿习惯和精神。除此以外，还要加强社会对志愿者及其组织监督，增强企业和公民的社会责任感等。通过上述这些层面，以引导志愿服务健康发展，志愿者队伍迅速成长。努力实现志愿服务经常化储备、规范化管理、常态化服务、品牌化培育、项目化配置、信息化支撑、社会化运作，使志愿者工作体制不断完善，志愿者队伍及结构不断壮大和优化，志愿服务理念更深入人心。

三　他山之石：英国《框架协议》和志愿者"时间银行"等

在英国，非政府组织通常被称为第三部门（Third Sector）。第三部门包括志愿组织与社区组织（Volantary and Community Sector）、慈善组织（Charities）、社会企业（Social Enterprises）三大类。[①] 在《框架协议》名称中所提到的"志愿组织"与"社区组织"是从最宽泛意义加以使用的，等同于第三部门。在过去十余年间，英国工党政府制定并落实了整套引导、鼓励、支持和保护非政府组织发展的政策和配套措施，使其获得了良好的发展环境。据官方估计，全英国非政府组织的总数有50万～70万个。[②] 其中慈善组织至少有43万个，社会企业至少有5.5万个。这里仅撷取《框架协议》和志愿者"时间银行"等加以简述。

---

① 根据英国内阁第三部门办公室的最新定义，还应包括宗教组织、合作社和互助组。见"Office of the Third Sector-Putting the Sector at the Heart of Government"，www. cabinetoffice. gov. uk/thirdsector。

② Cabinet Office，Strategy Unit Research Report：Private Action，Public Benefit，September 2002，p. 15.

（一）《框架协议》的签署、内容及实施机制

1. 《框架协议》的签署及基本原则

1997 年布莱尔工党政府上台之后，针对以往"竞争政府"模式忽视部门之间的合作与协调，由此所造成碎片化的制度性结构缺陷，遂提出了"合作政府"的新概念。"合作政府"不仅仅是政府部门内部要有更好的沟通与协作，更重要的是政府部门与非政府组织之间合作伙伴关系的建立。由内政大臣牵头的政府部际工作组同非政府组织代表工作组经过将近 1 年半的调研、协商、谈判、起草、咨询等方面繁复工作之后，布莱尔政府在 1998 年 11 月签署和公布了《政府与英格兰地区志愿组织和社区组织关系框架协议》（Compact on Relations between Government and the Voluntary and Community Sector in England，以下简称《框架协议》）。这个《框架协议》是一份里程碑式的文件，被用来指导政府和非政府组织在"每一个层面上的关系"，所以具有"重大现实意义和重要的标志性意义"。《框架协议》正式确立了政府与非政府组织之间的伙伴关系及其基本原则，同时也意味着，建立一种健康而且持续的伙伴关系已经成为政府在实践中的一项战略。① 在此前提下，双方在资助、政策制定与协商咨询、落实与管理等方面，都有一系列原则性承诺。

《框架协议》概要地列出了政府和非政府组织双方都认可的一些基本观点和重要原则。该文件认为，非政府组织的发展对于建设一个包容所有人群的民主社会具有根本性的作用，这种作用既不同于国家或政府的作用，也不同于市场的作用。这是一种通过公民个人或者公民组织的技能、兴趣、信仰和价值观念而为公众和社区发展所提供的服务，这种服务对整个国家的社会生活、文化

---

① 参见徐彤武《英国政府与民间组织：战略、政策与措施》，载黄晓勇主编《中国民间组织报告》（2008），社会科学文献出版社，2008，第 313～235 页。

生活、经济生活和政治生活都作出了巨大贡献。政府可以在鼓励志愿者精神、支持和资助非政府组织的活动等方面发挥积极作用。虽然政府和非政府组织在为公众提供公共服务和产品方面责任不同，应该各司其职，但双方在这个领域的作用完全可以相互补充。

该文件特别指出，政府支持非政府组织依法享有的独立自主性，非政府组织可以对政府的政策提出批评和修改意见，可以通过集会、游行、宣传、鼓动等造势活动推动自己的事业，政府无论是否提供了资助都不会干预非政府组织的这种自主权。

2. 《框架协议》的实施机制

《框架协议》签署公布以后，英国政府采取了一系列措施来落实文件精神，如成立专门工作班子①、制定行为准则文件②、签署地方性《框架协议》、定期召开《框架协议》年会、任命《框架协议》事务专员等具体实施机制，逐步形成了《框架协议》实施的长效机制。

在《框架协议》实施成效卓著的基础上，英国政府在处理与非政府组织的关系方面又采取一项决定性举措。2006 年 5 月 5 日，时任英国首相的布莱尔在政府改组方案中，决定在内阁中设立第三部门办公室（Office of the Third Sector，OTS），下设五个工作团队：战略通联团队、志愿参与团队、社会企业团队、公共伙伴团队、专业支持团队，至 2007 年年底，该部门已成为一个机构完善、功能齐全、运转有序的内阁部门，以统一协调政府对非政府组织的所

① 1999 年 7 月，英国政府成立了《框架协议》工作组秘书处，专门负责落实《框架协议》的工作。2002 年，在代表着 4800 多个非政府组织的全国志愿组织委员会（Ncvo）内设立了《框架协议》推广计划部门，负责为非政府组织提供有关落实《框架协议》的专业咨询和帮助。随后由内政部依法授权，委托专业争议机构负责调解有关争议。

② 1999～2005 年，英国政府与非政府组织的代表陆续达成并及时修订了五个《框架协议》行为准则文件：资助与招投标管理、协商与政策评估、黑人与少数族裔、志愿行动、社区组织，以及时调整政府与非政府组织的关系。

有政策和具体措施。这也意味着英国政府与非政府组织的合作推进到了一个新阶段。

2006 年 10 月《框架协议》事务专员办公室正式运行。该办公室合并了以前单独设立的《框架协议》常设工作小组的职能，并领导有关争议调解与仲裁的工作。至此，《框架协议》的长效机制完全形成。但由于《框架协议》在落实过程中暴露出一些问题，升级版的《框架协议》经大规模调研后将出台。

《框架协议》的实施，标志着英国工党政府全面调整了政府与社会上各类非政府组织即第三部门的关系，开始有计划、有步骤地制定和实施完整的非政府组织战略以及一系列相关政策，努力为非政府组织的活动和发展营造良好的法律环境和体制环境，提供各种配套的资源与支持。之所以采取这些措施，既是其历史传统——"非政府组织情结"的表现，更是保持其执政地位的需要。工党政府清晰地认识到，如果没有非政府组织的热情与行动，政府将无法实现自己的使命，政府必须和非政府组织建立伙伴关系。同时，一个繁荣的第三部门是英国经济与社会可持续发展的必要条件，也是政府改善公共服务的明智选择。这就是工党在总结以往历届政府的经验教训后所得出的结论和作出之选择。

（二）英国注重提高对非政府组织提供公共财政的支持力度

非政府组织，尤其是大量活动在基层社区的小型非政府组织，经常面临的一个主要困难就是缺乏资金。故从 1998～1999 财政年度开始，联合王国政府逐年提高对非政府组织的各种资助。

根据英国议会下院公共开支委员会从政府获得的综合统计分析资料，在 2001～2002 财政年度，联合王国政府向各类非政府组织（其中不包括住房协会）提供了 20.3 亿英镑的资助，到 2005～2006 财政年度资助额增到大约 27.5 亿英镑。此外，各级地方政府提供了 18.7 亿英镑，作为公共机构的国民医疗服务机制提供了 9.04 亿英镑, 欧盟机构提供了 2.74 亿英镑。①

英国公共财政对非政府组织的支持并不是简单地发钱就完事, 很多情况下也不必由政府直接经手管理资助款的具体发放, 而是通过独立中介机构或公共机构来完成的。较大的资助计划要经过一整套申请、审核、执行、监督和评估的程序, 通过贷款、投资、培训、基础性建设和分包公共服务合同等多种方式, 让非政府组织得到实惠。同时, 每一个计划也不是只有一个标准、一类项目, 而是根据实际需要, 在大的计划下面设立多个子项目, 每个子项目都有很具体之目的与标准。各个计划的所有环节都必须公开透明, 自觉接受公众监督、专业审计和议会审查。近年又推出英国政府"未来建设者计划""变革计划", 主要目的是利用市场机制, 通过贷款、投资补助金或其他方式的财政支持, 使基层非政府组织(或称"一线组织")提升自身能力, 扩大公共服务的规模与范围, 并构建一个开放式, 可以为所有非政府组织免费服务的基础性支持网络, 以便使基层非政府组织能够在提供公共服务方面发挥更大作用。

(三) 采取各种鼓励褒奖措施, 大力弘扬志愿者精神

英国是老牌的福利国家, 又是新公共管理理论发源地之一。在公共福利事业发展中, 离不开第三部门的参与和广大志愿者的奉献精神。从某种意义上说, 英国民众的志愿者精神是由来已久、长盛不衰的。在与发达国家的横向对比中, 英国志愿者对社会的贡献不仅超过了多数欧洲大国, 如德国、西班牙和意大利, 也超过了美国和澳大利亚。根据英国内政部 2001 年所进行的公民志愿服务情况调查, 在过去的一年中, 39% 的人做过正式的志愿者, 61% 的人做过非正式的志愿者。正式志愿者平均每年贡献的时间是 106 小时, 非正式的志

---

① House of Commons, Committee of Public Accounts, *Working with the Voluntary Sector*, Thirty-second Report of Session 2005 – 2006, published on 2 March 2006 by Authority of the House of Commons, The Stationary Office Limited, London, pp. 3, 7 – 8.

愿者平均为 63 小时。① 2005 年，英国志愿者的总人数为 2040 万人，他们至少每个月参加一次志愿行动。对照英国 6000 余万的总人口，② 志愿者人数占总人口 34% 左右。如何弘扬和鼓励志愿者精神，保护志愿者的热情，保持和增加志愿者的人数？政府如何有效地支持志愿者行动？这些是英国政府一直十分关注的问题，并采取有效措施，付诸实践。

1. 政府的鼓励与褒奖

英国政府提出，要通过各种途径弘扬和鼓励志愿者精神，让参与各种志愿者行动的人数逐步增长，各个有关的政府部门，特别是内政部、财政部和教育部每年都通过与非政府组织的合作，推出各色各样的志愿者计划和活动，并通过公共财政手段给予支持。其中有些计划或项目，如"时间银行"（TimeBank）和"行动网"（Do-It）等，已经成长为长期存在的名牌。

"时间银行"成立于 1999 年 1 月，用 ONE20 的名称在慈善委员会注册，迄今已经联系了几百个非政府组织，吸引了约 22 万人成为志愿者。志愿者之服务时间在"银行"的数据库中都有所记载。这与中国北京某些社区所实行的志愿服务时间储蓄、回报制度，有异曲同工之处。③ "行动网"由慈善组织英国青年网络（YouthNet UK）主办，发起于 2001 年。这个网站是英国唯一的全国性互动志愿服务数据库（BBC 和雅虎英国网站都是其赞助者）。"行动网"的特点是常年免费登载和发布来自社会各界关于志愿服务供求双方情况的信息。目前每个月可以提供大约 7 万个志愿者岗位，吸引 4000 人通过在线登记

---

① HM Treasury and Home Office, Next Steps on Volunteering and Giving in the UK, Discussion Document, December 2002, pp. 20. www. communities. homeoffice. gov. uk.

② Cabinet Office, "For the Record-office of the Third Sector", www. cabinetoffice. gov. uk. , 2006.

③ 例如，中国北京市天桥街道办事处成立了社区志愿服务指导中心，建立注册登记制度，并实行志愿服务时间储蓄，回报制度，以更好地激励志愿服务行为；北京泉河街道志愿服务工作推进组也制定了社区志愿服务时间储蓄制度等。

成为志愿者。自 2004 年以来这个网站已经为 12.5 万人提供了志愿服务的工作机会。①

2005 年是英国"志愿者年",英国政府为弘扬志愿者精神而举办大型系列活动。该年 1 月 10 日,英国内政部长和财政部长共同宣布"2005 志愿者年"启动,政府为这项全国性的活动斥资 700 万英镑,委托英格兰志愿者协会等大型非政府组织具体承办。全国各地共举办以志愿者精神为主题的活动 3000 场,志愿者的贡献时间累计达到 22 亿分钟,BBC 等各大新闻媒体免费提供节目时段和平面广告,价值超过 220 万英镑,各级政府大张旗鼓地表彰了一批志愿服务的先进人物,共颁发奖章 365 枚。② 在授予非政府组织的荣誉方面,英国的最高国家奖是"女王志愿服务奖"。③ 该奖每年颁发一次,褒奖那些为社会作出杰出贡献的非政府组织。截至 2007 年度,全英各地已经有 560 多个非政府组织获此殊荣。④

2. 未来工作的重点

2002 年年底,英国内政部和财政部联合发表了一份"研究性"文件,提出英国政府以后要把有限的公共资源集中在以下四个方面,以有效地持续弘扬和鼓励志愿者精神。

(1) 进一步支持青少年志愿者行动。要通过学校的课堂教育和课外活动等方式让更多的青少年懂得什么是志愿者精神,社会上有哪些志愿组织。这些

---

① 徐彤武:《英国政府与民间组织:战略、政策与措施》,载黄晓勇主编《中国民间组织报告》(2008),社会科学文献出版社,2008,第 332~334 页。
② HM Treasury and Home Office, Next Steps on Volunteering and Giving in the UK, Discussion Document, www. communities. homeoffice. gov. uk. December 2002, pp. 20 – 26.
③ 2002 年 4 月 30 日,全英国隆重庆祝女王伊丽莎白二世登基 50 周年。女王在向议会两院发表的特别演讲中宣布了政府设立"女王志愿服务奖"的决定。
④ The Office of the Third Sector, Partnership in Public Services: An Action Plan for Third Sector Involvement, December 2006, http://www. cabinetoffice. gov. uk/third sector/volunteering.

都要成为公民素质教育的重要内容，并将其列入中小学课程的公民教育大纲，具体内容有两个：一是教育学生了解社区的、地区性的、全国性的和国际性的志愿者组织都有哪些；二是让学生认识这些组织的社会作用以及志愿者的机会。[①] 青年人通过参与志愿者行动，在服务社会的同时，也可以更好地锻炼能力、积累经验、发掘自我潜力和找到新的就业机会。另外，鼓励青少年（特别是年龄段在 16 ~ 24 岁的青年人）参加志愿行动，这有助于防止犯罪、建设和谐社区。所以，政府在这个方面将有持续的投入。

（2）鼓励就业人员积极参加志愿者行动。这里所说的就业人员不仅指在岗工作的人，而且包括那些提前退休的人。政府决定要从雇主和员工两个方面入手，充分开发这一部分人的潜力，鼓励他们积极加入志愿者行列，用自己的专业知识和技能服务社会。

（3）提高"问题社区"中居民对志愿者行动的参与度。在这些社区中广泛开展志愿者行动，有助于提高居民素质、改善居民生活、预防并减少犯罪、营造和谐的社会氛围。

（4）促进公共服务部门与非政府组织的有效合作。志愿服务可以在司法、教育、卫生等领域发挥很好的作用。让志愿组织和社区组织参与到公共服务计划中来，和政府一起工作，这也是政府改革公共部门的重要措施之一。2001 ~ 2004 年期间，英国内政部用于这方面的开支超过了 4000 万英镑，其他政府部门的配套支持也有 4200 万英镑。这些开支中的大约 4100 万英镑资助了 18 个涉及学校、监狱和医院的公共服务项目，为 10 万名志愿人员提供了志愿工作机会。[②]

---

① 《泰晤士报》2006 年 9 月 28 日。

② HM Treasury and Home Office, Next Steps on Volunteering and Giving in the UK, Discussion Document, www. communities. homeoffice. gov. uk. December 2002, pp. 20 – 26.

英国政府近年来出台的一些计划，基本上是围绕上述几个重点展开工作的。例如，2006 年 12 月，英国政府发表了《公共服务行动计划》。这个计划明确提出，政府各部门在与非政府组织合作提供公共服务时，主要应利用政府资源，从委托服务、招投标、鼓励创新和建立责任制四个方面帮助非政府组织。另外，该计划还详细阐述了政府承诺的一系列配套措施，① 以使公共服务项目顺利开展。

"他山之石，可以攻玉"，我国与英国虽然社会制度不同，在非政府组织发展上起步也不一样，但在政府与非政府组织保持良好的合作关系，采取各种措施支持非政府组织在社会建设中发挥积极作用，大力弘扬志愿者精神等方面都有共同之处。英国政府所公布的《框架协议》的原则精神，志愿者"时间银行"的设置，鼓励褒奖制度及从小抓志愿教育、支持青少年志愿者行动等，都值得我们很好研究和借鉴，以使我国非政府组织更健康地发展。

---

① The Office of the Third Sector, Partnership in Public Services: An Action Plan for Third Sector Involvement, December 2006, http://www.cabinetoffice.gov.uk/third sector/volunteering.

马克思主义的理想社会，是全体公民都能够平等地参与社会事务管理，并能在物质和精神层面上平等地受到社会关怀的"公民社会"。如此模式的公民社会是我们的理想。而草根非政府组织的出现和发展，则是实现这一理想的途径之一。

非政府组织，简而言之，就是因为某一特定目的和诉求，而把单个的人组织起来，为社会和公众的具体需要服务。相对于政府部门而言，这样的组织具有灵活、便利、针对性强等特点，是政府职能在社会领域的"毛细血管"①。放眼世界，高度发达的社会总有充分发育的非政府组织相伴随。只有促进与百姓利益息息相关的非政府组织的充分发展，才能更好地实现群众的切身利益，促进公民社会的进步。

随着社会转型加速，当前我国社会结构发生很大变迁，在社会分层加剧的

---

① 江柳依：《社会组织"松绑"，多方面临考验》，http：//www.chinadaily.com.cn/hqgj/jryw/2011－11－30/content_ 4532104.html。

同时，弱势群体问题凸现。非政府组织，尤其是草根非政府组织，在扶助弱势群体摆脱困境过程中，具备更能深入基层、贴近下层民众、呈现民间性的特点；能够施行个案扶助，以弥补政府在覆盖面及精神领域中救助之缺失；强调参与式发展，充分调动被扶助弱势群体的主观能动性；多渠道筹集资金，开辟扶助新途径；具有专业化扶助经验，能提供专项特殊服务；可以发挥社会中介组织作用，在政府、企业、社区与弱势群体之间搭起桥梁，成为弱势群体的代言人；志愿性扶助，体现了奉献精神和人道主义情怀，更有利于为弱势群体提供权益上的保护等优势，发挥了扶助弱势群体生力军的作用。例如，瓷娃娃关怀协会通过综合信息、期刊、瓷娃娃全国病人大会、一对一资助、基金募集、医疗救助、梦想支点奖学金计划、大礼包、拥抱阳光计划等项目的运作，有关政策法律、公众宣教、调查研究及志愿者队伍建设等工作，对瓷娃娃罕见病群体进行了切实有效的扶助。

但是非政府组织往往有其自身弱点，也有"志愿失灵"的时候。所谓"志愿失灵"，简而言之，就是志愿原则无法有效配置慈善资源，造成志愿组织（非政府组织）在满足社会需求、提供志愿服务等方面产生功能和效率的困境。[①] 在中国有其不同于西方国家的一些特色，主要表现在志愿服务及非政府组织资金不足，人力资源缺乏，运作不规范，官方色彩浓厚，公众虽有善心，但对慈善机构的公信力往往持怀疑态度等方面。"志愿失灵"形成的机理错综复杂，是社会、政府、非政府组织、志愿者等诸方面因素综合影响所致。通过前面对造成非政府组织职能发挥时所面临的外部制度环境及自身因素制约之分析，可以看到政府在其中举足轻重的作用。因此，为了纠正"志愿失灵"，使非政府组织更健康地发展，政府需要创造良好的制度环境，完善管理体制，从控制型向培育管理型过渡；健全政策法规，进一步改善非政府组织发

---

① 孙婷：《政府责任视角下志愿失灵原因探析》，《学术界》2011年第5期。

展制度供给职能；重构政府和非政府组织合作制衡关系，加大对志愿服务鼓励、扶持和引导的力度，建立完善的志愿服务监管体系。而非政府组织也需加强自身建设，完善内部运行机制，强化公信力，拓宽资金筹集渠道，提升专业化水平，提倡参与式发展，与政府、企业、扶助对象及志愿者建立互动合作关系，争取更大的社会支持，提高在扶助弱势群体中的社会功能。即使这样，非政府组织对弱势群体的扶助也并非万能，还是有其局限性的。

况且，弱势群体本身的要求是多样化、多方面、多层次的，归纳起来有以下几个方面：第一，倘若暂时或相当长时间内经自身努力仍不能获得生存物质资料时，则需要政府及社会给予必要的物质资源、住房补贴、医疗保障、就业机会等扶助；第二，需要制定和完善有利于弱势群体的法律规章制度，调整资源分配格局；第三，需要学习技能，提升人力资本和优化知识结构；第四，需要发展各种关系，扩大社会网络，得到所在社区及亲朋好友的支持和帮助。凡此等等，绝非是非政府组织一家能单独完成的，需要非政府组织、政府、社区、企业来共同承担，以形成多主体合作的扶助系统结构。

改革开放 30 余年来，非政府组织不仅数量上迅速发展，自身质量也大为提高，推动其发展的内外部积极因素不断增多，社会影响力也显著增强，成为公民有序参与政治和社会发展的重要途径，推动决策科学化、民主化的重要力量。非政府组织不仅自身开展各种活动，具体帮助弱势群体，而且从微观到宏观，通过调查、研究、宣传等手段，来推动社会各方人士对弱势群体的关注，进而使其逐渐加入扶助弱势群体的志愿队伍中来，共同促进社会保障体系扩大覆盖面，逐步将各种弱势群体纳入正规保障体系。非政府组织在扶助弱势群体中发挥着不可替代的作用。

社会在发展，生活在继续，非政府组织任重而道远。弱势群体在社会各界扶助及政府具体保障政策不断出台的情况下，也将会逐渐摆脱困境。本书虽然暂告一个段落,但笔者对瓷娃娃及其关怀协会等弱势群体及草根非政府组织的观察和调查仍会延续,并将更深入开展。

最后,笔者在相关文献的学习、归纳和多年参及其瓷娃娃关怀协会等实践活动的基础上,结合文化模式的整合理念,绘制出"理想文化模式下扶助弱势群体框架图",作为理想文化模式框架下,社会各主体构建扶助弱势群体互动合作体系的集中体现及形象表达,并权作本书之总结和自己的期望。

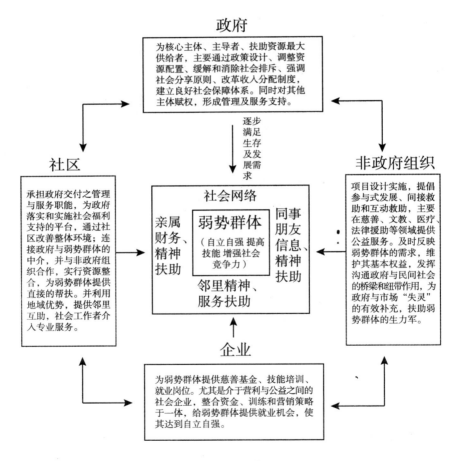

理想文化模式下扶助弱势群体框架图

参考文献

中文参考文献

1. 〔英〕鲍勃·杰索普：《治理的兴起及其失败的风险：以经济发展为例的论述》，《国际社会科学》1999 年第 1 期。

2. 《北京志愿者服务基金会成立》，北京社会建设网，http：//www. bjshjs. gov. cn/86/2009/12/15/24@756. htm。

3. 毕向阳、范盱阳：《弱势群体：话语生产及社会建构》，《北京电子科技学院学报》2004 年第 3 期。

4. 蒲慕州：《追寻一己之福：中国古代的信仰世界》，台北，允晨文化实业股份有限公司，1995。

5. 〔美〕露丝·本尼迪克特：《文化模式》（1934），王炜等译，社会科学文献出版社，2009。

6. 〔美〕露丝·本尼迪克特：《菊与刀》（1946），商务印书馆，1990。

7. 〔美〕查尔斯·沃尔夫：《市场或政府——权衡两种不完善的选择》，谢旭译，中国发展出版社，1994。

8. 陈光金：《社会收入差距扩大，基尼系数达0.5》，http：//www. business. sohu. com/20101215/n278315457. shtml。

9. 陈武雄：《志愿服务理念与实践》，台湾，扬智文化事业股份有限公司，2004。

10. 陈晓春：《市场经济与非营利组织研究》，湖南人民出版社，2001。

11. 美国国立卫生研究所骨质疏松症及骨骼疾病全国资源中心、美国成骨不全症基金会编注《成骨不全症指南》（2007），瓷娃娃关怀协会志愿者翻译组翻译，2009。

12. 《瓷娃娃》，瓷娃娃关怀协会，第1~10期，2009~2010。

13. 崔开云：《近年来我国非政府组织研究述评》，《东南学术》2003年第3期。

14. 邓国胜：《非营利组织评估》，社会科学文献出版社，2001。

15. 邓国胜：《两种NGO：此要发展彼要改革》，《中国社会报》2004年5月26日。

16. 邓国胜：《中国NGO问卷调查的视频分析》，http：//www. chinanpo. gov. cn/cn/web/showBullte-tin. do？id＝157978&dictionid＝1835。

17. 邓国胜：《中国NGO问卷调查的初步分析》，中国社会组织网，2006年5月31日。

18. 《调查称近五成受访党政干部认为自己是"弱势群体"》，《西安晚报》，2010年12月5日。

19. 范丽珠主编《全球化下的社会变迁与非政府组织（NGO）》，上海人民出版社，2003。

20. 福兰克·帕金:《马克思主义与阶级理论》,纽约,哥伦比亚大学出版社,1979。

21. 〔美〕波亚士(又译弗朗兹·博厄斯):《人类学与现代生活》(1928),杨成志译述,商务印书馆,1985。

22. 〔美〕博厄斯《原始人的心智》(1911),项龙、王星译,国际文化出版公司,1989。

23. 高丙中等:《传统草根社团迈向公民社会的历程:河北一个庙会组织的例子》,载高丙中、袁瑞军主编《中国公民社会发展蓝皮书》(2008),北京大学出版社,2008。

24. 〔日〕沟口雄三:《中国前近代思想的演变》,索介然、龚颖译,中华书局,1997。

25. 顾建键等:《非政府组织的发展与管理——中国和加拿大比较研究》,上海交通大学出版社,2009。

26. 顾晓今、甘东宇:《国际化:中国青基金的一个重要发展方向》,《中国青年科技》1999 年第 3 期。

27. 《关于促进慈善类民间组织发展的通知》,民政部,2005 年 12 月 8 日。

28. 《关于改革我国民间组织双重管理体制的建议》,http://www.china.com.cn/2007lianghui2007 - 03/14content - 7960561htm。

29. 《山东省人民政府办公厅关于加快推进行业协会改革与发展的意见》(鲁政办发〔2008〕48 号)。

30. 《关于印发〈关于加强农村专业经济协会培育发展和登记管理工作的指导意见〉的通知》,民政部,2003 年 10 月 29 日。

31. 《管子·轻重甲》。

32. 《管子·牧民》。

33. 《广州市志愿服务条例〈安排志愿者抢险应购买保险〉》，《广州日报》2008 年 12 月 4 日。

34. 郭国庆：《现代非营利组织研究》，首都师范大学出版社，2001。

35. 国务院 1998 年发布施行的《社会团体登记管理条例》《民办非企业单位登记管理暂行条例》，以及 2004 年颁布的《基金会管理条例》，http：//www. mca. gov. cn/policy/index. asp。

36. 韩福国等：《新型产业工人与中国工会——"义乌工会社会化维权模式"研究》，上海人民出版社，2008。

37. 《汉书·五行志》。

38. 何磊：《弱势群体：总理说的是哪些人》，《中国青年报》2002 年 3 月 7 日。

39. 何清涟：《当前中国社会结构演变的总体性分析》，《书屋》2000 年第 3 期。

40. 何耀明：《全纳职业教育与穷人经济学：转化弱势农民的新话语》，《益阳职业技术学院学报》2007 年第 3 期。

41. 何宗美：《明末清初文人结社研究》，南开大学出版社，2003。

42. 《红基金的公信力到底靠什么》，2009 年 6 月 3 日，中央电视台《新闻 1 + 1》。

43. 胡伟：《关于中国 NGO 作用的思考》，《当代世界》2005 年第 7 期。

44. 胡益芬：《"参与式治理"——第三部门与政府关系探析》，《重庆社会科学》2004 年第 S1 期。

45. 黄焕汉：《中国社会转型及其价值冲突之化解》，《求索》2010 年第 9 期。

46. 黄晓勇主编《中国民间组织报告》（2008），社会科学文献出版社，2008。

47. 黄晓勇主编《中国民间组织报告》（2009～2010），社会科学文献出版社，2009。

48. 江柳依：《社会组织"松绑"，多方面临考验》，http：//www.chinadaily.com.cn/hqgj/jryw/2011-11-30/content_4532104.html。

49. 〔美〕克利福德·格尔茨：《文化的解释》，上海人民出版社，1999。

50. 〔美〕克利福德·吉尔兹：《地方性知识——阐释人类学论文集》，王海龙、张家瑄译，中央编译出版社，2000。

51. 莱斯特·萨拉蒙：《非营利部门的崛起》，《马克思主义与现实》2002年第3期。

52. 莱斯特·萨拉蒙等：《全球公民社会——非营利部门视界》，贾西津等译，社会科学文献出版社，2002。

53. 莱斯特·萨拉蒙等：《全球公民社会——非营利部门国际指数》，陈一梅等译，北京大学出版社，2007。

54. 〔美〕赖特·米尔斯：《社会学的想像力》，陈强、张永强译，三联书店，2001。

55. 劳动和社会保障部、民政部：《关于社会组织专职工作人员参加养老保险有关问题的通知》（劳社部发〔2008〕11号）。

56. 冷明权、张智勇：《经济社团的理论与案例》，社会科学文献出版社，2004。

57. 李斌：《社会排斥与中国城市住房改革制度》，《社会科学研究》2002年第3期。

58. 李春玲：《断裂与碎片——当代中国社会阶层分化实证分析》，社会科学文献出版社，2005。

59. 李虹：《论非营利组织社会公信力的建设》，《上海交通大学学报》（哲学社会科学版）2003年第1期。

60. 李家瑞编《北平风俗志·会馆》，载《北平风俗类征》，商务印书馆，

1937。

61. 〔美〕里贾纳·E. 赫兹琳杰：《公共对非营利组织和政府的信任可以恢复吗?》，载《非营利组织管理》，中国人民大学出版社，2000。

62. 李路路、边燕杰主编《制度转型与社会分层》，中国人民大学出版社，2008。

63. 李强：《转型时期的中国社会分层结构》，黑龙江人民出版社，2002。

64. 李强：《改革开放 30 年来中国社会分层结构的变迁》，《北京社会科学》2008 年第 5 期。

65. 李强：《当代中国社会分层：测量与分析》，北京师范大学出版社，2010。

66. 李小云主编《谁是农村发展的主体?》，中国农业出版社，1999。

67. 李新苗：《完善有利于民间组织发展的法规体系》，载魏定仁主编《中国非营利组织法律模式论文集》，中国方正出版社，2006。

68. 李亚平、于海编选《第三域的兴起》，复旦大学出版社，1998。

69. 李源晙：《国际关系与 NGO》，中国社会科学院博士学位论文。

70. 《礼记·表记》。

71. 《礼记·曲礼下》，孔颖达疏。

72. 林甘泉：《秦汉帝国的民间社区和民间组织》，载《燕京学报》新八期，北京大学出版社，2000。

73. 林顺利、孟亚南：《国内弱势群体社会支持研究述评》，《甘肃社会科学》2010 年第 1 期。

74. 刘春湘：《非营利组织治理结构》，中南大学出版社，2007。

75. 刘俊：《中国非政府组织（NGO）现状分析》，《台声·新视角》2005 年第 1 期。

76. 刘丽雯：《非营利组织：协调合作的社会福利服务》，台北，双叶书廊有限公司，2006。

77. 刘培峰：《社团管理制度的比较分析：从中国的许可登记制度出发》，载吴玉章主编《社会团体的法律问题》，社会科学文献出版社，2004。

78. 刘祖云主编《社会转型解读》，武汉大学出版社，2005。

79. 李江涛：《"后奥运时代"北京志愿服务事业的发展综述》，新华社，http：// www. gov. cn/jrzg/2010 – 08/07/content_ 1673287. htm。

80. 李莹等：《国外慈善机构管理严》，《生命时报》2011 年 8 月 30 日。

81. 陆学艺：《当代中国社会十大阶层分析》，《学习与实践》2002 年第 3 期。

82. 陆学艺：《当代中国社会阶层的分化与流动》，《江苏社会科学》2003 年第 4 期。

83. 陆学艺：《调整社会结构才能真正解决当前的发展难题》，《中国党政干部论坛》2010 年第 2 期。

84. 陆学艺、张荆、唐军主编《2010 年北京社会建设报告》，社会科学文献出版社，2010。

85. 陆学艺：《当代中国社会结构》，社会科学文献出版社，2010。

86. 陆学艺：《中国社会阶级阶层结构变迁 60 年》，《北京工业大学学报》（社会科学版）2010 年第 3 期。

87. 马庆钰主编《非政府组织管理教程》，中共中央党校出版社，2005。

88. 马伊里、杨团：《公司与社会公益》，华夏出版社，2002。

89. 〔美〕米德：《萨摩亚人的成年》，周晓红、李姚军译，浙江人民出版社，1988。

90. 〔英〕马林诺夫斯基：《文化论》，费孝通译，中国民间文艺出版社，1987。

91. 〔英〕马凌诺斯基：《西太平洋的航海者》，梁永佳，李绍明译，华夏出版社，2001。

92. 马新：《论两汉乡村社会中的里社》，《文史哲》1998 年第 5 期。

93. 迈克尔·C. 霍华德（Michael C. Howard）：《文化人类学》，李茂兴、蓝美华译，台北，弘智文化事业有限公司，1997。

94. 〔美〕曼纽尔·卡斯特等：《千年终结》，夏铸九等译，社会科学文献出版社，2006。

95. 眉史氏：《复社纪略》卷一。

96. 《孟子·公孙丑上》。

97. 《孟子·尽心上》。

98. 民政部社会福利和慈善事业促进司、中民慈善捐助信息中心：《2008 年度中国慈善捐助报告》，http：//www.mca.gov.cn/accessory/2009310160957.doc。

99. 民政部：《2008 年度中国慈善捐助报告》，新浪公益网捐助报告专栏。

100. 《民政部杨衍银副部长在北京市第三次社会团体管理工作会议上的讲话》（1993 年 12 月 4 日），载民政部社团管理司管理处编《社会团体管理工作手册》（内部资料），1996。

101. 欧阳恩良、潮龙起：《中国秘密社会》第 4 卷，福建人民出版社，2002。

102. 〔美〕彼特·布劳：《不平等和异质性》，王春光、谢圣赞译，中国社会科学出版社，1991。

103. 钱再见：《失业弱势群体及其社会支持研究》，南京师范大学出版社，2006。

104. （清）王应奎：《柳南随笔》卷三。

105. 《三教平心论》卷上。

106. 《上海市静安区积极探索社会组织发展新路》《"1＋5＋X"新模式服务静安，社会组织吹响集结号》，http//www.chinanpo.gov.cn。

107. 《尚书·酒诰》。

108. 《尚书·梓材》。

109. 《社会组织发展资源争夺战，欺诈挪用善款凸显》，《法制日报》2009 年 9 月 27 日。

110. 《社科院发布报告：中介组织腐败已成腐败重灾区》，《人民日报》2009 年 2 月 5 日。

111. 东方杂志社编纂《世界之秘密结社》，商务印书馆，1925。

112. 〔荷〕施列格：《天地会研究》，薛澄清译，上海文艺出版社，1991。

113. 沈中元：《全球化下非政府组织之研究》，复旦大学博士学位论文，2003。

114. 《史记·管晏列传》。

115. 史密斯—巴克林协会：《非营利管理》，孙志伟、罗陈霞译，中信出版社，2004。

116. 石彤：《社会排斥：一个研究女性劣势群体的新理论视角和分析框架》，载王思斌主编《中国社会工作研究》（第一辑），社会科学文献出版社，2002。

117. 《十一届全国人大常委会立法规划出台共列入 64 件立法条目》，新华网，2008 年 10 月 29 日。

118. 《收入差距加大致国民"弱势心理"蔓延》，《人民日报》2010 年 11 月 11 日。

119. 《谁来执掌 760 亿地震捐赠》，《中国青年报》2009 年 8 月 12 日。

120. 宋蜀华、白振声主编《民族学理论与方法》，中央民族大学出版社，1998。

121. 宋宗合：《社区志愿者：飙飞还是常态?》，《公益时报》2008 年 12 月 18 日。

122. 孙立平：《断裂——20 世纪 90 年代以来的中国社会》，社会科学文献出版社，2003。

123. 孙立平：《改革开放以来中国社会结构的变迁》，《中国浦东干部学院学报》2009 年第 1 期。

124. 孙立平：《中国社会结构的变迁及其分析模式的转换》，《南京社会科学》2009 年第 5 期。

125. 孙立平：《绝望比贫困更可怕》，《中国报道》2009 年第 3 期。

126. 孙婷：《政府责任视角下志愿失灵原因探析》，《学术界》2011 年第 5 期。

127. 唐钧：《社会政策的基本目标：从克服贫困到消除社会排斥》，《江苏社会科学》2002 年第 3 期。

128. 陶传进：《社会公益供给》，清华大学出版社，2005。

129. 陶鹤山：《市民群体与制度创新——对中国现代化主体的研究》，南京大学出版社，2001。

130. 童世骏：《“社会主义今天意味着什么？”——1989 年以后西方左翼人士的社会主义观》，载华东师范大学当代中国马克思主义研究中心《社会主义发展的历史进程研究》，上海人民出版社，2001。

131. 〔法〕托克维尔：《论美国的民主》，董果良译，商务印书馆，1988。

132. 万江红、张翠娥：《近十年我国民间组织研究综述》，《江汉论坛》2004 年第 8 期。

133. 《网络监督：蓬勃中呼唤规范》，《人民日报》2002 年 2 月 3 日。

134. 王迪：《药品价格急剧飙升　罕见病药登上最贵宝座》，《医药经济报》2010 年 3 月 22 日。

135. 王杰、张海滨、张志洲主编《全球治理中的国际非政府组织》，北京大学出版社，2004。

136. 王名、刘国翰、何建宇：《中国社团改革——从政府选择到社会选择》，社会科学文献出版社，2001。

137. 王名：《中国的非政府公共部门》（上），《中国行政管理》2001 年第 5 期。

138. 王名编著《非营利组织管理概论》，中国人民大学出版社，2010。

139. 王名、贾西津：《中国 NGO 的发展分析》，《管理世界》2002 年第 8 期。

140. 王名、刘求实：《中国非政府组织发展的制度分析》，载王名主编《中国非营利评论》第 1 卷，社会科学文献出版社，2007。

141. 王名：《中国 NGO 的发展现状及其政策分析》，《公共管理评论》2007 年第 6 卷。

142. 王南湜：《从领域合一到领域分离》，山西教育出版社，1998。

143. 王鹏：《论非政府组织在构建和谐社会中的作用》，云南大学硕士学位论文，2008。

144. 王绍光：《多元与统——第三部门国际比较研究》，浙江人民出版社，1999。

145. 王世刚主编《中国社团史》，安徽人民出版社，1994。

146. 王卫平：《论中国古代传统社会保障制度的初步形成》，《江海学刊》2002 年第 5 期。

147. 王锡源：《我国社会救助中政府与非政府组织协作机制研究》，上海交通大学博士学位论文，2008。

148. 王晓东：《创新弱势群体利益诉求机制　预防和化解群体性事件》，《中共太原市委党校学报》2006 年第 3 期。

149. 王岩：《马克思的"市民社会"思想探析——兼论"市民社会"理论的现代意义》，《江海学刊》2000 年第 4 期。

150. 王逸舟：《全球政治和中国外交》，世界知识出版社，2003。

151. 魏继华：《我国弱势群体法律保障制度的构建》，《河南社会科学》2007年第5期。

152. 温家宝：《政府工作报告》，2008年3月19日，新华网。

153. 文军、王世军：《非营利组织与中国社会发展》，贵州人民出版社，2004。

154. 吴南海：《论当代中国弱势群体的本质特征》，《中国集体经济》2008年第24期。

155. 吴玉章：《双重管理原则：历史、现状和完善》，载黄晓勇主编《中国民间组织报告》（2009～2010），社会科学文献出版社，2009。

156. 吴忠泽等：《发达国家非政府组织管理制度》，时事出版社，2001。

157. 夏建中：《文化人类学理论学派》，中国人民大学出版社，1997。

158. 谢海定：《中国民间组织的合法性困境》，《法学研究》2004年第2期。

159. 熊小叶：《社会资本与草根非政府组织筹资》，《经营管理者》2010年第5期。

160. 徐彤武：《英国政府与民间组织：战略、政策与措施》，载黄晓勇主编《中国民间组织报告》（2008），社会科学文献出版社，2008。

161. 徐彤武：《美国民间组织：身份、事业和运行环境》，载黄晓勇主编《中国民间组织报告》（2009～2010），社会科学文献出版社，2009。

162. 徐小江：《群体性事件的结构因素分析》，《中国人民公安大学学报》（社会科学版）2008年第2期。

163. 徐宇珊、韩俊魁：《非营利组织筹款模式——兼论世界宣明会筹款模式》，载王名主编《中国非营利评论》第4卷，社会科学文献出版社，2009。

164. 郇建立：《慢性病与人生进程的破坏——评迈克尔·伯里的一个核心概念》，《社会学研究》2009年第5期。

165. 《荀子·王制》。

166. 杨炼：《和谐社会背景下社会弱势群体利益表达机制现状分析及路径选择》，《社科纵横》2008 年第 9 期。

167. 杨炼：《论非政府组织与社会弱势群体的利益表达》，《湖北社会科学》2008 年第 10 期。

168. 杨圣敏主编《中国民族志》，中央民族大学出版社，2003。

169. 杨幼炯：《中国政党史》，上海书店，1984。

170. 叶晓彦：《志愿者有望纳入统一资料库》，《北京晚报》2011 年 2 月 12 日。

171. 叶晓彦等：《全市出现 10 支专业志愿者队伍》，《北京晚报》2010 年 12 月 4 日。

172. 俞可平：《马克思的市民社会理论及其历史地位》，《中国社会科学》1993 第 4 期。

173. 俞可平：《中国公民社会的兴起与治理的变迁》，社会科学文献出版社，2002。

174. 俞可平等：《中国公民社会的制度环境》，北京大学出版社，2006。

175. 俞可平：《对中国公民社会若干问题的管见》，载高丙中、袁瑞军主编《中国公民社会发展蓝皮书》（2008），北京大学出版社，2008。

176. 〔美〕詹姆斯·盖拉特：《21 世纪非营利组织管理》，邓国胜译，中国人民大学出版社，2003。

177. 〔美〕詹姆斯·S. 科尔曼：《社会理论的基础》，邓方译，社会科学文献出版社，1999。

178. 张淼、黄晓维：《非政府组织在救助弱势群体中的作用》，《辽宁教育行政学院学报》2010 年第 1 期。

179. 赵黎青：《非政府组织与可持续发展》，经济科学出版社，1998。

180. 赵黎青：《从比较的角度看非政府组织、改革和社会转型》，载赵黎青等主编《非营利部门与中国发展》，香港社会科学出版社，2001。

181. 赵卫华：《中国社会阶层流动新趋势》，《人民论坛》2011 年第 30 期。

182. 章剑锋：《中国公益基金会"抗税"实录》，《南风窗》2010 年第 4 期（《文摘报》2010 年 2 月 23 日转载）。

183. 郑杭生等：《转型中的中国社会和中国社会的转型》，首都师范大学出版社，1996。

184. 郑杭生主编《中国人民大学社会发展研究报告 2002——弱势群体与社会支持》，中国人民大学出版社，2003。

185. 郑杭生：《改革开放三十年：社会发展理论和社会转型理论》，《中国社会科学》2009 年第 2 期。

186. 周大鸣、秦红增：《人类学视野中的文化冲突及其消解方式》，《民族研究》2002 年第 4 期。

187. 周林刚：《社会排斥理论与残疾人问题研究》，《青年研究》2003 年第 5 期。

188. 周怡：《解读社会——文化与结构的路径》，社会科学文献出版社，2004。

189. 周秋光、曾桂林：《中国慈善思想渊源探析》，《湖南师范大学社会科学学报》2007 年第 3 期。

190. 《周书·无逸》。

191. 周志忍、陈庆云：《道德驱动的自律与制度化自律——希望工程公共责任和监督机制研究》，《中国行政管理》2001 年第 3 期。

192. 朱力：《脆弱群体与社会支持》，《江苏社会科学》1995 年第 6 期。

193. 〔美〕朱莉·费希尔：《NGO 与第三世界的政治发展》，邓国胜、赵秀梅译，社会科学文献出版社，2002。

194. 《专家称我国弱势群体呈现扩大趋势》，《人民日报》2010 年 11 月 25 日。

195. 庄孔韶主编《人类学概论》，中国人民大学出版社，2006。

196. 《中共深圳市办公厅、深圳市人民政府办公厅关于印发〈关于进一步发展和规范我市社会组织的意见〉的通知》。

197. 瓷娃娃关怀协会编《中国成骨不全症患者调查报告——成骨不全症患者生活状况》，2008，非正式出版物。

198. 中国罕见病联合会编《中国罕见病》1～2 期，2010。

199. 中国（海南）改革发展研究院编《民间组织发展与建设和谐社会》，中国经济出版社，2006。

200. 《民政事业发展统计报表》，中国民间网，2009。

201. 左颖：《本市评出十大公益品牌》，《北京晚报》2011 年 10 月 19 日。

202. 《左传·庄公三十二年》。

203. 《庄子·养生主》。

204. 《2007 年民政事业发展统计报告（社会组织部分）》，中国社会组织网，2008 年 6 月 15 日。

外文参考文献

1. Bates, Daniel G. and Franklin, Elliot M., 2003 , Cultural Anthropology, Pearson Education Inc.

2. Buchanan , James M. , " An Economic Theory of Clubs ", Economics. (February), 1965.

3. Bury, Michael, 1982, " Chronic Illness as Biographical Disruption. ", Sociology of Health and Illness 4 （2）.

4. Bury, Michael, 1988, " Meanings at risk the experience of arthritis", in Robert

Anderson & Michael Bury（eds.），Living with Chronic Illness：The Experience of Patients and Their Families，London/Boston Unwin Hyman.

5. Bury, M. , 1991, "The Sociology of Chronic Illness: A Review of Research and Prospects". Sociology of Health and Illness , 13（4）.

6. Bury, Michael, 1997, Health and Illness in A Changing Society. London and New York: Routledge.

7. Cabinet Office, 2006, "For the Record-office of the Third Sector", www. cabinetoffice. gov. uk. .

8. Ferraro, Gary and Andreatta, Susan. 2009, Cultural Anthropology: An Applied Perspective, Wadsworth Publishing Co. Inc.

9. Gidron, Benjamin, Kramer, Ralph &Salamon, L. M. 1992, Government and The Third Sector, San Francisco, Jossey-Bass Publishers.

10. Hansmann, Henry, 1980 (89), "The Role of Nonprofit Enterprise", Yale Law Journal.

11. Hertzkovits, M. J. Hertzkovits. , 1948, Man and His Work. New York: Appleton-Century-Crofts.

12. HM treasury and Home Office, 2002, Next Steps on Volunteering and Giving in the UK, Discussion Document, communities. homeoffice. gov. uk.

13. House of Commons, Committee of Public Accounts, 2006, "Working with the Voluntary Sector", Thirty-second Report of Session 2005 −2006, Authority of the House of Commons, The Stationary Office Limited, London.

14. Internal Revenue Service, United States Department of the Treasury, "Letter from the Director", EO Annual Report and FY 2009 Work Plan.

15. Malinowski, Bronislaw Kaspar. 1922, Argonauts of the Western Pacific,

London.

16. March, James G. and Olsen, Johan P. , 1989, Rediscovering Institutions: The Organizational Basis of Politics, New York: The Free Press.

17. Mead, M. , 1963 (4), "Socialization and Enculturation", in Current Anthropology.

18. Office of Third Sector, 2006, "Putting the Sector at the Heart of Government", www. cabinetoffice. gov. uk/thirdsector.

19. Salamon, Lester M. , 1981, "Rethinking Public Management: Third-party Government and the Changing Forms of Government Action", Public Policy. 29 (3).

20. Salamon, Lester M. , 1994 (7 −8), "The Rise of the Non-Profit Sector", Foreign Affairs, New York.

21. The Office of the Third Sector, 2006, "Partnership in Public Services: An Action Plan for Third Sector Involvement", www. cabinetoffice. gov. uk/third sector/volunteering.

22. Weisbrod, Burton, 1974, "Toward a Theory of the Voluntary Non-profit sector in Three-sector Economy", In E. Phelps. Eds. Altruism Morality and Economic Theory, New York: Russel Sage.

23. Wuthnow, Robert, 1991, Between States and Markets: The Voluntary Sector in Comparative Perspective , N. Y. : Princeton University Press.

后　记

　　拙稿是我多年搜集梳理相关文献记载和进行参与式田野调查的结晶。这里既有我为了撰写博士学位论文的资料积累，又有为完成中国社会科学院民族学与人类学研究所重点项目"中国当代社会结构下草根非政府组织与弱势群体"所进行的调查研究。因此，拙稿的完成是与老师的指导及所、室领导和同事的支持、帮助分不开的。

　　回想攻读博士学位期间，我首先要感谢的是导师杨圣敏教授。导师学识渊博，治学严谨，为人谦和，教诲不倦，从学业上的传导解惑，到博士论文框架的构筑，核心理论的形成，乃至于字句润色，莫不倾注着老师的心血。同时，本书从选题、拟定提纲到成稿、修改，还得到丁宏、陈长平、马戎、陈勇、张国杰、苏发祥等教授多方指导，在此一并表示深切谢意。

　　我还要感谢在参与式调查过程中，给予很多帮助的瓷娃娃关怀协会的工作人员、志愿者、瓷娃娃病友及其家属，他们的痛苦、无奈、自强不息和无私奉献的精神，不仅时时感动着我，更让我体会到所作研究的社会价值所在。

感谢中国社会科学院民族学与人类学研究所的所、室有关领导及同事，对我的项目调查及书稿撰写的支持。

感谢本书责任编辑社会科学文献出版社范迎女士，她的精心审阅，为书稿增色不少，也使我受益匪浅。

最后，我特别要感谢自己的家人，尤其是年事已高的父母，他们一直以宽阔慈爱的胸怀，默默地支持我，鼓励我，给我克服困难、不断向前的勇气和力量。"谁言寸草心，报得三春晖"，祈愿二老健康长寿。

图书在版编目（CIP）数据

草根非政府组织扶助弱势群体功能探究/杜倩萍著. —北京：
社会科学文献出版社，2012.9（2013.3 重印）
ISBN 978 - 7 - 5097 - 4003 - 3

Ⅰ.①草…　Ⅱ.①杜…　Ⅲ.①非政府组织 - 社会救济 - 研究 -
中国　Ⅳ.①D632.1

中国版本图书馆 CIP 数据核字（2012）第 267241 号

草根非政府组织扶助弱势群体功能探究

著　　者 / 杜倩萍

出 版 人 / 谢寿光
出 版 者 / 社会科学文献出版社
地　　址 / 北京市西城区北三环中路甲 29 号院 3 号楼华龙大厦
邮政编码 / 100029

责任部门 / 人文分社　（010）59367215　　　责任编辑 / 范　迎
电子信箱 / renwen@ ssap. cn　　　　　　　　责任校对 / 卢江涛
项目统筹 / 宋月华　范　迎　　　　　　　　责任印制 / 岳　阳
经　　销 / 社会科学文献出版社市场营销中心　（010）59367081　59367089
读者服务 / 读者服务中心（010）59367028

印　　装 / 北京季蜂印刷有限公司
开　　本 / 787mm×1092mm　1/16　　　　　印　张 / 16.5
版　　次 / 2012 年 9 月第 1 版　　　　　　字　数 / 320 千字
印　　次 / 2013 年 3 月第 2 次印刷
书　　号 / ISBN 978 - 7 - 5097 - 4003 - 3
定　　价 / 59.00 元